普通高等学校新闻传播学类专业
全媒型人才培养新形态教材

编委会

总顾问
石长顺　华中科技大学

总主编
郭小平　华中科技大学

副总主编
韦　路　浙江传媒学院
李　伟　山西传媒学院

编　委（按姓氏拼音排序）

安　磊	西安欧亚学院	彭　松	华中科技大学
丁　洁	华中科技大学	秦　枫	安徽师范大学
方　艳	湖北第二师范学院	邵　晓	巢湖学院
何平华	华东师范大学	石永军	中南财经政法大学
何同亮	安徽师范大学	汪　让	华中科技大学
赫　爽	武汉大学	王　艺	广州大学
黄丽娜	贵州民族大学	温建梅	山西传媒学院
姜德锋	黑龙江大学	吴龙胜	湖北民族大学
靖　鸣	南京师范大学	夏　青	湖北经济学院
雷晓艳	湖南工业大学	熊铮铮	中原工学院
李　琦	湖南师范大学	徐明华	华中科技大学
李　欣	浙江传媒学院	徐　锐	中南财经政法大学
廖雪琴	南昌大学科学技术学院	张　超	河南大学
聂绛雯	新乡学院	张　萍	武昌首义学院
牛　静	华中科技大学	郑传洋	武昌首义学院

普通高等学校新闻传播学类专业
全媒型人才培养新形态教材

总顾问　石长顺　总主编　郭小平

数据新闻
理论与实务

Data Journalism: Theory and Practice

主　编◎黄丽娜　邵　晓
副主编◎方　飞　陈丹丹

中国·武汉

图书在版编目(CIP)数据

数据新闻:理论与实务 / 黄丽娜, 邵晓主编. -- 武汉:华中科技大学出版社, 2025.1. -- (普通高等学校新闻传播学类专业全媒型人才培养新形态教材). -- ISBN 978-7-5772-1425-2

Ⅰ. G210.7

中国国家版本馆 CIP 数据核字第 2025RV3124 号

数据新闻:理论与实务　　　　　　　　　　　　　　　　　黄丽娜　邵　晓　主编
Shuju Xinwen：Lilun yu Shiwu

策划编辑：周晓方　杨　玲　庹北麟
责任编辑：江旭玉
封面设计：原色设计
责任监印：周治超
出版发行：华中科技大学出版社（中国·武汉）　　电话：(027) 81321913
　　　　　武汉市东湖新技术开发区华工科技园　　邮编：430223
录　　排：华中科技大学出版社美编室
印　　刷：武汉市洪林印务有限公司
开　　本：787mm×1092mm　1/16
印　　张：17.75
字　　数：405千字
版　　次：2025年1月第1版第1次印刷
定　　价：59.80元

本书若有印装质量问题，请向出版社营销中心调换
全国免费服务热线：400-6679-118　　竭诚为您服务
版权所有　侵权必究

内容提要

《数据新闻：理论与实务》围绕数据新闻从业者必须具备的基本素养与实践技能，系统介绍数据新闻的理论与实践问题，强调学以致用，使读者在学习结束后能够完成数据新闻作品创作及线上发布。全书内容按照数据新闻实践流程进行编排，以认识数据新闻为起点，全面剖析数据新闻的生产与运营、数据新闻的选题策划、数据收集、数据分析、数据新闻可视化、数据新闻的制作与发布的理论知识与实践技能，最后延伸到智媒时代数据新闻的创新实践。全书融合课程思政与案例教学，呈现并分析了大量主流媒体上出现的数据新闻经典案例。各章设置小结、习题和阅读拓展栏目，有助于引导读者进行课后总结和思考。本书可作为高等学校新闻学、传播学、网络与新媒体、数字媒体艺术等专业的核心课程教材，也可供数据新闻从业人员、对数据新闻有兴趣的爱好者使用。

作者简介

黄丽娜 博士,毕业于华中科技大学新闻与信息传播学院,现任贵州民族大学传媒学院教授,硕士生导师,网络与新媒体系主任,贵州省委网信办网络评论专家组成员,华中科技大学新媒体实验室副研究员,贵州省青年学术先锋。主要从事新媒体用户、互联网治理、民族地区网络舆情等领域的研究工作,发表学术论文 30 余篇,出版专著 1 部,主编教材 1 部,学术成果获贵州省哲学社会科学优秀成果奖二等奖。主持国家社会科学基金青年项目,教育部人文社会科学研究项目,贵州省科技合作计划项目,贵州省哲学社会科学规划课题等多个项目和课题。当前主要承担新媒体用户分析、新媒体数据分析与应用、数据新闻编辑与制作等课程的教学工作。

邵晓 博士,毕业于华中科技大学新闻与信息传播学院,现任巢湖学院讲师,主要从事新媒体与网络传播的教学与科研工作,研究方向为新媒体与社会变迁。主持省级科研课题 2 项;主编著作《2017湖北省自媒体发展报告》,发表和新媒体与网络传播相关的论文、研究报告多篇。当前主要承担数据新闻编辑与制作等课程的教学工作。

总序
Introduction

  党的二十大报告提出，要加强全媒体传播体系建设，塑造主流舆论新格局。这是适应媒体市场形态变化、占领舆论引导高地、推进文化自信自强的必然选择和重要路径。近年来，媒介技术的快速变革，特别是生成式人工智能的涌现，给人们的生活和工作带来了巨大的变化，既推动了数字艺术、数字经济等新业态的蓬勃发展，也为报纸、电台、电视等传统媒体注入了新的活力，同时造就了更加丰富和复杂的舆论场。数字化、网络化、平台化技术的发展，使数字世界越来越深入地嵌入直观的物理世界，使新闻传播活动几乎渗透在虚拟和现实、宏观和微观等人类所有层次的实践关系之中。这要求新闻传播工作者熟练地掌握各种媒介传播技术，对特定领域有专业和深刻的理解，并能创造性地开展整合传播策划，即要成为高素质的全媒型、专家型人才。

  同时，面对世界百年未有之大变局和中华民族伟大复兴新征程，新时代的新闻传播工作者还应用国际化语言和方式讲好中国故事，让世界更好地认识新时代的中国。这更离不开一大批具有家国情怀、国际视野的高素质的全媒型、专家型新闻传播人才的工作。而培养全媒型、专家型人才，必须在坚持马克思主义新闻观指导地位的前提下，高度关注中国实践和中国经验，积极推进学科交叉与融合、学界与业界协同，以开放的视野和务实的态度推进中国新闻传播学自主知识体系的构建，不断提高中国话语国际传播效能，实现开放式、特色化发展。

华中科技大学出版社于2023年秋发起筹备"普通高等学校新闻传播学类专业全媒型人才培养新形态教材",并长期面向全国高校征集优秀作者,以集体智慧打造一套适应全媒体传播体系、贴合传媒业态实际、融合多领域创新成果的新闻传播学教材。本套教材以实践性、应用性为根本导向,一方面高度关注业界最新实践形态和方式,如网络直播、智能广告、虚拟演播、时尚传播等,使学生能够及时掌握传媒实践的前沿信息,更好地适应业界对人才的需求;另一方面在教材编写过程中,充分尊重各地新闻传播学院的教情和学情,鼓励学界和业界联合编写教材,突出关键技能和素质的培养,力求做到叙述简明、体例实用、讲解科学。

本套教材具有以下特点。

一是重视总结行业经验和中国经验。教材内容不能停留在"本本主义"上,而是要与现实世界共同呼吸,否则教材就是没有生命的。本套教材在撰写过程中,力图突破传统教学体系的桎梏,更多面向行业真实实践梳理课程培养内容,及时捕捉行业实践中的有益经验,深刻总结传媒实践中国经验,从而为我们讲好中国故事、在新闻传播之路上行稳致远提供坚实的基石。

二是注重人文性与技术性的结合。高素质的全媒型人才需要熟练掌握不同媒介的操作方式和传播逻辑,同时要具有深刻的人文情怀。这需要我们在人才培养过程中更加关注技术和人文的关系,使学生既有技术硬实力,在实际操作中不掉链子,又能坚持正确的价值导向,在形象传播中不掉里子。本套教材注重实操经验的介绍和思政案例的融入,可以很好地将人文性和技术性结合起来。

三是强调教学素材的多样化呈现。教材出版由于存在一定的工作周期,相对于其欲呈现的对象来说,注定是一项有所"滞后"的事业。传播的智能化趋向使我们生活的世界处在剧烈的变革之中,也使我们的教材更容易落后于现实。为了突破这一局限,本套教材配有及时更新的教学资源,同时部分教材还配套开发了数字教材,可以为教师教学提供更具有针对性的解决方案。

教材要编好绝非易事,要用好也不容易。本套教材的出版凝聚了众多编者的心血,我们期待它能为培养全媒型、专家型人才提供一定的助力。当然,其中的差错讹误在所难免,我们希望广大教师能够不吝赐教,提出修订意见,我们对此表示由衷的感谢,也期待更多教师可以加入我们的编写队伍。

2024 年 8 月

前言
Preface

　　数据新闻是一个不断发展的新兴领域，它要求从业者不仅要有扎实的新闻传播理论基础及新闻策划能力，而且要具备较强的数据分析和技术应用能力。本教材的编写团队由具有丰富教学经验和实践经验的学者组成，团队致力于提供一本能够引导学生深入理解数据新闻基础知识、掌握数据新闻实践技能的教材。期望通过对本教材的学习，学生能够熟练地运用相关理论知识与实践技能，创作出高质量的数据新闻作品。

　　本教材围绕数据新闻从业者必须具备的基本素养与实践技能，系统介绍与阐释数据新闻的理论与实践问题。教材内容按照数据新闻实践流程进行章节编排，从认识数据新闻的基础概念出发，逐步深入到数据新闻的生产与运营、选题策划、数据收集、数据分析、可视化，直至数据新闻的制作与发布。教材各章分析了较多主流媒体中的数据新闻案例，旨在通过案例教学做好课程思政建设。每一章都配有小结、习题和阅读拓展，以梳理知识要点、检验学生学习成果，旨在帮助学生深入理解数据新闻的各个方面，并在实践中应用所学知识。各章具体内容介绍如下。

　　第一章为"认识数据新闻"，为读者提供数据新闻的基础知识，包括其概念、特征、类型与功能，并探讨数据新闻与新闻的关系。第二章为"数据新闻的生产与运营"，聚焦数据新闻实践的伦理问题，生产的流程、工具、技巧与策略，以及数据新闻的运营。第三章为"数据新闻的选题策划"，指导学生如何寻找选题来源，确定叙事结构与分析角度。第四章为"数据收集",详细介绍数据新闻常见的数据类型、公开数据的常见来源、自采数据和购买数据的方法。第五章为"数据分析",教授学生如何对收集的数据进行全面的质量鉴别,以及挖掘新闻价值的方法。第六章为"数据新闻可视化",讲解数据新闻可视化的设计原则和方法,包括常见类型、设计原则和工具应用。第七章为"数据新闻的制作与发布",阐释数据新闻的文本制作、发布与评估流程及方法。第八章为"数据新闻的未来",讨论数据新闻面临的挑战、创新需求与价值,以及智能媒体时代数据新闻的创新路径。

《数据新闻:理论与实务》适用于新闻传播专业的学生,也适合对数据新闻感兴趣的其他专业学生,以及从事数据新闻相关工作的专业人员。教材配套的PPT、微课视频、教学大纲、电子教案等数字资源,为教师和学生提供了丰富的教学和学习材料。

在本书的编写过程中,编者力求内容的准确性和实用性,但鉴于编者水平所限,书中不足之处在所难免,恳请广大读者批评指正。我们期望本书能为数据新闻领域的教育和实践提供有力的支持,同时也为新闻传播学科的发展贡献力量。

编　者

2024 年 11 月

目录 Contents

第一章 认识数据新闻 /1

- /1 第一节 数据新闻概述
- /15 第二节 数据新闻的发展历程
- /25 第三节 数据新闻与新闻的关系

第二章 数据新闻的生产与运营 /39

- /40 第一节 数据新闻实践的伦理
- /47 第二节 数据新闻生产的流程、工具、技巧与策略
- /69 第三节 数据新闻的运营

第三章 数据新闻的选题策划 /77

- /78 第一节 选题来源
- /95 第二节 数据新闻的叙事结构
- /104 第三节 常见选题误区与案例分析

第四章 数据收集 /108

- /109 第一节 数据的基本类型
- /119 第二节 公开数据的常见来源
- /125 第三节 自采数据

/130　　　第四节　购买数据
/131　　　第五节　数据收集注意事项

/135　第五章　数据分析

/136　　　第一节　数据的质量鉴别
/142　　　第二节　数据的新闻价值挖掘
/154　　　第三节　数据的分析与应用

/166　第六章　数据新闻可视化

/167　　　第一节　数据新闻可视化的作用
/169　　　第二节　数据新闻可视化的常见类型
/185　　　第三节　数据新闻可视化的设计原则
/190　　　第四节　数据新闻可视化的工具应用

/202　第七章　数据新闻的制作与发布

/202　　　第一节　数据新闻的文本制作
/214　　　第二节　传播平台的选择
/223　　　第三节　发布与评估

/230　第八章　数据新闻的未来

/231　　　第一节　数据新闻面临的挑战
/241　　　第二节　数据新闻的创新需求与价值
/250　　　第三节　智能媒体时代的数据新闻创新

/263　后记

/264　数据新闻作品索引

第一章 认识数据新闻

◆ 学习目标

本章详细阐述了数据新闻的概念、特征、类型、功能，介绍了国内外数据新闻的发展历程，以及数据新闻对新闻价值与新闻体裁的破与立。读者的学习目标是全面理解数据新闻的基础知识，包括其发展历程和其与新闻领域的互动，进而具备制作和传播高品质数据新闻所需的技能和洞察力。

◆ 本章体例

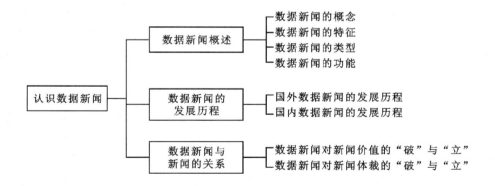

第一节 数据新闻概述

数据新闻作为一种新兴的新闻报道形式，以其独特的魅力和强大的信息传递能力，逐渐成为媒体领域的一大亮点。在这个信息爆炸的时代，数据新闻凭借其对数据的深度挖掘和精准分析，为我们提供了更加客观、全面、直观的新闻报道。首先，本章将介绍数据新闻的概念，阐述数据新闻如何在传统新闻报道的基础上，借助数据技术和数据分析方法，实现对新闻事件的深度挖掘和全面呈现。其次，本章将探讨数据新闻的特征，包括数据驱动、可视化呈现、叙事性强等，这些特征使得数据新闻具有较高的可信度和传播效果。再次，本章将详细介绍数据新闻的类型，包括调查性、解释性、监督性等类型，这些类型为新闻报道提供了丰富的表现手法和叙事视角。最后，本章将介绍数据新闻的功能，探讨数据新闻在信息传播、教育公众、促进参与、影响决策等方面的重要作用。

一、数据新闻的概念

数据新闻是大数据时代的产物。不同学者为数据新闻的定义给出了不同的解释。蒋赏认为，数据新闻以数据为基础挖掘新闻故事，以可视化形式来呈现新闻内容。[1]刘义昆认为，数据新闻（data journalism）是大数据时代的产物，是一种创新的新闻生产方式。[2]"数据新闻"这个概念最早由网站EveryBlock的创始人阿德里安·哈罗瓦提（Adrian Holovaty）于2006年提出。该网站提供信息服务，旨在帮助用户了解当地发生的动态新闻。哈罗瓦提在一篇名为"报纸网站所需要的根本变革"的文章中提出，记者应公开结构化的、机器可读的数据，而非传统的大量文字。当前，关于数据新闻的热门研究主要源自《数据新闻手册》（The Data Journalism Handbook）。该书是第一本专门探讨数据新闻的著作。在这本书中，伯明翰城市大学的保罗·布拉德肖（Paul Bradshaw）和德国之声电台的米尔科·洛伦兹（Mirko Lorenz）总结道：数据新闻能帮助新闻工作者通过信息图表报道复杂的故事，揭示故事与个人之间的联系，甚至自主汇聚新闻信息。简而言之，数据新闻就是利用数据挖掘、数据分析、数据统计等技术手段，从海量数据中发掘新闻线索，并通过可视化技术呈现新闻故事的报道方式。[3]

申琦等学者表示，早期学者们对数字新闻概念的界定主要基于数字新闻实践，从大数据来源、数字化技术和可视化呈现等角度出发，深入探讨数字新闻的内涵与外延，为后来的学者明确数字新闻概念奠定了基础。其中，有学者从新闻报道手法出发，将数字新闻视为采用大数据进行报道的精确新闻，是一种以数字为主体的新闻表现形态。同时，也有学者指出，数字新闻是利用数字化技术呈现的新闻产品，具体表现为"数据新闻""算法新闻"等形式。这些观点共同构成了数字新闻概念的多维度解读。[4]方洁等学者认

---

[1] 蒋赏.数据新闻交互叙事的可视化设计策略[J].传媒，2023（12）：55-57.
[2] 刘义昆.大数据时代的数据新闻生产：现状、影响与反思[J].现代传播（中国传媒大学学报），2014（11）：103-106.
[3] 刘义昆.大数据时代的数据新闻生产：现状、影响与反思[J].现代传播（中国传媒大学学报），2014（11）：103-106.
[4] 申琦，关心怡，孙彤.中国数字新闻研究：从自发的经验研究转向自觉的学科构建[J].传媒观察，2023（3）：64-69.

为，数据新闻是一种基于数据抓取、挖掘、统计、分析和可视化呈现的新型新闻报道方式。广义的数据新闻是新闻学的一个新兴领域，其特征包括为公众服务、以公开的数据为基础、有特殊的数据技术保障、以形象和互动的可视化方式呈现新闻。[1]数据新闻是指在新闻内容中整合数据、可视化和叙事。它涉及使用长短期记忆神经网络等技术进行数据收集、新闻关键词编辑以及数据库源数据拟合和匹配。数据新闻可以根据用户交互行为提供个性化服务，优化信息和数据增值。[2]据观察，数据新闻已经改变了新闻编辑室的文化，并在调查报道中发挥了重要作用，包括揭露环境问题、侵犯公民权益的行为等。[3]为应对这些事件，人们在行业内引入了诸如与事件相关的数据传播等技术，以提高新闻数据传播的精度，并减少虚假新闻。在中国，数据新闻起步较晚，但其影响力正在逐渐增强。一些学者正在使用内容分析和数据挖掘等方法对数据新闻进行研究，以探索数据新闻的现状、问题和未来的发展趋势。[4]

基于学者们的研究成果，我们认为，数据新闻是以数据为基础的新闻报道方式。不同于传统的新闻报道，它更加注重数据的收集、分析和呈现。数据新闻的特点有三个：一是数据驱动，新闻报道的选题、角度和深度都受数据的引导；二是可视化呈现，通过图表、动画等形式，将复杂的数据变得直观易懂；三是叙事性强，数据新闻不仅呈现数据，而且通过数据讲述背后的故事，揭示事件的来龙去脉。在数据抓取、数据挖掘、数据分析的基础上，数据新闻能从海量数据中发现新闻线索、展开新闻叙事，并用可视化手段呈现新闻报道。

二、数据新闻的特征

（一）数据驱动

数据新闻是以数据为核心的信息传播形式，其特征之一就是数据驱动，这也是数据新闻的核心特征。这一特征体现在数据新闻的整个生产和传播过程中。具体来说，我们可以从以下几个方面来理解。

1. 数据采集与处理

数据新闻依赖于数据的采集与处理。在数据驱动的新闻报道中，数据采集与处理是

---

[1] 方洁，颜冬.全球视野下的"数据新闻"：理念与实践[J].国际新闻界，2013，35（6）：73-83.
[2] Zhang Ran, Yang Jing, Liu Xutao. Analysis of Data News Production Mode Based on LSTM[C]//2022 2nd International Conference on Networking, Communications and Information Technology（NetCIT），2022：480-483.
[3] Morini F. Data Journalism as "Terra Incognita": Newcomers' Tensions in Shifting Towards Data Journalism Epistemology[J]. Journalism Practice，2023（3）：1-17.
[4] Lu Li. Data News Dissemination Strategy for Decision Making Using New Media Platform[J]. Soft Computing，2022，26（20）：10677-10685.

确保获取高质量新闻故事的关键步骤。数据采集是指从各种数据源中获取原始数据的过程。这些数据源可能包括政府机构、企业、非营利组织、学术研究、公开的数据库、社交媒体、传感器、监控系统等。可以通过公开渠道获得数据，这些公开渠道包括政府公布的统计数据、开放的公共数据库等。此外，也可以从网站自动获取数据，或者通过直接联系数据所有者获取数据。在某些情况下，还需要利用数据挖掘技术，从网站或文档中提取数据。

数据处理是指对采集到的原始数据进行清洗、整合、转换、分析和解释，以便从中提取有价值的信息。数据处理包括数据清洗（去除错误或无关的数据）、数据整合（合并来自不同来源的数据）、数据转换（将数据转换为适合分析的格式）、数据分析和数据解释（解读数据，以发现模式和趋势）。数据处理涉及各种工具和技术，包括电子表格（如Excel）、编程语言（如Python）、统计软件（如SPSS）、数据可视化工具（如Tableau或D3.js）等。

举例来说，在一则关于城市空气质量的报道中，可能需要收集环保部门发布的历史空气质量监测数据、气象数据以及交通流量数据。数据处理包括将不同来源的污染物浓度数据标准化，合并不同时间点的数据以创建时间序列分析，使用统计方法来识别污染物浓度与气象条件之间的关系，并通过数据可视化工具展示这些关系。

数据采集与处理的质量直接影响最终呈现的新闻报道的准确性和可信度。因此，只有具备数据处理技能，才能从大量复杂的数据中获取有意义的数据，形成有意义的见解。

2. 数据驱动的叙事

数据驱动的叙事是指在新闻报道中使用数据来构建和讲述故事的方式。这种叙事方式强调数据的重要性，并利用数据来增强故事的深度和准确性。

数据驱动的叙事通常具有以下特点：数据优先、客观性、深度分析和多维度的视角。数据驱动的叙事可以提供更准确、深入和全面的信息。例如，一项关于城市犯罪率下降的报道可能是数据驱动的。记者可能会使用警方提供的犯罪统计数据。通过分析这些数据，记者可能会发现某些区域的犯罪率下降幅度较大。通过进一步的调查和采访，记者可以揭示导致这一现象的原因，比如社区警务的发展。这样的报道不仅提供了事实，而且可能提出解决犯罪问题的建议。数据可视化工具，如图表，可以展示犯罪率的变化情况，使人们更容易理解问题。

数据驱动的叙事在新闻报道中越来越受到重视，这是因为它可以提供更准确、深入和全面的信息。然而，数据驱动的叙事也需要记者具备数据处理和分析的能力，以确保数据的准确性和可靠性。

3. 数据驱动的决策

数据驱动的决策是指在新闻报道的制作过程中，记者依赖数据分析来指导他们的决策，包括故事的选择、报道的角度、内容的呈现方式等。这强调要基于数据来做出与新闻相关的选择，而不是仅仅依赖个人经验或直觉。

数据驱动的决策通常具有以下特点：基于证据、目标导向、持续改进和透明性。数据驱动的决策有助于确保报道的相关性、准确性和影响力。例如，一家新闻机构使用调查数据来确定公众对某个话题的兴趣水平。基于这些数据，他们可能会决定制作一系列深入报道，旨在满足公众对这一话题的需求。在报道制作过程中，则会继续使用数据分析来指导内容的选择，确定信息的深入程度、报道的发布时间等。当其发现晚上发布的报道在社交媒体上的互动率更高，便会选择在晚上发布报道。

数据驱动的决策在新闻业中越来越受到重视，这是因为它有助于确保报道的相关性、准确性和影响力。然而，这也要求新闻机构具备强大的数据收集、处理和分析能力，以确保数据的准确性和可靠性，从而做出明智的决策。

4. 数据驱动的互动性

数据驱动的互动性是指在新闻报道中利用数据和数字技术来增强新闻报道与受众的互动，激发受众参与。这种互动性不仅包括传统的受众反馈和评论，而且包括使用技术手段，使受众能够以新的方式参与新闻内容，这些方式包括交互式图表、应用程序或社交媒体。

数据驱动的互动性通常表现在以下方面：参与式新闻、交互式内容、实时更新和反馈，以及多平台分发。参与式新闻使受众不再仅仅是新闻的消费者，而是成为新闻的参与者。受众可以通过投票、评论、分享等方式参与新闻制作和传播的过程。交互式内容，如交互式表格、模拟器等，使受众能够通过操作来探索数据，发现新闻背后的故事。实时更新和反馈允许数据新闻根据受众的反馈进行实时更新，形成一种动态的新闻生态系统。多平台分发意味着数据驱动的新闻内容可以在多个平台上分发，如网站、社交媒体等，能使数据新闻的受众覆盖面更广，受众的参与度更高。

例如，一项关于美国总统选举结果的报道可能包含一个交互式地图，允许受众通过点击查看不同地区的投票结果。这样的地图不仅提供了视觉化的数据展示，而且允许受众自行探索和分析结果，从而增强了他们的参与感和对新闻内容的理解。

数据驱动的互动性要求新闻机构不断创新，提供新颖的互动体验，同时确保数据新闻的准确性和可靠性。

（二）可视化呈现

数据新闻的可视化呈现是将数据转换为视觉形式的过程，旨在使复杂的信息更加直观，更易于理解，更有吸引力。这种呈现方式是数据新闻的关键组成部分，它通过表格、地图、时间线和其他视觉元素来展示数据，揭示数据中的模式、趋势和故事。

数据新闻的可视化呈现包括多种形式，在图形中，就有柱状图、条形图、折线图、饼图、散点图、气泡图、雷达图等。每种形式都有其特定的优势，适合展示不同类型的数据和故事。

数据新闻的可视化呈现的特点包括故事性、交互性、设计原则、技术和工具的使用、可访问性以及可验证性。故事性强调数据的可视化呈现不仅能展示数据，而且能讲述数据背后的故事。交互性允许受众与可视化呈现方式互动，以探索数据。设计原则确保信息传达的清晰性和一致性。技术和工具的使用有助于创建静态和动态的视觉作品，这些技术和工具包括 Tableau、D3.js、Power BI、Adobe Illustrator 等。可访问性考虑到了所有受众，包括那些受视觉障碍或认知障碍困扰的受众。可验证性确保了数据传达的准确性和可靠性。

（三）叙事性强

数据新闻的叙事性主要表现为两点：一是交互性，二是深度报道。

1. 交互性

数据新闻的交互性是指新闻报道允许受众通过各种方式与新闻内容进行互动的特性。这种互动可以增强受众的参与感，提供更深入、更个性化的新闻体验，并使新闻消费更加双向和动态化。

数据新闻的交互性通常包括以下特点。

（1）参与式体验

数据新闻交互性中的参与式体验，指的是新闻报道通过恰当的设计，鼓励受众不是被动地接受信息，而是主动参与新闻内容的探索和理解的过程。这种参与式体验通过技术创新，如交互式图表、游戏等，使得受众能够结合自己的兴趣和需求来挖掘和解读数据。

参与式体验的特点包括主动探索、个性化学习、数据驱动的决策和社交分享。主动探索意味着受众可以主动选择查看数据的不同方面，从多个角度探索新闻故事。个性化学习让受众可以结合自己的兴趣和需求来选择个性化的新闻内容，如选择特定的主题或发布新闻的时间段。数据驱动的决策让受众可以通过数据来做出自己的判断和决策，如投票或参与模拟游戏。社交分享允许受众通过社交媒体与他人分享自己的发现和见解。

（2）个性化搜索

在数据新闻的报道中，个性化搜索是一种强大的工具，它允许受众根据自己的特定需求和兴趣来筛选和搜索数据。这种搜索功能不是提供简单的数据查询服务，而是通过设计对受众友好的界面，让受众能够主动发现与他们的需求和兴趣相关的内容。

例如，在一则关于全球气候变化的报道中，新闻机构可能会提供一个交互式平台，其中包含了关于全球气温变化、温室气体排放和可再生能源使用的详细数据。受众可以通过输入特定的关键词，如"气温变化""温室气体排放"或"可再生能源"，来搜索相关的数据。此外，他们还可以通过选择特定的时间段或地理位置来进一步缩小搜索范围。受众可能会对某个国家或地区的温室气体排放数据感兴趣。他们可以通过输入该国家或地区的名称，或选择相应的地理位置来查看该国家或地区的温室气体排放数据。他们还可以选择特定的时间段，如过去10年或20年，来查看该国家或地区在这些时间段的温室气体排放情况。除了温室气体排放数据，受众还可以搜索与可再生能源使用相关的数据，如不同国家或地区的太阳能和风能发电量、新能源汽车的市场份额或政府的支持政策。这些数据可以帮助他们更好地了解全球气候变化的现状和趋势，以及相关政府和企业为应对气候变化所采取的行动。

个性化搜索不仅提供相关数据，而且能通过故事性和参与式体验增强报道的影响力和吸引力。受众可以根据自己的需求和兴趣来发现和理解新闻，从而提高自己对报道的参与度。

近年来，个性化搜索在数据新闻报道中越来越受到重视，这是因为它有助于提高受众的参与度，增强新闻内容的吸引力和影响力。通过创新和准确的数据可视化呈现，新闻机构可以更好地满足受众的个性化需求，并吸引更多的观众。

（3）实时更新

交互式新闻内容可以实时更新，保持信息的时效性。实时更新是数据新闻交互性的一个重要特点，它允许新闻报道根据最新数据或事件进展进行实时更新。这种动态的更新方式确保了信息的时效性，能为受众营造持续更新的新闻环境。

（4）多平台兼容

在数据新闻的交互性中，多平台兼容是一个关键特性，它确保了交互式新闻内容能够在不同的设备和平台上流畅运行，为受众提供良好的体验。这种兼容性意味着交互式新闻内容不仅限于传统的桌面浏览器，而且能够在智能手机、平板电脑和其他移动设备上呈现。

例如，在一则关于美国总统大选的报道中，受众可以在智能手机上访问交互式地图，通过简单的触摸和滑动操作来查看不同州的选举结果。在桌面浏览器上，受众可能会有更多的交互选项，如筛选不同时间段的数据或查看详细的候选人信息。

多平台兼容的另一个例子是社交媒体上的数据新闻报道。新闻机构可能会在推特（Twitter）上发布交互式图表或小游戏，让受众在平台上直接与新闻内容互动。这种设计考虑了社交媒体平台受众的使用习惯和交互方式，使得新闻内容更能吸引和方便用户消费。

2. 深度报道

数据新闻的深度报道是指新闻报道不仅提供事件的表面信息，而且深入挖掘数据背后的故事，提供深入分析和解释，帮助受众理解复杂的社会、经济或科学问题。这种报道方式在数据新闻领域中尤为重要，因为它利用数据的客观性和全面性来揭示新闻事件的深层次含义。

深度报道的特点包括深入挖掘、多角度分析、数据与故事的结合以及持续关注。深入挖掘意味着数据新闻报道会超越表面的数据呈现，深入探索数据背后的故事和原因。多角度分析则涉及从不同的视角来分析问题，包括统计分析、专家访谈、历史背景介绍等，以提供全面的视角。数据与故事的结合是将数据与具体案例结合起来，通过故事来解释数据背后的意义和影响。持续关注则意味着数据新闻报道会随着时间的推移不断更新和深入分析某个主题。

例如，新华社发布的中国第一个媒体人工智能平台——"媒体大脑"，为海内外媒体提供服务，探索大数据时代媒介形态和传播方式的未来。"媒体大脑"通过使用人工智能技术，高效解析了最高人民法院和最高人民检察院的工作报告，并生成了视频新闻。这展示了平台如何将数据新闻与人工智能结合，为受众提供解读重要报告的不同视角。通过人工智能技术，新华社能够快速地从大量数据中提取关键信息，并将报告以视频新闻的形式呈现给受众，使得报告的内容更加生动，更加易于理解。

人民网、新华社、中央电视台等主流媒体在新媒体平台上推出了各种各样的数据新闻报道。这些报道涵盖政治、经济、文化、民生等多个领域，在数据呈现上注重可视化效果。例如，人民网的"图解新闻"和"数说"系列产品，以及新华网的"数据新闻"栏目，都是这方面的例子。这些报道通过表格、图片和交互工具展示数据，使复杂的信息更易理解，帮助受众更好地分析新闻事件。

三、数据新闻的类型

（一）调查性数据新闻

调查性数据新闻是一种新闻报道形式，它结合了调查性报道和数据新闻的特点，专注于通过深入的数据分析和挖掘来揭露和解释重要且复杂的社会、经济或政治问题。这种报道形式强调对数据的收集、处理和分析，以及将这些数据与具体案例和背景相结合，以揭示问题的深层次原因和影响。

调查性数据新闻的显著特征包括数据驱动、深入挖掘、数据与故事的结合、多角度分析、揭示和揭露，以及持续关注。其中，数据驱动是指报道以数据为驱动力，深入挖掘数据背后的故事和原因，提供深入的分析。这种报道形式会从多个角度来分析问题，包括数据的多个维度、不同利益相关者的观点、不同地区的差异等，以提供全面的视角。调查性数据新闻的目的是揭示和揭露社会、经济或政治问题，以及这些问题背后的原因和影响。调查性数据新闻会持续关注某个主题，并会随着时间的推移提供更新和更深入的分析。

例如，调查性数据新闻作品《科罗拉多河危机》（*Killing the Colorado*），揭示了科罗拉多河长期干涸背后的复杂原因。该作品通过分析历史数据和使用动态可视化图表，直观呈现了河流流量、水库容量及农业灌溉模式的变化，使受众理解政策失误如何导致水资源短缺。

再如，《家务补偿：看见"隐形的劳动"》是于2021年发布的一篇调查性数据新闻，聚焦家务劳动的隐形价值及其在家庭经济和社会中的重要性。报道通过数据调查和可视化展示，揭示了家务劳动的性别分工、时间投入以及在离婚财产分割中的补偿问题，引发了公众对家务劳动价值和公平分配的广泛讨论。

（二）解释性数据新闻

解释性数据新闻是一种新闻报道形式，它侧重于使用数据来解释复杂的概念、现象或事件，帮助受众更好地理解其背后的意义和影响。这种报道形式通常涉及深入的数据分析和研究，以及对数据进行清晰、准确和易于理解的呈现。

解释性数据新闻的目的是通过数据和分析来解释复杂的主题，帮助受众更好地理解新闻背后的概念、现象或事件。这种报道形式将数据作为核心元素，通过对数据的深入挖掘和分析，揭示新闻事件背后的真相和深层次原因。它旨在为受众提供全面、深入的理解，使他们对新闻事件有更深刻的认识和思考。

解释性数据新闻的特征包括以下几点：深入分析和研究复杂的主题，确保准确性和深度；清晰和易于理解的数据呈现，通过图片、表格等帮助受众理解数据；故事性和叙述，结合数据和故事，以叙述的方式呈现新闻，使受众更容易理解和记住新闻；从多个角度，用更加全面的视角来解释主题，提供深入的见解和理解；强调数据的准确性和可靠性，确保读者对主题的理解是基于真实和准确的信息。

解释性数据新闻在现代新闻报道中越来越受到重视，这是因为它通过数据和分析来解释复杂的主题，帮助受众更好地理解其背后的意义和影响。这种报道形式不仅提供了信息，而且培养了受众的批判性思维能力和深入理解新闻的能力。

例如，在澎湃新闻于2021年3月推出的《解读政府工作报告 | 以能源数字化转型助力碳中和目标实现》，指出随着人工智能和大数据等数字技术在能源行业的深入应用，数字技术变革与创新持续推动能源革命，实现能源行业提质增效，助推能源消费理念转变，重构能源商业模式，在碳达峰、碳中和目标实现上发挥着重要作用。

（三）监督性数据新闻

监督性数据新闻是指利用数据分析和报道来揭示和监督公共部门、企业或其他组织的活动，旨在揭露不公、腐败或滥用权力等现象。这种新闻报道形式通过对数据的深入挖掘和分析，为公众提供有关公共部门、企业或其他组织运作的透明度和效率的信息，以提高政策的民主化程度，促进民主参与。

监督性数据新闻的特征包括揭露和监督、深入的数据挖掘和分析、以证据和事实为基础的报道、公共利益导向，以及影响和推动变革。揭露和监督是监督性数据新闻的核心特征，指的是为公众提供有关公共部门、企业或其他组织的不公、腐败或滥用权力的信息。深入的数据挖掘和分析涉及对大量数据的收集和处理，以确保报道的准确性和深度。以证据和事实为基础的报道强调以数据和调查结果来支持其报道和指控。拥有公共利益导向的监督性数据新闻旨在为公众提供有关公共部门、企业或其他组织运作的透明度和效率的信息。影响和推动变革指的是监督性数据新闻报道旨在通过报道来揭露问题，并推动公共部门、企业或其他组织的行为和政策的改进。

中国知网系列监督报道是光明日报参评第三十二届中国新闻奖的舆论监督报道作品。这个系列的报道深入挖掘了中国知网在学术资源传播中的争议行为，尤其是关于知识产权和学术资源公益属性的问题。

报道中的一个突出案例与中南财经政法大学一位已退休教授的维权经历有关。该教授因其作品信息网络传播权被侵害，自2013年起对中国知网提起诉讼，并最终获得胜诉。中国知网因为低价甚至免费收录科研人员学术论文，随后针对科研机构和高校师生有偿使用并不断提高价格的做法，引发了广泛的争议。报道指出，这种做法属于未经作者许可或存在许可瑕疵时的大量收录学术论文并以此牟利的侵权行为。这一案件引发了连锁反应，有其他学者针对中国知网提起了诉讼并胜诉。

此外，报道还关注了中国知网的论文查重服务及相关争议。由于近年来各级各类学校对论文查重有严格要求，中国知网的论文查重功能吸引了很多高校毕业生。毕业生们为了通过论文查重，不得不支付高昂的费用。

报道还指出，中国知网连续涨价，导致许多高校难以承受。一些高校因为续订价格过高而暂停使用中国知网，但后来又不得不重新订阅。这种价格不断上涨的做法，使得高校和师生承担的直接、间接成本越来越高昂。

这些报道不仅揭示了学术资源传播中的问题，而且引发了社会对于知识获取成本和学术资源公益属性的广泛讨论。[①]

---

① 根据光明网发布的《光明日报参评第三十二届中国新闻奖舆论监督报道作品〈中国知网系列监督报道〉公示》内容整理。详见 https://politics.gmw.cn/2022-06/01/ content_35732664.htm。

四、数据新闻的功能

（一）信息传播

数据新闻的功能之一是信息传播，它指的是通过数据新闻的形式，将复杂的信息和数据转化为易于理解的形式，以传播给更广泛的受众。这种传播方式不仅能够提高信息的准确性和可靠性，而且能够提高受众的参与度和理解能力。

数据新闻在信息传播方面发挥着重要作用。例如，光明网的"光明数据场"栏目（见图1-1）主要聚焦于国家重大主题事件的报道。"光明数据场"曾发布我国国民经济在2024年1—2月的主要经济指标，展示了国民经济持续回升向好的趋势，还有关于全国规模以上工业企业利润增长的数据图解，体现了市场需求持续恢复的态势。

图1-1 光明网"光明数据场"栏目标识

数据新闻在信息传播中具有重要意义，因为它能够通过精准的数据分析和验证，提供准确的信息，将复杂的数据和信息转化为直观易懂的形式，不仅提高了受众的参与度和理解力，而且能帮助他们做出明智的决策和判断。例如，一则关于经济发展趋势的数据新闻报道可能会使用柱状图和饼图来展示不同行业的增长情况，让受众能够直观地了解经济发展状况。这样的报道不仅提供了详细的数据分析，而且能够帮助受众理解经济发展背后的趋势和变化。

综上所述，数据新闻在信息传播领域中扮演着举足轻重的角色。它不仅通过详尽的数据和深入的分析，帮助受众更好地理解和剖析事件，而且激发了受众的批判性思维能力，培养了他们对数据和事实的敏锐感知能力。借助互动式和可视化的呈现方式，数据新闻极大地提升了公众的参与度和兴趣，使他们更加主动地融入新闻报道。此外，数据新闻还有助于公众数据素养的培养，使他们能够更深入地理解和认识数据。这种参与式新闻的崛起，不仅颠覆了传统的新闻消费模式，而且促进了公众在新闻报道中的积极参与和互动。

(二) 教育公众

数据新闻的功能之一是教育公众，它通过提供详细的数据和分析，向公众传授知识和技能，帮助他们更好地理解和分析事件。这种教育方式不仅能够提高公众的批判性思维能力，而且能够增强他们对复杂问题的理解能力。

经济数据新闻就是一个具体的例子。在报道中，数据新闻提供了关于经济发展、通货膨胀率、就业率等经济数据。通过不同的可视化工具，这些报道能帮助公众理解经济指标的含义，加深他们对经济问题的认识和理解。另一个具体的例子是健康数据新闻。数据新闻报道提供了关于疾病流行、医疗政策、健康生活方式等健康数据。通过不同的可视化工具，这些报道能帮助公众了解健康问题的重要性，加深他们对健康问题的认识和理解。

此外，数据新闻还能够提供关于社会问题、环境问题等各个领域问题的数据和分析，帮助公众了解和关注这些问题，提高他们的社会责任感。数据新闻的教育功能不局限于提供知识和信息，还包括培养公众的思维能力和解决问题的能力。通过数据新闻，公众可以学会如何从数据中提取信息，如何分析数据，如何利用数据来解决问题，从而增强自己的数据素养和批判性思维能力。

综上所述，数据新闻在教育公众方面发挥了至关重要的作用。它不仅通过数据和分析为公众提供宝贵的知识和技能，而且通过不同的可视化工具和互动方式增强了公众的参与感，激发了公众的兴趣。通过数据新闻，公众不仅能够更深入地理解经济、健康、社会和环境等方面的问题，而且能学会从数据中提取有价值的信息，从而在信息时代中更加主动和自信地参与社会事务。数据新闻无疑是推动公众教育和社会进步的重要力量。

(三) 促进参与

数据新闻的功能之一是促进参与，它通过提供交互式和参与式的内容，激发公众对新闻事件的兴趣，使他们更加积极地参与到新闻报道中。

一个具体的例子是关于环境问题的数据新闻报道。新闻机构可能会给出一个交互式时间线，展示过去几年环境状况的变化情况，如空气质量、森林覆盖率或海洋污染数据的变化。受众可以通过拖动时间线上的滑块来查看不同时间点的数据，并比较不同时间的环境状况。另一个例子是关于社会问题的数据新闻报道。例如，一则报道可能会探讨不同地区贫困线的变化，或者不同社会群体的生活质量。通过交互式地图，受众可以探索这些数据，更深入地理解社会问题的现状和趋势。

通过设计互动式的内容，数据新闻能够使受众成为新闻的探索者，而不是被动的接受者。这种参与式新闻允许受众根据自己的兴趣和需求来挖掘和解读数据，提供一种更加个性化的新闻体验。此外，参与式新闻通过让受众参与进来，提高了他们对信息的吸收和记忆能力。这种参与式学习方式能够使受众更加积极地参与到新闻报道中，从而提高他们对新闻内容的关注度和理解度。

总的来说，数据新闻在促进参与方面发挥着重要的作用。它不仅提供了详细的数据和分析，帮助公众理解和分析事件，而且鼓励公众发展批判性思维能力，培养他们对数据和事实的敏感性。

（四）影响决策

数据新闻的功能之一是影响决策，它通过提供准确和深入的数据分析，帮助决策者、政策制定者和公众更好地理解复杂的社会、经济或政治问题，从而影响他们的决策过程。

数据新闻通过收集、分析和呈现数据，为决策者提供准确的信息，帮助他们基于事实做出决策。这种新闻形式不仅仅提供数据，更重要的是通过深入分析，揭示数据背后的趋势、模式和问题，帮助决策者理解问题的本质。此外，数据新闻还可以支持政策制定，通过提供有关社会、经济或政治问题的深入分析，帮助决策者制定更有效的决策。同时，数据新闻也可以加深公众对重要问题的认识，从而影响他们的观点和行为。

数据新闻能帮助决策者、政策制定者和公众更好地理解复杂的社会、经济或政治问题，从而影响他们的决策过程。这种影响不仅涉及决策者，而且涉及公众，这是因为数据新闻的报道可以加深公众对重要问题的认识，从而影响他们的观点和行为。通过提供准确和深入的数据分析，数据新闻可以帮助决策者做出更明智的决策，从而促进社会、经济和政治的发展。

例如，新华社于2018年推出了《网购年货新趋势 从大数据里看中国年》报道。这篇报道通过分析大量网购数据，揭示了消费者在春节期间的购物习惯和偏好。这种类型的数据新闻能对决策者产生以下几个方面的影响。

第一，在市场洞察方面，政策制定者可以通过这种数据新闻了解消费者行为的变化，从而更好地理解市场需求。例如，如果数据显示消费者趋向于购买健康食品，政策制定者可能会考虑推动相关产业的发展，或者通过调整税收政策来鼓励这种消费趋势。

第二，在政策制定方面，数据新闻强调，了解消费者行为和市场趋势对于制定有效的经济政策至关重要。数据新闻提供了实时和准确的数据，帮助政策制定者基于事实而非猜测来制定政策。

第三，在风险评估方面，数据新闻可以帮助政策制定者评估现有政策的成效和潜在风险。例如，如果数据显示某项政策并未达到预期的市场反应，政策制定者可能会考虑重新评估或调整该项政策。

第四，在公共沟通方面，通过数据新闻，政策制定者可以更有效地向公众传达政策的必要性和预期效果。当公众能够看到支持政策的客观数据时，他们可能会更支持政策的实施。

第五，在资源配置方面，数据新闻可以帮助政策制定者优化资源配置。例如，如果数据显示某个区域的消费者对某类商品的需求激增，政策制定者可能会考虑在该区域增加供应链资源，以满足市场需求。

通过以上内容，我们可以看出数据新闻如何通过提供准确、实时的数据和分析，帮助政策制定者做出更明智、更有效的决策。这种影响不仅体现在经济政策的制定上，而且可以扩展到教育、卫生、环境等多个领域，从而在更广泛的范围内促进社会和经济的可持续发展。

新华社的"全民拍"（见图1-2）是一个很生动的例子。它是一个社会治理交互平台，展示了数据新闻如何影响决策和公众参与。"全民拍"允许公众在消费维权、社会民生、生态环境等领域遇到问题时，通过新华社客户端上传线索和反映诉求。这些线索和诉求会经过"智能＋人工"协同分拣。对于有价值的线索和诉求，法务团队会给出建议，或将其分发至新华社国内分社协助解决。新华社记者团队还会对一些具有较高新闻价值的线索进行追踪调查，形成深度报道。

图1-2　新华社"全民拍"海报

"全民拍"上线后，成功促进了近1/4线索和诉求的追踪和相关问题的解决，其中包括帮助农民工讨回近700万元损失，推动环境污染问题的解决等。相关报道不仅为群众办了很多实事，而且引发了政府部门的关注和响应。例如，北京市将"全民拍"线索纳入北京12345市民服务热线"接诉即办"项目，开展专项对接，切实解决群众提出的问题。这些具体的例子表明，数据新闻通过提供平台，让公众能够参与社会治理，从而对政策和法律的制定与执行产生影响。

新华社在数据新闻方面的实践和创新也表现在其他领域。例如，新华社利用大数据、云计算、人工智能等技术，不断探索数据挖掘和数据分析的深度和广度。此外，新华社还结合表格、漫画、微视频等形式，使得数据新闻的呈现方式更加轻量化、交互化。这些创新不仅增强了报道的传播力和影响力，而且为公众提供了更加丰富和深入的信息体验。

"媒体大脑"（见图1-3）是新华社研发的媒体人工智能平台，提供从线索、策划、采访、生产、分发、反馈等全新闻链路的服务内容。这个平台是媒体领域首次集成化、产品化、商业化的应用，融合了云计算、物联网、大数据、人工智能等多项技术，为各类媒体机构提供线索发现、素材采集、编辑生产、分发传播、反馈监测等服务。具体来说，"媒体大脑"通过使用摄像头、传感器、无人机、行车记录仪等智能采集设备，结合新闻发生地附近的多维数据，实时检测新闻事件，智能生成数据新闻和富媒体资讯内容。这使得记者能够更快速、更准确地获取和处理新闻信息，提高了新闻报道的效率和质量。

媒体大脑　　　产品及解决方案　　　　　　　　　　　　　　　　　　　　　　登录

行业解决方案
人工智能技术在媒体等领域集成化、产品化、商业化的应用

图1-3　新华社"媒体大脑"节选

此外，"媒体大脑"还具有其他功能，如新闻分发、"采蜜"（将录音内容自动转写为文字）、版权监测、人脸核查、用户画像、智能会话、语音合成等。这些功能共同提高了媒体的工作效率和内容生产力，同时确保了新闻的真实性，为保护原创做出了贡献。

"媒体大脑"不仅提高了新闻内容生产的效率和质量，而且重新定义了大数据时代内容生产者的核心竞争力，推动了传统媒体与新兴媒体的深度融合，对全面提升舆论引导能力发挥着技术支撑的重要作用。"媒体大脑"充分展示了数据新闻在提高新闻报道效率、确保新闻真实性、增强媒体影响力等方面的重要作用，对政府部门决策和公众参与产生了深远影响。

综上所述，数据新闻在当今社会中扮演着至关重要的角色。它不仅有效地传播信息，教育公众，而且促进了公众参与，影响了决策过程。通过精确的数据分析和生动的可视化呈现，数据新闻能够揭示复杂问题的本质，深化公众对重要议题的认识，并激发公众参与社会事务的热情。同时，数据新闻能为决策者提供科学依据，推动政策的制定与优化。因此，数据新闻的发展和应用是推动社会进步和发展的重要力量。我们应该进一步支持和推广数据新闻，以更好地服务于公共利益和社会发展。

第二节　数据新闻的发展历程

数据新闻虽为新兴概念，但数据在新闻报道中的应用历史源远流长。英国《卫报》（*The Guardian*）在数据新闻领域享有很高的声誉。《卫报》"数据博客"前任主编西蒙·罗杰斯（Simon Rogers）是全球闻名的数据新闻记者。在一篇追溯《卫报》数据新闻发展历程的文章中，罗杰斯强调："尽管今日我们拥有了全新的数据分析工具，但早期媒体记者运用和解析数据的初衷与我们并无二致。"事实上，早在1821年5月5日，《卫报》（当时名为《曼彻斯特卫报》）便在其创刊号上发布了一篇报道，该报道被认为是该报的第一则数据新闻。①

该报道以数据表格的形式，呈现在"读者来信"（letter to the editor）专栏中，内容聚焦曼彻斯特各所小学的学生人数及年度开支数据。这些数据直接关系到小学教育以及社会扶贫政策的制定。当时，官方公布的数据显示，接受免费教育的小学生人数为8000人。然而，《卫报》的这篇报道却指出，这一官方数据存在严重偏差，实际上接受免费教育的小学生数量接近25000人。该报道揭示了当时曼彻斯特地区政府依据错误数据制定教育和社会扶贫政策的严重问题，这些政策无法满足当地社会的实际需求。

这篇报道中的数据信息为当时的人们呈现了社会的真实状况，帮助政府决策者避免做出错误的决策。它展现了数据新闻的巨大价值，即通过数据的力量揭示社会问题，促进政策的正确制定，从而改善人们的生活。

一、国外数据新闻的发展历程

数据新闻起源于西方的新闻实践。早在1821年5月5日，英国《卫报》便利用数据进行了首次新闻报道，发布了关于曼彻斯特在校小学生人数及其平均消费的统计数据。随后，随着社会科学方法和媒介技术的不断进步，数据新闻逐渐吸引了人们的注意力。2006年，《华盛顿邮报》（The Washington Post）的一位工作人员提出了利用数据制作新闻的理念，倡导媒体摒弃传统的文字叙事方式，转而采用可由计算机处理的结构化数据。这一理念为数据新闻的诞生奠定了基础，但它并未进一步呈现数据抓取的具体步骤和内容的呈现形式。直到2012年，随着数据新闻栏目的不断涌现，国内学者开始深入研究数据新闻，将其视为大数据时代新闻学的新发展领域，预示着新闻业的未来发展方向。他们概括了数据新闻的四大特征：首先，它以维护公共利益为宗旨；其次，它建立在公开的数据基础之上；再次，它利用软件程序挖掘隐藏在数据背后的新闻故事；最后，它以形象、生动的可视化方式呈现新闻内容。②

（一）精确新闻与计算机辅助新闻报道

1. 精确新闻

精确新闻的起源可以追溯到20世纪60年代。这一时期的美国社会处于动荡和变革之中。在这样的背景下，美国学者菲利普·迈耶（Philip Meyer）提出了精确新闻的概念，

---

① 方洁. 数据新闻概论：操作理念与案例解析[M]. 北京：中国人民大学出版社，2019.
② 翟红蕾，李御任，王涵. 基于扎根理论的中国数据新闻受众接受行为研究[J]. 新闻与传播评论，2024（2）：58-69.

并在著作《精确新闻报道：记者应掌握的社会科学研究方法》（*Precision Journalism: A Reporter's Introduction to Social Science Methods*）中做出了详细的阐述。

迈耶认为，传统的新闻报道往往依赖记者的主观判断和直觉，这可能导致报道的不准确性和片面性。因此，他主张记者应该使用社会科学的研究方法来收集和分析数据，以此来提高新闻报道的准确性和深度。迈耶的理念得到了许多新闻从业者和学者的关注和支持，他们开始尝试将社会科学的方法应用于新闻报道中。

1967年，迈耶为《底特律自由新闻报》（*Detroit Free Press*）撰写了一篇报道（见图1-4）。他运用了精确新闻的理念和方法，对底特律种族骚乱进行了深入的调查和分析。这篇报道被广泛认为是精确新闻的早期典范。在这篇报道中，迈耶利用社会调查方法和数据分析，揭示了骚乱参与者的真实面貌，打破了当时普遍存在的对骚乱者的一些刻板印象。具体来说，迈耶通过对调查数据的分析，发现骚乱参与者并不完全是贫困、未受教育的人群，而是包括了各个社会阶层的人。这一发现挑战了当时媒体和公众的一些固有看法，为人们理解骚乱的深层次原因提供了更为全面和准确的视角。

图1-4 迈耶为《底特律自由新闻报》撰写的报道

迈耶的这篇报道不仅展示了精确新闻在实践中的应用，而且体现了其对新闻报道的深远影响。通过使用社会科学的研究方法和数据分析，新闻报道的准确性和深度得到了显著提升，同时也为新闻业的发展开辟了新的道路。

在精确新闻的起源阶段，记者们主要使用问卷调查、统计分析等来收集和分析数据。例如，在报道选举时，记者可以使用问卷调查来了解选民的意愿和态度，然后通过统计分析来预测选举结果。这种方法的使用使得新闻报道更加客观和准确，也为公众提供了更加精确的信息。

除了问卷调查和统计分析，记者还使用其他社会科学方法来进行精确新闻报道。例如，在报道社会问题时，记者可以使用案例研究的方法来深入了解问题的本质和原因。在报道经济问题时，记者可以使用经济模型来分析经济趋势和变化。这些方法的使用使得新闻报道更加全面和深入，也为公众提供了更加全面和深入的信息。

精确新闻在美国的崛起并非偶然，它与19世纪在美国蓬勃发展的民意调查有着密切的联系。这种联系体现在它们都强调利用数据来获取信息并进行分析。民意调查作为一种收集和分析大众意见的工具，为新闻业提供了新的数据来源和分析手段，这与精确新闻的理念非常契合。美国最早的民意调查可以追溯到19世纪初，由美国新闻界发起，主要用于预测总统选举结果。这些早期的民意调查被称为"草根民调"，因为它们通常是地方报纸通过读者调查进行的。这导致调查结果具有片面性和不准确性。然而，这些民意调查在19世纪的美国却备受欢迎，报纸通过举办和报道民意调查来吸引读者，从而增加广告收入。

精确新闻和民意调查拥有相似的理念。精确新闻强调使用社会科学的研究方法来收集和分析数据，以提高新闻报道的准确性和深度。同样，民意调查也是通过科学的方法来收集和分析大众的观点和态度，从而更好地理解社会现象和趋势。

在数据驱动的决策上，19世纪在美国兴起的民意调查帮助政府、企业和社会团体更好地理解公众的需求和意见，从而做出更明智的决策。精确新闻也遵循这一原则，通过数据分析来揭示新闻事件背后的真相和趋势。

精确新闻和民意调查都依赖技术进步。19世纪末，随着电话和邮寄服务的普及，民意调查变得更加高效和广泛。这些技术进步为精确新闻的发展奠定了基础，使得新闻机构能够更容易地收集和分析大量数据。

一个著名的例子是《纽约时报》（*The New York Times*）等媒体预测亚伯拉罕·林肯（Abraham Lincoln）连任总统。当时，民意调查在美国尚处于起步阶段，但《纽约时报》等媒体已经开始使用民意调查来预测选举结果。这些民意调查虽然简单，但它们体现了利用数据来分析社会现象的初步尝试，这与精确新闻的理念相符。

同样，《文学文摘》（*The Literary Digest*）杂志从1916年到1932年连续准确地预测了五届美国总统大选的结果。然而，在1936年的总统大选中，《文学文摘》的预测却严重失误（见图1–5），它预测共和党候选人艾尔弗·兰登（Alfred Landon）将击败民主党候选人富兰克林·罗斯福（Franklin Roosevelt），但实际结果却是罗斯福以压倒性的优势获胜。这暴露了草根民调的局限性。预测失误的原因在于《文学文摘》的样本选择存在重大偏差。调查样本主要来自杂志的订阅者，而这些订阅者中，共和党支持者的比例远远高于美国总人口中的共和党支持者比例。此外，由于调查严重依赖受调查者的自愿参与，导致那些愿意寄还调查问卷的读者往往是罗斯福的反对者，而非支持者。这两个因素共同导致了民意调查结果与实际选举结果的巨大差异。《文学文摘》杂志在1936年美国总统大选中预测失误这一事件在民意调查历史上具有重要意义。与此同时，乔治·盖洛普（George Gallup）采用更科学的抽样调查方法，准确预测了罗斯福的胜利，从而使民意调查的方法变得更加科学，并拉开了现代意义上民意调查的序幕。

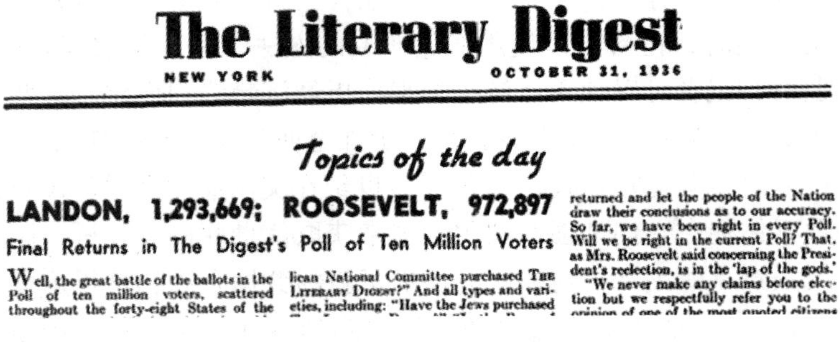
The Literary Digest

NEW YORK OCTOBER 31, 1936

Topics of the day

LANDON, 1,293,669; ROOSEVELT, 972,897

Final Returns in The Digest's Poll of Ten Million Voters

Well, the great battle of the ballots in the Poll of ten million voters, scattered throughout the forty-eight States of the

lican National Committee purchased The Literary Digest?" And all types and varieties, including: "Have the Jews purchased

returned and let the people of the Nation draw their conclusions as to our accuracy. So far, we have been right in every Poll. Will we be right in the current Poll? That, as Mrs. Roosevelt said concerning the President's reelection, is in the 'lap of the gods.'

"We never make any claims before election but we respectfully refer you to the

图1–5　《文学文摘》错误预测1936年美国总统大选结果的报道

这些早期的民意调查，尽管存在缺陷，但它们为精确新闻的发展提供了重要的数据来源和分析方法。通过这些数据，新闻机构能够更好地理解和报道公众的意见和态度，从而提高了新闻报道的准确性和深度。这种数据驱动的报道方式与精确新闻的理念不谋而合，为现代新闻业的发展奠定了基础。

2. 计算机辅助新闻报道

与数据新闻相关的另一个概念是"计算机辅助新闻报道"，它是用计算机辅助收集和处理信息的新闻报道方式。它经历了起源、发展、成熟三个阶段，已成为未来记者必备的素养之一。

计算机辅助新闻报道的起源可以追溯到20世纪60年代。当时，计算机技术开始在新闻业中得到应用。一些美国的新闻工作者开始使用计算机来处理和分析大量数据，以发现新闻线索和深入挖掘新闻故事。20世纪60年代，一些新闻机构开始使用计算机来分析总统选举数据，预测选举结果。例如，他们会使用计算机来分析投票站的投票模式，预测某个候选人可能在选举中获胜。这种方法在当时相对新颖，因为它依赖数据和统计方法，而不是单纯凭借记者的经验和直觉。同时，数据可视化技术开始应用于新闻报道中。新闻工作者可以使用计算机来创建表格和图片，以更直观地展示数据分析结果。例如，他们可能会使用计算机生成的表格和图片来展示某个城市的人口增长或经济发展趋势。

计算机辅助新闻报道能辅助精确新闻报道和其他类型的报道，并在新闻制作各环节发挥作用。然而，它主要是一种辅助工具，而不是影响整个新闻生产流程的基本方法。数据新闻是一个完全不同的概念，代表着新闻发展的形态，其内涵和外延比计算机辅助新闻报道更加广阔。

20世纪70年代，计算机辅助新闻报道继续发展，开始在新闻业中得到更广泛的应用。这一时期的记者和新闻机构开始利用更先进的技术来处理和分析数据。例如，随着个人电脑的普及，电子表格（如Excel）开始被新闻工作者用于数据分析。他们可以创建和操作表格，进行数据排序、筛选和计算，从而能够更有效地分析大量数据。另外，新闻机构开始使用数据库管理系统来存储和查询大量数据。该系统允许新闻机构创建和维护数据库，执行复杂的查询，以及提取有用信息。

这一时期的计算机辅助新闻报道通常涉及对政府数据、企业财务报告、市场研究数据的深入分析。例如，记者可能会使用电子表格来分析政府的财政报表，发现潜在的腐败或渎职行为，或者使用数据库管理系统来存储和分析大量选民数据，以揭示选举过程中的不公正现象或选民行为模式。随着计算机技术的进步，数据可视化工具开始被用于新闻报道中，使得复杂的数据分析结果能够以图片或表格的形式直观地呈现在受众面前。

这些发展阶段的特点和例子展示了计算机辅助新闻报道在20世纪70年代的进步。这一时期的记者和新闻机构开始利用电子表格和数据库管理系统来深入分析数据，提高报道的准确性和深度。这种报道方式逐渐成为新闻业的一个重要组成部分，并为后来的发展奠定了基础。

20世纪80年代至90年代，计算机辅助新闻报道进入成熟阶段。这一阶段的特点是计算机技术的普及和数据获取的便利性提高，使得计算机辅助新闻报道在新闻机构中得到了广泛的应用。例如，随着个人电脑的普及和软件技术的进步，新闻工作者开始使用更高级的数据分析工具，如统计软件（如SPSS、SAS）和数据可视化工具（如Adobe Illustrator）。这些工具使得记者能够进行复杂的数据分析，挖掘数据中的模式和趋势。另外，随着互联网的兴起和政府机构对信息公开的重视，新闻工作者获取数据变得更加容易。他们可以访问各种数据库和政府公布的统计数据，这为计算机辅助新闻报道提供了丰富的数据资源。他们可以使用计算机辅助新闻报道揭露政府数据造假、企业财务欺诈等。例如，新闻工作者可能会使用统计软件来分析企业财务报表，发现潜在的欺诈行为，也可以使用数据可视化工具来展示环境污染的趋势，直观地向公众展示污染程度和影响范围。

计算机辅助新闻报道在调查性报道中发挥了重要作用。记者和编辑团队收集和分析大量数据，揭示重大新闻故事，如政治腐败、社会不公和经济欺诈等。这一时期的计算机辅助新闻报道的发展，标志着新闻机构对数据驱动报道的重视。随着技术的进步和数据资源的丰富，计算机辅助新闻报道成为新闻工作者不可或缺的工具，极大地提高了新闻报道的深度和准确性。

（二）数据新闻实践走向全球

21世纪初，国外的媒体开始系统地推广数据新闻，美国的《纽约时报》和英国的《卫报》是先行者。2007年，《纽约时报》设立了互动新闻技术部，该部门制作了众多基于数据的动态信息图表，并设立了"互动"频道。2011年，针对苹果公司的供应链问题，《纽约时报》发布了一篇数据新闻报道。该报道通过大量的数据分析和图表展示了苹果产品在全球范围内的生产、组装和分销过程，揭示了供应链中存在的问题，如工人的恶劣工作条件等。这篇报道引发了广泛的关注和讨论，促使苹果公司改善其工人的工作条件。英国《卫报》也大力推广数据新闻这个概念。2009年，该报创办了数据博客，将经过分析处理的数据开放给读者，以共享数据。数据博客的创办使得《卫报》在议员开支丑闻等报道中获得了业界赞誉。该报还在官网上开设了"数据商店"栏目，并将"data"频道放在了网站首页。2010年，针对英国政府削减预算的计划，《卫报》发布了一篇数据新闻报道。该报道通过数据分析和图表展示了预算削减对各个领域和地区的影响，帮助公众更好地理解政府的决策，引发了公众对预算削减计划的关注和讨论。

其他媒体也紧随其后。2013年，针对德国联邦选举，《南德意志报》发布了一篇数据新闻报道。该报道通过数据分析和图表展示了各政党在选举中的表现和趋势，帮助读者更好地理解选举结果和德国政治格局的变化。2015年，针对在法国巴黎发生的恐怖袭击事件，《世界报》发布了一篇数据新闻报道。该报道通过数据分析和图表，展示了恐怖袭击事件的背景、袭击者的相关信息以及事件对法国社会和国际社会的影响，帮助公众更好地理解事件的复杂性和影响。

总的来说，众多媒体都在积极地推广和实践数据新闻，以适应数字化时代的需求。另一个同样值得关注的事实是各种基金会与组织对数据新闻的支持。全球编辑网络（Global Editors Network）是一个国际性的非营利组织，致力于推动新闻创新和推出高质量的新闻报道。它与谷歌等共同设立了数据新闻奖（Data Journalism Awards），这是第一个专门为数据新闻报道设立的全球性奖项。通过这个奖项，全球编辑网络鼓励和表彰在数据新闻领域做出突出贡献的作品和个人。谷歌新闻实验（Google News Lab）是谷歌公司的一个部门，致力于与新闻机构和记者合作，推动新闻创新和数据新闻的发展。该部门为数据新闻提供了一系列工具和资源，如谷歌趋势（Google Trends）、谷歌数据融合表（Google Fusion Tables）等，帮助记者和媒体机构更好地利用数据进行新闻报道。开放知识基金会（Open Knowledge Foundation）是一个非营利组织，致力于推动开放数据的运动，使数据可以被更多的人免费访问和利用。它推广数据新闻的概念，并提供了一系列工具和资源，如DataHub、OpenSpending等，帮助记者和媒体机构利用数据进行新闻报道和监督。国际记者网络（International Journalists' Network）是一个为全球记者提供新闻和资源的专业网站。它提供了大量的关于数据新闻的操作示范、案例研究和工具推荐，帮助记者提高数据新闻的报道能力。

数据新闻实践的发展引发了学者们对新闻教育和研究的关注。一方面，一些高校、科研机构与媒体合作，为媒体收集、处理数据信息提供智力支持，共同完成规模较大的数据新闻报道；另一方面，部分高校和科研机构设立相关的研究中心，专门从事数据新闻业务的研究。2012年，哥伦比亚大学新闻学院获得了几家企业的资助，资助金额共计200万美元，用于进行数字时代新闻报道的研究。这项资助的重点之一就是进行公共数据和新闻的透明度，以及数据可视化等数据新闻相关领域的研究。斯坦福大学在2014年开设了"数据新闻学"（Data Journalism）课程，旨在教授学生如何使用数据分析和可视化工具来进行新闻报道。这门课程由斯坦福大学的新闻系和计算与数学工程系联合开设，是数据新闻教育在高校中的一个典型例子。马里兰大学新闻学院在2015年推出了一个名为"数据新闻学"（Data Journalism）的研究项目。该项目旨在探索数据新闻的实践和理论，并为学生提供数据新闻的实践机会。伦敦政治经济学院在2013年开设了"数据新闻：信息时代的新闻报道"（Data Journalism: Reporting in the Age of Data）的在线课程，旨在教授学生如何使用数据来进行新闻报道。

二、国内数据新闻的发展历程

在国内，尽管冠以"数据新闻"称谓的报道直到2012年左右才开始兴起，但是媒体以往刊发的报道中并不乏重视数据和数据分析的部分内容。谈及媒体系统地认识到数据在新闻报道中的重要性，我们则需要从精确新闻在国内的兴起说起。

（一）精确新闻的兴起、发展与衰落

国内媒体眼中的精确新闻源自民意调查。20世纪20年代，中国留美学者将西方的民意测验方法引入国内。1922年，留美归国的心理学硕士张耀翔首次主持民意测验，并将其发布于《晨报》。1936年底至1937年初，位于上海的民治新闻专科学校的校长顾执中开展了"上海报纸和上海读者调查"，采用入户调查的方式。1942年10月，《大公报》进行了关于抗战前途看法的民意测验，共收到1230份读者回复。

中国新闻改革在改革开放后深入发展，开始引进西方传播理论和实证研究方法。1978年至1988年，我国进行了30多次有影响力的受众调查。其中，北京地区首次采用科学统计抽样和计算机技术辅助调查，结果被广泛报道，成为媒体采用科学受众调查的开端。同时，民意调查机构开始在国内兴起，如中国人民大学舆论研究所和盖洛普调查公司等。

民意调查机构的兴起及与媒体的合作使各种以受众调查结果为新闻的报道开始频繁见诸报端，一些媒体更是推出了报道此类新闻的专版或专题节目。1993年，中国青年报社会调查中心成立，成为中国第一个集民意调查、市场研究等功能于一身的研究咨询机构，隶属于中国青年报社。该报每月专辟两版，刊登该机构所做的民意调查结果。1994年1月，《北京青年报》推出每周一期的"公众调查"版，公布各种民意调查和社会研究结果。是年1月6日，该版推出调查报道《1993年，北京人你过得还好吗?》。有统计显示，到1995年底，全国已经有20余家报纸开办了类似《北京青年报》"公众调查"版的专版。

早在1984年，上海的《新闻记者》杂志第9期上，丁凯撰写了一篇文章，即《精确新闻学》，首次将在美国兴起的"精确新闻学"概念引入国内，并对该概念进行了简要介绍。尽管当时国外类似精确新闻的报道已在媒体上初露端倪，但并未被国内媒体正式命名为"精确新闻"。直到1996年1月3日，《北京青年报》在"公众调查"版上，以"精确新闻"栏目的名义刊登了《1995年，北京人你过得还好吗?》一文，国内报纸才开始明确采用"精确新闻"这个命名。

1997年8月16日，中央电视台推出《每周调查》节目，标志着电视媒体涉足精确新闻报道。2000年前，精确新闻曾在国内风靡，但21世纪以来，除《中国青年报》等少数媒体外，精确新闻逐步淡出媒体固定版面和重要时段。《北京青年报》于2001年停办"公众调查"版，原因之一是报道成本较高。此后，该报虽推出类似报道，但调查方法多为街头偶遇抽样，自我采集稿件数量减少。此现象反映了国内媒体在精确新闻报道中的诸多问题，如抽样方法、调查过程、数据分析和结论判断等方面的不完善。精确新闻在我国经历短暂繁荣后遭遇瓶颈，影响力逐渐减弱。

（二）数据新闻在国内的兴起

中国数据新闻的兴起始于21世纪初，伴随着互联网技术的普及和计算机辅助报道的引入，媒体逐渐开始探索数据与新闻的结合方式。国内数据新闻自2011年起，呈现兴起趋势。[1][2]自2011年起，国内四大门户网站搜狐、网易、新浪、腾讯，相继推出数据新闻专栏"数字之道""数读""图解天下""数据控"，拉开了数据新闻本土化实践的序幕。[3]

搜狐新闻的数据新闻栏目"数字之道"是中国最早的专业数据新闻栏目之一，于2011年5月21日正式上线。该栏目聚焦社会热点问题的数据挖掘与可视化分析，通过直观、易懂的方式向受众呈现复杂的统计信息和社会现象，开创了国内数据新闻报道的先河。在报道内容方面，"数字之道"的报道内容涵盖多个方面，包括经济话题、社会现象和生活账本等。例如，在经济话题中，该栏目对物价、收入、消费趋势等宏观经济数据进行了深度分析，揭示居民消费账单变化和物价飞涨背后的原因；在社会现象方面，该栏目聚焦房价走势、城市人口变化等热点议题，通过数据解读社会动态；在生活账本方面，该栏目以具体数据展示日常经济行为变化，帮助受众理解社会经济运行的趋势。[4]在呈现方式方面，"数字之道"以信息图表为主要表现形式，通过静态或动态的可视化图表，将复杂的统计数据呈现得生动易懂。同时，"数字之道"还有深入的文字解析，使图表数据更具逻辑性和权威性。"数字之道"图文结合的报道方式改变了传统新闻以文字为主的表达方式，让新闻更加直观、易懂，为受众提供了全新的阅读体验，极大地降低了理解复杂新闻内容的门槛。"数字之道"的上线不仅推动了搜狐新闻的内容创新，而且为国内数据新闻的探索提供了实践经验。它引入了大数据分析和图表技术，革新了新闻制作流程，为后来上线的网易"数读"与新浪"图解天下"等数据新闻栏目奠定了基础。

网易"数读"栏目于2012年1月13日正式上线，是中国早期数据新闻实践的重要开拓者之一。"数读"通过独特的报道形式、创新的内容呈现方式以及对热点问题的深入分析，为数据新闻的兴起提供了重要推动力。在报道形式与技术特点方面，"数读"栏目以"用数据说话"为核心，通过数据挖掘、分析和可视化手段，将复杂的信息以易于理解的形式呈现出来。其报道形式具有以下几个显著特点。第一，信息可视化。"数读"栏目广泛采用饼图、柱状图、地图等可视化图表形式，将繁复的数据清晰地展示给受众，降低了受众理解复杂新闻内容的门槛。第二，数据叙事化。"数读"将数据嵌入新闻叙事中，不仅展示数据本身，而且通过背景分析和逻辑推导让受众更深入地理解新闻背后的社会逻辑。第三，数据来源权威。"数读"注重数据的真实性与权威性，主要使用政府统计数据、国际机构数据库以及第三方研究机构的数据，通过严谨的来源审查确保数据的可靠

---

[1] 陈虹，秦静. 数据新闻的历史、现状与发展趋势 [J]. 编辑之友，2016 (1)：69-75.
[2] 郑峰山.中国数据新闻的发展历程[EB/OL]. [2016-03-01].http://media.people.com.cn/GB/n1/2016/0301/c402777-28162127.html?sid_for_share=99125_3.
[3] 王国燕，韩景怡. 数据新闻教程[M]. 合肥：中国科学技术大学出版社，2022.
[4] 数字之道[EB/OL]. http://news.sohu.com/matrix_list/index_1.shtml.

性。①在内容呈现与主题聚焦方面，"数读"具有以下特点。第一，社会热点解读。"数读"通过数据对社会热点问题进行深度剖析，提供了客观且理性的新闻表达方式。该栏目关注诸如国际事件和国内政策议题的解读，利用多角度的数据呈现方式，帮助受众理解复杂的社会现象。第二，民生议题覆盖。该栏目以民生关切为核心，通过数据化手段解析民生问题，以数字化的手段呈现内容的方式不仅使公众更直观地理解这些社会现象，而且提高了数据新闻的公众接受度和传播效果。第三，经济与政策分析。网易"数读"聚焦区域经济差异、政策实施效果等主题，借助数据化手段揭示问题的原因。这种主题聚焦方式体现了数据新闻服务社会的功能。②

新浪新闻于2012年6月4日正式上线数据新闻栏目"图解天下"。作为中国数据新闻兴起阶段的重要探索者，"图解天下"2012年的实践在报道内容、呈现方式方面具有标志性意义。在报道内容方面，2012年，"图解天下"的报道内容聚焦社会热点、经济政策及国际事件，通过数据分析和可视化方式，为公众提供清晰、直观的信息解读。"图解天下"围绕公众关心的社会热点话题展开报道，结合数据分析和背景解读，使受众能够理解复杂社会现象背后的深层逻辑；相关主题涵盖环境、健康及公共资源分配等多个领域；针对经济政策解读，"图解天下"借助数据分析政府政策的实施情况及区域经济发展现状，以图表和数据为核心，展现政策效果及潜在问题，提高公众对政策透明度的认知。在呈现方式方面，"图解天下"在视觉呈现和信息表达方面进行了多项创新，广泛运用饼图、柱状图及地图等静态图表形式，色彩搭配和谐，在增加视觉吸引力的同时帮助受众快速理解复杂的数据。在多媒体整合中，"图解天下"结合插图、漫画及简明叙述，将数据转化为易读的内容形式。在叙述方面，"图解天下"运用非线性叙述，报道多采用主题化叙述方式，以聚焦核心问题为主，为受众节省理解时间，同时提升新闻传播的效率。③④

腾讯新闻于2012年12月3日推出"数据控"栏目。作为中国数据新闻兴起阶段的重要实践者，其展现出了令人瞩目的特点：一是选题紧扣社会热点，以民生、社会、政治问题为主，围绕社会重大问题展开数据化解读；二是数据来源均衡，数据来源包括政府组织、非政府机构、独立调查机构及大众传媒等，保证了报道的权威性和数据的多样性。在数据呈现方式方面，"数据控"也做出了新的尝试，表现在以下方面。第一，信息图表化。"数据控"主要通过信息图表表达内容，有时一篇新闻仅有一张图表。此方法直观、简洁，减少了受众阅读文字的压力。第二，图表与文字结合。与网易"数读"单列文字的方式不同，"数据控"将文字直接嵌入图表中，使新闻信息更加紧凑。截至2024年11月，"数据控"已无法访问。

---

① 苑宁.数据新闻可视化叙事研究——以网易"数读"为例[J].新媒体研究，2018(22)：32-33.
② 刘雅琪，李英伟.大数据时代数据新闻的实践与发展——以网易"数读"为例[J].新媒体研究，2018(11)：20-21.
③ 阮超男.网络数据新闻的发展探析——以新浪图解天下为例[J].新闻世界，2014(12)：142-144.
④ 张舒涵，张聪，程诚.论可视化在门户网站新闻报道中的应用——以新浪《图解天下》、网易《数读》栏目为例[J].东南传播，2015(1)：64-66.

中央电视台《晚间新闻》的"'据'说"系列是央视数据新闻探索的代表，标志着中国电视新闻在数据化报道上的重要进步。该系列首次于2014年1月25日推出，覆盖"'据'说春运""'据'说春节""'据'说两会"。在报道内容方面，"'据'说"系列将社会热点与人文关怀结合。"'据'说"系列报道以数据为切入点，将海量信息转化为具象化新闻内容，涵盖春运大迁徙、春节活动和两会热点议题，展现了传统新闻报道难以触及的全局视角。例如，2014年的"'据'说春运"通过与百度合作，利用2亿部智能手机用户每天发送的50亿次定位请求生成迁徙动态图，清晰展示了春运期间36亿人的迁徙情况。同时，报道不仅关注迁徙线路和交通状况，还发掘出了"逆向迁徙"（老人去子女所在地过年）这一新趋势，凸显数据分析对社会现象的深度挖掘能力。再如，在春节民俗报道中，"'据'说"系列围绕百姓年夜饭、抢红包、燃放烟花等主题，用数据结合小故事烘托节日氛围。报道解读了不同地方的人们在年夜饭习俗和食材偏好方面的差异。在两会热点分析中，"'据'说"系列通过百度指数等工具，分析网民在"两会"期间的搜索行为，将百姓关心的话题，如环保、反腐、医疗，转化为具象的新闻内容，进一步增加了报道的趣味性和直观性。[1][2]在数据呈现方式上，"'据'说"系列以技术与视觉化表达的创新为主要侧重点。春运期间的人口迁徙动态图作为数据新闻可视化的成功案例，将枯燥的迁徙数据转化为动态线条，利用线条密度和亮度表达迁徙人数的多寡，使得新闻的直观性和可读性显著提升。在使用条形图、饼图等常规工具时，"'据'说"系列还结合虚拟形象"数据哥"和动态地图等手段，为受众带来更强的沉浸感和互动体验。"'据'说"系列的内容具有明显的口语化与生活化特点。与传统的严肃报道不同，"'据'说"系列增加了通俗易懂的叙述风格和口语化表达，例如通过问题引入主题或用互动设计增加趣味性，吸引更广泛的受众。

第三节　数据新闻与新闻的关系

一、数据新闻对新闻价值的"破"与"立"

数据新闻作为一种新兴的新闻报道形式，在新闻传播领域引起了广泛关注。它与传统新闻的主要区别在于对数据的重视和应用，特别是数据收集、分析和可视化工具的应用。数据新闻不仅涉及技术方面的创新，而且涉及新闻内容价值和形式的转变。

---

[1] 刘东华，关玉霞，魏力婕.大数据时代的电视新闻创新——以央视"'据'说"系列节目为例[J].新闻与写作，2014（4）：8-11.

[2] 徐锦博，罗翔宇.试论我国电视数据新闻的发展路径——基于央视《晚间新闻》春节"'据'说"系列报道的内容分析[J].新闻知识，2015(5)：31-33.

（一）数据新闻对新闻价值的"破"

1. 突破传统新闻叙事方式

具体来说，数据新闻通过可视化和交互式设计，打破了传统新闻以文字为主的叙述方式，使得复杂的信息变得更简单。

在传统新闻叙事中，记者通常依赖文字描述和个案访谈来传达信息，这种方式往往在篇幅和语言表达方面面临很多局限，难以直观展现数据背后的复杂关系和趋势。与此不同的是，数据新闻运用地图、时间轴等视觉元素，以及交互功能，将大量的数据以视觉化的形式展现出来，使受众能够在短时间内把握信息全貌，深入理解新闻事件的内涵和外延。

这种可视化和交互式的叙事方式，不仅提高了信息的传递效率，而且使得新闻内容更加生动和吸引人。它让受众从被动接受信息转变为主动探索和挖掘数据，提高了新闻的吸引力和影响力。通过这种突破传统叙事方式的创新，数据新闻为新闻业的发展带来了新的机遇，并在信息传播中发挥着越来越重要的作用。

例如，人民网的"图解新闻"栏目（见图1-6），作为数据新闻的重要实践，通过一系列创新手段，有效地突破了传统新闻叙事方式的局限。

图1-6　人民网的"图解新闻"栏目

传统新闻叙事主要依赖文字描述，而"图解新闻"则大量使用图表、图解等视觉元素来展示新闻内容。这种视觉化手段使得复杂的数据和抽象的概念变得直观易懂。例如，"图解新闻"通过流程图展示事件发展的时间线，通过柱状图和曲线图展示数据的变化趋势，这些都极大地提高了信息的传播效率，优化了受众的阅读体验。"图解新闻"强调数据的收集和分析，将数据作为新闻报道的核心。通过对大量数据的深入挖掘和分析，该栏目能够提供更加客观和深入的新闻解读。这种数据驱动的报道方式不仅提高了新闻内容的可信度，而且使得报道更具深度和洞察力。"图解新闻"不仅涉及政治、经济、社会等多个领域，而且在形式上也十分多样化。除了传统的图文结合，该栏目还运用多种新媒体技术，增强了新闻报道的互动性和趣味性。这种多样化的形式吸引了拥有不同兴趣的受众，扩大了新闻传播的覆盖面。"图解新闻"在用户体验上也进行了精心设计。例如，采用先图后文的方式，让受众首先通过图表了解核心信息，然后再深入阅读详细内容。这种设计符合受众的阅读习惯，尤其是在移动互联网时代，能够更好地利用受众的碎片时间。此外，栏目内容的设计和排版也充分考虑了移动端用户的阅读体验，使得新闻内容在移动设备上的传播更加高效。

总的来说，人民网的"图解新闻"栏目通过其创新性的视觉设计、数据驱动的报道策略、多样化的内容形式以及对用户体验的优化，成功地为受众提供了一种全新的新闻阅读体验。这种体验不仅更加直观，而且在信息传递的效率和深度上都有显著提升，从而实现了对传统新闻叙事方式的重大突破。

2. 重构新闻的深度和广度

数据新闻通过处理和分析大规模数据集，对新闻的深度和广度进行了重构。在深度方面，数据新闻能够深入挖掘数据背后的规律和联系，提供深层次的见解。它通过对大量数据的深入分析，揭示数据之间的内在联系，挖掘数据背后的故事和原因，使受众能够更深入地了解和把握新闻事件的本质和内涵。在广度方面，数据新闻能够提供更全面的信息背景。它能整合来自不同领域的数据，构建起一个多元、立体的信息网络，使受众能够从多个角度和层面理解新闻事件。数据新闻通过拓宽信息来源和领域，将相关的各类数据和信息进行整合和分析，为受众提供了更全面、更多元的信息背景，使新闻报道更具全面性。

数据新闻通过重构新闻的深度和广度，提升了新闻的信息价值和影响力。它使新闻能够提供更深入、全面的见解和背景信息，帮助读者更好地理解新闻事件的内涵和外延。这种重构不仅增强了新闻的客观性和准确性，而且提高了新闻的吸引力和影响力，使新闻成为更加丰富、多元和有价值的资源。

例如，澎湃新闻的数据新闻从业者在分析上海人民公园相亲角的大量征婚广告时，采用了结构化信息处理的方法。他们收集了这些广告上的信息，包括性别、年龄、收入情况等，并将这些信息进行整理和分析。通过这种方式，他们能够揭示一些有趣的社会现象和趋势。他们发现某一性别群体在征婚广告中更倾向于强调某些特质，或者某一年龄段的征婚者更关注特定的条件。这些分析结果不仅为受众提供了关于当前社会状况的深刻洞察，而且通过可视化手段，使这些复杂的数据变得更加易于理解。

3. 提高新闻的预测和分析能力

数据新闻通过其强大的数据处理和分析能力，显著提高了新闻的预测和分析能力。这是其对新闻价值突破与重构的重要方面之一。

数据新闻利用先进的数据分析工具和技术，可以从海量的数据中识别出模式和趋势。通过对历史数据的深入挖掘，数据新闻能够发现潜在的发展规律，从而对未来可能出现的情况进行预测。这种预测能力使新闻不仅能够反映过去和现在，而且能够展望未来，提供对未来趋势和可能发生的事件的洞察。

数据新闻还能够增强新闻的分析能力。通过对大规模数据集的深入分析，数据新闻能够揭示数据背后的原因和影响，提供更加全面和深入的信息解读。它能够帮助受众理解复杂问题的本质，揭示不同数据之间的关联，并提供对有关问题的深入分析和解释。

数据新闻的预测和分析能力不仅提高了新闻的客观性和准确性，而且增强了新闻的前瞻性和深度。它使得新闻不仅能够反映现实，而且能够预测未来，提供更加全面和深入的信息解读。

例如，新华社推出的《“活力”金秋看“十一”》（见图1–7）展示了数据新闻如何提高新闻的预测和分析能力。这则新闻主要关注2021年国庆节期间的中国社会和经济活动情况。

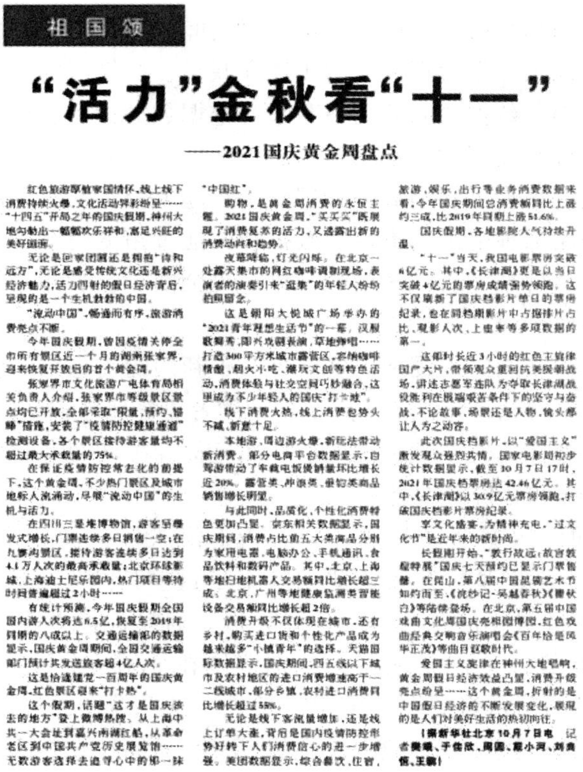
祖国颂

“活力”金秋看“十一”

——2021国庆黄金周盘点

红色旅游厚植家国情怀，线上线下消费持续火爆，文化活动异彩纷呈……“十四五”开局之年的国庆假期，神州大地勾勒出一幅幅欢乐祥和、富足兴旺的美好画面。

无论是回家团圆还是拥抱“诗和远方”，无论是感受传统文化还是新兴经济魅力，活力四射的假日经济背后，呈现的是一个生机勃勃的中国。

“流动中国”，畅通而有序，旅游消费亮点不断。

今年国庆假期，曾因疫情关停全市所有景区近一个月的湖南张家界，迎来恢复开放后的首个黄金周。

张家界市文化旅游广电体育局相关负责人介绍，张家界市等级景区景点均已开放，全部采取“限量、预约、错峰”措施，安装了“疫情防控健康通道”检测设备，各个景区接待游客量均不超过最大承载量的75%。

在保证疫情防控常态化的前提下，这个黄金周，不少热门景区及城市地标人流涌动，尽展“流动中国”的生机与活力。

在四川三星堆博物馆，游客呈爆发式增长，门票连续多日销售一空；在九寨沟景区，接待游客连续多日达到4.1万人次的最高承载量；北京环球影城、上海迪士尼乐园内，热门项目等待时间普遍超过2小时……

有统计预测，今年国庆假期全国国内游人次将达6.5亿，恢复至2019年同期的八成以上。交通运输部的数据显示，国庆黄金周期间，全国交通运输部门预计共发送旅客超4亿人次。

这是恰逢建党一百周年的国庆黄金周，红色景区迎来“打卡热”。

这个假期，话题“这才是国庆该去的地方”登上微博热搜。从上海中共一大会址到嘉兴南湖红船，从革命老区到中国共产党历史展览馆……无数游客选择去追寻心中的那一抹“中国红”。

购物，是黄金周消费的永恒主题。2021国庆黄金周，“买买买”既展现了消费复苏的活力，又透露出新的消费动向和趋势。

夜幕降临，灯光闪烁。在北京一处露天集市的网红咖啡调制现场，表演者的演奏引来“逛集”的年轻人纷纷驻足留念。

这是朝阳大悦城广场举办的“2021青年理想生活节”的一幕。汉服歌舞秀、即兴戏剧表演、草地弹唱……打造300平方米城市露营区，农情咖啡情趣、烟火小吃、潮玩文创等特色活动，消费体验与社交空间巧妙融合，这里成为不少年轻人的国庆“打卡地”。

线下消费火热，线上消费也势头不减、新意十足。

本地游、周边游火爆，新玩法带动新消费。部分电商平台数据显示，自驾游带动了车载电饭煲销量环比增长近20%，露营类、冲浪类、垂钓类商品销售增长明显。

与此同时，品质化、个性化消费特色更加凸显。京东相关数据显示，国庆期间，消费占比前五大类商品分别为家用电器、电脑办公、手机通讯、食品饮料和数码产品。其中，北京、上海等地扫地机器人交易额同比增长超三成；北京、广州等地健康监测类智能设备交易额同比增长超2倍。

消费升级不仅体现在城市，还有乡村，购买进口货和个性化产品成为越来越多“小镇青年”的选择。天猫国际数据显示，国庆期间，四五线以下城市及农村地区的进口消费增速高于一二线城市，部分乡镇、农村进口消费同比增长超过55%。

无论是线下客流量增加，还是线上订单大涨，背后是国内疫情防控形势好转下人们消费信心的进一步增强。美团数据显示，综合餐饮、住宿、旅游、娱乐、出行等业务消费数据来看，今年国庆期间总消费额同比上涨约三成，比2019年同期上涨51.6%。

国庆假期，各地影院人气持续升温。

“十一”当天，我国电影票房突破6亿元。其中，《长津湖》更是以当日突破4亿元的票房成绩强势领跑。这不仅刷新了国庆档影片单日的票房纪录，也在同档期影片中占据排片占比、观影人次、上座率等多项数据的第一。

这部时长近3小时的红色主旋律国产大片，带领观众重回抗美援朝战场，讲述志愿军连队为夺取长津湖战役胜利在极端严苦条件下的坚守与奋战。不论故事、场景还是人物，镜头都让人为之动容。

此次国庆档影片，以“爱国主义”激发观众强烈共情。国家电影局初步统计数据显示，截至10月7日17时，2021年国庆档票房达42.46亿元。其中，《长津湖》以30.9亿元票房领跑，打破国庆档影片票房纪录。

享文化盛宴，为精神充电，“过文化节”是近年来的新时尚。

长假刚开始，“数行故远：故宫数据特展”国庆七天预约已显示门票售罄。在昆山，第八届中国昆剧艺术节如约而至，《浣纱记·吴越春秋》《雷峰塔》等陆续登场。在北京，第五届中国戏曲文化周国庆亮相园博园，红色戏曲经典交响音乐演唱会《百年恰是风华正茂》等曲目致敬时代。

爱国主义旋律在神州大地唱响，黄金周假日经济效益凸显，消费升级亮点纷呈……这个黄金周，折射的是中国假日经济的不断发展变化，展现的是人们对美好生活的热切向往。

（据新华社北京10月7日电 记者樊曦、于佳欣、周圆、翟小河、刘典悦、王鹏）

图1–7 《“活力”金秋看‘十一’》

文中指出，"有统计预测，今年国庆假期全国国内游人次将达6.5亿，恢复至2019年同期的八成以上。交通运输部的数据显示，国庆黄金周期间，全国交通运输部门预计共发送旅客超4亿人次。这是恰逢建党一百周年的国庆黄金周，红色景区迎来'打卡热'"，这反映了旅游业的复苏和民众的出行热情。特别值得注意的是，张家界、四川三星堆博物馆、九寨沟景区、北京环球影城和上海迪士尼乐园等热门景区都迎来了大量游客，显示出中国旅游市场的活力。

在消费趋势方面，线上和线下消费都显示出强劲的活力。例如，北京朝阳大悦城广场举办的"2021青年理想生活节"吸引了大量年轻人，展示了消费体验与社交空间的融合。此外，银泰百货等零售商在国庆假期客流量和销售额均大幅增长，显示出消费市场的活跃度。

文化活动在国庆假期期间也丰富多彩。例如，截至2021年10月7日17时，国庆档票房达42.46亿元。其中，《长津湖》以30.9亿元票房领跑，并打破国庆档影片票房纪录，《我和我的父辈》以9.4亿元票房排名次席。这些都反映了文化消费的兴盛。

这些数据和分析不仅提供了对2021年国庆节期间社会和经济活动的全面概览，而且通过深入的数据分析，帮助受众更好地理解这一重要事件的社会影响和背后的经济动因。

4. 增强新闻的透明度和可信度

数据新闻通过其基于数据的特性和方法，显著增强了新闻的透明度和可信度。在当今信息爆炸的时代，受众对于新闻的准确性和可靠性有着更高的要求。数据新闻应运而生，以其独特的方式满足了受众的这一需求。

在数据新闻的报道中，记者会详细告知受众数据的来源、采集方式、时间和地点等信息。这使得受众能够了解数据的来源，增强了新闻的透明度。例如，在报道政府财政预算情况时，数据新闻会通过信息图表直观地展示预算的分配情况，并附上数据来源链接，让受众能够追溯和验证数据的真实性和准确性。

数据新闻通过引用具体的数据，采用可靠的统计手段，能增强新闻的可信度。这为新闻报道注入了活力，也增强了受众的信任感和参与感，从而推动了新闻业的发展。

5. 促进新闻与公众的互动

数据新闻显著促进了新闻与受众的互动。这是数据新闻对新闻价值突破与重构的重要方面之一。数据新闻通过可视化工具和交互式设计，打破了传统新闻的单向传播模式，使受众能够更加主动地参与和互动。

数据新闻的可视化工具和交互式设计使得新闻内容更加直接和易于理解。数据新闻通过图表等视觉化形式，清晰地展示复杂的数据，使受众更容易理解和把握信息。这种呈现方式吸引了受众的注意力，激发了受众的兴趣，增加了受众的参与度。

数据新闻还通过社交媒体和在线平台的传播，进一步促进了新闻与受众的互动。受众可以方便地分享和讨论数据新闻的内容，通过评论、点赞、转发等方式表达自己的观点和看法。社交媒体的互动性不仅扩大了新闻的传播范围，而且促进了公众之间的交流和讨论，增加了新闻的影响力。

例如，《2019年 你对"600亿的大项目"贡献了多少？》（见图1-8）是光明网推出的一篇数据新闻报道。该报道通过筛选2019年中国票房排名前十位的电影在豆瓣上的评价，并结合数据分析，对社会高度关注的话题进行了量化解读。这种实践体现了数据新闻融合与创新的趋势，将复杂、抽象、难懂的数据转化为形象、具体、生动的新闻报道，提高了报道的可读性和互动性。

图1-8 《2019年 你对"600亿的大项目"贡献了多少？》节选

（二）数据新闻对新闻价值的"立"

1. 提升精确性和客观性

数据新闻显著提升了新闻的精确性和客观性。数据新闻通过精确的数据来源和统计技术，增加了新闻的精确性。在数据新闻的报道中，记者会明确告知受众数据的来源，确保数据的准确性和可靠性。数据精确性的提升，使得受众更加信任新闻内容，进一步促进了数据新闻的发展。数据新闻通过采用客观的数据，增强了新闻的客观性。数据新闻的内容依赖客观数据，这减少了记者主观臆断和个人观点对新闻内容的干扰。

2. 采用新的叙事方式

数据新闻通过创新的叙事方式，显著提升了新闻的价值。它采用数据驱动的方法，通过收集和分析大量客观数据，提供更加准确和可靠的新闻内容。可视化设计将复杂的数据转化为受众易于理解的视觉信息，增强了新闻的吸引力，使受众能够快速了解新闻的核心内容，有利于充分利用受众的碎片化时间。交互式设计增强了受众的参与感，允许受众自主选择和分析数据，获得个性化的信息体验。

数据新闻的交互式设计使得受众能够更加主动地探索和挖掘数据。通过交互功能，受众可以自主选择查看不同维度的数据、比较不同的数据指标，甚至进行个性化的数据筛选和分析。这种互动性的设计不仅提供了更加个性化的新闻体验，而且使受众能够更加深入地了解和思考新闻背后的数据和信息。

数据新闻还通过多媒体元素的融合，进一步丰富了新闻的叙述方式。结合文字、图片、音频和视频等多种媒介形式，数据新闻能够以更加多元和全面的方式展现新闻内容，提供更加丰富和深入的新闻体验。这种多媒体融合的叙述方式不仅增强了新闻的表现力，而且能使受众更加全面地了解新闻事件的背景和内涵。

总之，数据新闻通过引入新的叙述方式，对新闻价值进行了突破与重构。它通过可视化和交互式设计，使得新闻内容更加生动、直观和易于理解。同时，数据新闻通过多媒体元素的融合，丰富了新闻的表现形式，为受众提供了更加全面和深入的新闻体验。

3. 提升数据的透明性和公开性

数据新闻显著提升了新闻数据的透明性和公开性。数据新闻通常会明确指出的数据来源，这使得新闻报道更加透明可信，增强了公众对新闻的信任度。

数据新闻注重数据的透明性。在数据新闻的报道中，记者会明确告知受众数据来源，包括数据的采集方式、时间、地点等信息。这种透明性的提升，使得受众能够更加信任新闻内容和新闻机构。

数据新闻强调数据的公开性。数据新闻将使用的数据和处理过程公开，让受众可以追溯数据的原始出处和处理方法。这种公开性使得受众可以自行验证数据的真实性和准确性，增强了新闻的可信度。例如，网易数读推出的《隐藏的碳排放大户，很多人都猜错了》是一篇关注环境与气候问题的数据新闻作品。该作品通过可视化的方式，揭示了在建筑生命全周期的碳排放中，建材生产阶段占最大比例，约占全国碳排放总量的28%，其次是建筑运行的碳排放。该作品以数据新闻的形式，提高了新闻的可读性和互动性，向公众传达了关于碳排放的准确信息，并激发了公众对环境保护的关注和讨论。

这篇数据新闻不仅提供了准确的数据和信息，还通过创新的可视化手段，增强了新闻的吸引力和影响力。它展示了数据新闻如何通过其独特的报道方式，提高了新闻的透明性和公开性，从而促进了公众对环境问题的认识和参与。

4. 深入挖掘和发现新闻故事

数据新闻展现出了前所未有的创新性，尤其在深入挖掘和发现新闻故事方面。它不再局限于传统的数据分析和报道，而是通过前沿的数据科学技术，开创性地探索和揭示新闻背后的深层次信息。

数据新闻运用先进的机器学习和人工智能技术，自动识别和追踪数据中的模式和异常。这种技术能够帮助记者在庞大的数据海洋中发现隐藏的新闻线索，挖掘那些通过传统方法难以察觉的故事。例如，通过分析社交媒体上的海量文本数据，数据新闻可以揭示公众情绪的变化趋势，从而发现社会热点和趋势。

数据新闻通过数据可视化和交互式叙事，为受众提供了全新的新闻体验。这种创新性的叙事方式不仅使数据新闻内容更加吸引人，而且能鼓励受众主动参与新闻创作的过程。例如，通过交互式地图和时间线，受众可以自行探索数据，发现他们感兴趣的新闻故事，甚至可以基于数据创建自己的新闻故事。

数据新闻还通过开放的数据平台和数据共享机制，鼓励受众参与新闻的创作过程。这种开放性的数据共享，使得几乎所有人都可以访问和使用新闻数据，进一步拓宽了新闻的来源和视角。人们可以基于这些数据进行独立的分析和研究，从而发现和创造新的新闻故事。

二、数据新闻对新闻体裁的"破"与"立"

（一）数据新闻对新闻体裁的"破"

1. 创立新的报道形式

在新闻体裁的突破方面，数据新闻不仅创立了新的报道形式，而且通过一系列创新性的技术手段和叙事方式，为受众带来了前所未有的新闻体验。

数据新闻可以采用虚拟现实（virtual reality，VR）[①]和增强现实（augmented reality，AR）[②]技术，将受众带到新闻现场，让他们身临其境地感受新闻事件。这种沉浸式报道形式，使受众能够从多个角度和层面了解新闻事件的细节，获得更加真实和深入的新闻体验。通过 VR 和 AR 技术，受众仿佛置身于新闻事件的现场，能够感受到新闻事件的氛围和情感，从而更加全面地理解新闻内容。

数据新闻可以利用人工智能（artificial intelligence，AI）[③]技术，实现新闻内容的个性化推荐。根据受众的兴趣和需求，AI 技术能够为受众推荐他们感兴趣的新闻故事，提高受众的参与度和新闻的传播效果。这种个性化的推荐方式，使得受众能够更快地找到

---

① 虚拟现实指采用以计算机技术为核心的现代信息技术，生成逼真的视、听、触觉一体化的虚拟环境，用户可以借助必要的装备，与虚拟环境中的物体进行交互作用、相互影响，从而获得身临其境的感受和体验。随着技术和产业生态的持续发展，虚拟现实的概念不断演进。业界对虚拟现实的研讨不再拘泥于特定终端形态，而是强调关键技术、产业生态与应用落地的融合创新。

② 增强现实指借助近眼显示、感知交互、渲染处理、网络传输和内容制作等新一代通信技术，构建身临其境与虚实融合沉浸体验所涉及的产品和服务。早期，学界通常在 VR 研讨框架内下设 AR 主题，随着产业界在 AR 领域的持续发力，部分学者将 AR 从 VR 的概念框架中抽离出来。两者在关键器件、终端形态上存在很多相似之处，但在关键技术和应用领域上有所差异。VR 通过隔绝式的音视频内容带来沉浸感体验，对显示画质要求较高；AR 强调虚拟信息与现实环境的"无缝"融合，对感知交互要求较高。此外，VR 侧重于游戏、视频、直播与社交等大众市场，AR 侧重于工业、军事等垂直应用。

③ 人工智能是新一轮科技革命和产业变革的重要驱动力量，是一门研究、开发用于模拟、延伸和扩展人的智能的理论、方法、技术及应用系统的新的技术科学。

自己感兴趣的新闻内容,提高了新闻的吸引力和传播效率。

数据新闻还可以采用区块链技术,确保新闻内容的真实性和可追溯性。通过区块链技术,数据新闻可以记录新闻内容的来源和传播过程,使受众能够更加信任新闻。这种技术确保了新闻内容的不可篡改性和透明度,增强了受众对新闻的信任度。

数据新闻还可以鼓励受众参与到新闻的创作和传播过程中。通过社交媒体平台,受众可以在法律允许的范围内自由地发表自己的观点和看法,与他人进行交流和讨论,形成多元化的新闻社区。这种参与式的新闻传播方式,增强了受众的参与感和归属感,提升了新闻内容的多样性和创新性。

综上,数据新闻可以通过虚拟现实、增强现实、人工智能、区块链等前沿技术,以及开放性、互动性和个性化的叙事方式,为受众带来了全新的新闻体验。这种创新性的报道形式,不仅提高了新闻的传播效果,而且增强了受众的参与度和体验感。

2. 深化内容分析

数据新闻可以采用自然语言处理(natural language processing,NLP)[①]技术,对大量文本数据进行深度分析,揭示新闻事件中的关键词、主题和情感倾向。这种技术能够帮助受众快速识别和理解新闻中的关键信息,从而深入挖掘新闻背后的深层次含义。

数据新闻可以运用大数据分析技术,对海量数据进行综合分析,发现数据之间的关联性和模式。这种技术能够帮助记者发现新闻事件之间的内在联系,揭示新闻背后的规律和趋势,从而为受众提供更加全面和深入的分析。

数据新闻还能采用机器学习和人工智能技术,通过自动学习和预测,为受众提供更加精确的预测性分析。这种技术能够预测未来可能发生的事件,从而为决策者提供有价值的参考。

数据新闻可以通过3D建模和VR技术,将复杂的空间数据以三维形式展现出来,使受众能够直观地理解数据和信息。这种三维可视化的呈现方式不仅增强了新闻的吸引力,而且使得受众能够更好地验证和评估新闻内容的真实性,从而提高新闻的可信度。

3. 提高新闻的互动性

数据新闻通过引入全新的话题和创新的叙事方式,显著提高了新闻的互动性,为受众带来了更加丰富和多元的新闻体验。

数据新闻关注社会热点和公共议题,将新闻内容与受众的日常生活紧密结合起来。通过报道与公共利益密切相关的话题,如环境保护、公共健康等,数据新闻激发了受众的共鸣和参与热情。受众可以针对这些话题发表自己的观点和看法,与他人交流和讨论。

---

① 自然语言处理是计算机科学、人工智能和语言学领域的一个交叉学科,主要研究如何使计算机具备理解、处理、生成和模拟人类语言的能力,从而实现计算机与人类进行自然对话。

数据新闻采用故事化的叙事方式，将新闻内容以故事的形式呈现，激发受众的兴趣。通过讲述人物故事、案例分析等，数据新闻将抽象的数据转化为生动的故事，使受众能够更加直观地理解和感受新闻内容。这种故事化的叙事方式，不仅能吸引受众的注意力，而且能激发他们的参与感。

数据新闻还可以采用游戏化的互动方式，将新闻内容与游戏元素相结合，为受众提供新颖的参与体验。通过设计与新闻相关的游戏，如挑战和闯关等，数据新闻能鼓励受众主动探索和互动。这种游戏化的互动方式，使受众能够在轻松愉快的氛围中获取新闻信息，提高了新闻的传播效果。

4. 增强新闻的知识性和专业性

数据新闻通过引入全新的视角和创新的叙事方式，能显著增强新闻的知识性和专业性，从而提高了新闻内容对读者的吸引力。

数据新闻关注跨学科的研究和分析，将新闻内容与不同领域的专业知识相结合。通过整合经济学、社会学、心理学等多个学科的研究成果，数据新闻能为受众提供多角度、多层次的理解框架。这种跨学科的报道方式，使受众能够更加全面地理解新闻事件，拓宽了他们的视野。

数据新闻可以采用专家访谈和观点辩论的形式，为受众提供专业性的分析和解读。通过邀请相关领域的专家和学者参与报道，数据新闻能为受众提供权威、深入、专业的见解。这种专家访谈和观点辩论的方式，不仅能增强新闻的专业性，而且能引导读者积极思考和讨论。

数据新闻可以采用案例研究和实验数据的形式，为受众提供实证性的分析框架。通过深入研究和分析具体的案例和实验数据，数据新闻能为受众提供更加客观的理解新闻内容的视角。这种实证性的报道方式，使受众能够更加深入地理解新闻事件，增强了新闻的知识性和专业性。

（二）数据新闻对新闻体裁的"立"

1. 增强新闻的开放性和协作性

数据新闻的兴起促使新闻机构、政府部门和研究机构向公众开放数据。这使得大量原始数据可供记者和公众使用，这为新闻报道提供了更多信息来源，同时也增强了新闻的可信度。记者可以通过分析这些数据来发现新闻故事，提升新闻机构的影响力。公众可以验证新闻的真实性。数据共享与开放获取使得新闻的生产过程更加透明，便于公众监督和核实。

在数据新闻的制作过程中，数据分析师、记者、版面设计师等不同领域的人员需要分工合作。这种跨学科的合作模式突破了传统的新闻生产流程的限制，促进不同领域的知识和技术实现交流与融合。例如，记者可能需要与数据分析师合作，来解读复杂的数据，而版面设计师则负责将数据用可视化的方式呈现出来。这种合作不仅提高了新闻的质量，而且推动了新闻业的创新。

国际合作使得记者能够从不同文化和社会背景中汲取灵感，创作更具包容性和多样性的新闻故事。通过与国外合作伙伴的交流，记者可以更好地理解和传达受不同文化影响的人对同一新闻事件的看法和反应，从而进行跨文化视角的报道。

例如，《世界环境日丨假如名画有续集，会是什么样?》（见图1-9）是澎湃新闻推出的一个数据新闻作品。该作品以世界环境日为主题，通过AI技术创作了一系列名画的"续集"，展示了环境恶化造成的影响。涉及的名画包括《戴珍珠耳环的少女》《呐喊》《星空》《神奈川冲·浪里》《戴圆顶硬礼帽的男人》《麦田与收割者》等。通过为这些作品创作"续集"，作者希望唤起公众对环境保护问题的关注。每幅作品都结合了艺术与现实，用虚构的方式折射出环境问题的严重性，并呼吁人们采取行动。

图1-9 《世界环境日丨假如名画有续集，会是什么样?》节选

在这个案例中，数据新闻对跨文化叙事的促进体现在以下几个方面。

一是跨文化主题的选取。通过将环境问题与艺术作品相结合，这个案例跨越了文化与艺术的界限，将环境议题以一种创新且引人入胜的方式呈现给公众。

二是对国际名画的运用。涉及的名画来自不同的文化背景，创作于不同的历史时期，如《戴珍珠耳环的少女》是荷兰画家维米尔（Johannes Vermeer）于17世纪创作的一幅油画，《呐喊》是挪威画家爱德华·蒙克（Edvard Munch）于19世纪创作的绘画作品。通过为这些作品创作"续集"，作者将环境问题置于全球性的背景下，强调了环境问题的普遍性和紧迫性。

三是多文化视角的融合。作品中提到的《呐喊》"续集"灵感源于奥地利艺术家阿尔珀·多斯塔尔（Alper Dostal）创作的一系列极其逼真的3D视觉化作品，《神奈川冲·塑料里》灵感源于巴西艺术家爱德华多·斯鲁尔（Eduardo Srur）用塑料袋再现世界名画的经历。这些跨文化的元素增加了作品的深度和广度，促进了不同文化之间的交流。

2. 关注伦理和责任

数据新闻关注数据隐私和保密。数据新闻对新闻体裁的创新不仅体现在报道形式和内容上，而且反映在对数据隐私和保密的重视上。随着数据新闻的普及，新闻机构在处理个人数据时必须更加谨慎，必须严格遵守关于隐私保护的相关法律规定，确保个人隐私不被侵犯。这一点在公众建立对媒体的信任方面至关重要。在涉及敏感信息时，如个人身份、财务信息等，新闻机构需要采取必要的措施来保护这些信息，避免未经授权的信息披露。这种对数据隐私和保密的重视不仅提升了数据新闻的专业性，而且推动了整个新闻业对隐私保护的重视。

数据新闻关注数据选择，注意处理偏见。数据新闻对新闻体裁的创新体现在对数据选择和处理过程中的偏见问题的关注上。数据新闻的制作涉及大量数据的收集、处理和分析，而在这些过程中可能会出现各种偏见。新闻机构有责任确保报道的公正性，避免因选择性报道或数据解读偏差而误导公众。为了减少偏见，新闻机构应该采用科学的方法进行数据选择和处理，确保报道的客观性和准确性。同时，新闻机构需要提供足够丰富的背景信息，使公众能够了解数据来源和处理方法，提高报道的透明度和可信度。通过这种方式，数据新闻不仅推动了新闻体裁的发展，而且促进了新闻业对公正性和客观性的追求。

3. 确立数据驱动的新闻创作模式

数据新闻对新闻体裁的创新体现在确立了一种全新的数据驱动的新闻创作模式。这种模式以数据分析为基础，通过对大量数据的挖掘、处理和分析，揭示新闻事件背后的深层次原因，提供更全面、更深入的报道。

这种数据驱动的新闻创作模式具有独特的新意。它以数据为中心的报道形式，通过对数据的深入挖掘和分析，能够呈现出更加客观、准确的视角，减少主观臆断和猜测对新闻内容的影响。

数据驱动的新闻创作模式注重数据的可视化呈现。通过交互式图形等形式，数据新闻将复杂的数据以直观、易懂的方式展示给公众，使新闻更加生动、有趣。这种可视化的方式不仅优化了公众的阅读体验，而且使新闻信息的传递更加高效和直观。

数据驱动的新闻创作模式还注重与公众的互动。通过交互式的设计，公众可以与新闻报道进行互动，例如筛选数据、探索不同的视角等。这种互动性不仅提高了公众的参与度和兴趣，而且使新闻报道更加贴近公众的需求，更能激发公众的兴趣。

最重要的是，数据驱动的新闻创作模式鼓励新闻机构采用新的工具和技术，如数据可视化软件等。这些工具的使用丰富了新闻的表现形式，推动了新闻报道的创新。通过不断探索和尝试新的报道方式，数据新闻为新闻业带来了新的发展机遇。

本章小结

本章介绍了数据新闻的概念、数据新闻的发展历程，以及数据新闻与新闻的关系。数据新闻通过数据驱动、可视化呈现，使新闻报道更加客观、精确和易于理解。其核心特点包括数据驱动、可视化呈现、叙事性强。数据新闻在调查性、解释性和监督性报道中发挥了重要作用，能提高政策的民主化程度，促进民主参与。通过提升透明度和可信度，数据新闻为新闻业带来了新的发展契机，推动了社会进步。数据新闻起源于西方的新闻实践，也在中国实现了发展。数据新闻与传统新闻的主要区别在于对数据的重视和应用，特别是数据收集、分析和可视化工具的应用。数据新闻不仅涉及技术方面的创新，而且涉及新闻内容价值和形式的转变。

习题

1. 数据新闻的定义是什么？请简要阐述数据新闻与传统新闻的区别。
2. 数据新闻的制作包括哪些主要环节？请简要描述每个环节的作用和重心。
3. 结合当前热点话题，选择一个主题策划数据新闻，包括确定报道角度、目标受众、数据来源和数据处理技术等。
4. 选取一篇具有代表性的优秀数据新闻作品，从选题、数据收集、分析、可视化呈现等方面进行分析，总结其特点和成功的经验。
5. 以小组或个人为单位，就数据新闻制作的各个环节进行演讲和汇报，提高沟通表达能力和团队协作能力。
6. 数据新闻的发展趋势有哪些？请从技术创新、媒体融合、数据开放等方面进行分析和预测。

阅读拓展

[1] 白红义，张恬.认识作为知识的数据新闻——基于新闻认识论的考察[J].新闻大学，2024（1）:1-15+119.

[2] 刘涛，薛雅心."序列"结构及其超越：融合新闻的时间叙事形式及语言[J].新闻记者，2023（12）：3-21.

[3] 严璐.大数据支持下的电视新闻节目制作与传播研究[J].新闻爱好者,2023(6):96-98.

[4] 范红霞,孙金波,赵玥.宽视善知:数据新闻的叙事逻辑与价值耦合[J].新闻爱好者,2023(4):9-13.

第二章
数据新闻的生产与运营

◆ 学习目标

本章通过穿插讲解不同案例,让读者更直观地了解数据新闻的呈现方式及其背后的实践逻辑。内容聚焦数据新闻实践的多个核心环节,包括数据新闻实践中的伦理、生产的流程与工具,以及运营策略的制定。读者的学习目标是能够在实际操作中保证数据真实性,维护信息安全与公共利益,熟练掌握并运用数据收集、处理、分析的方法,熟练运用数据可视化工具,以及制定有效的数据新闻运营策略,以提升数据新闻的品质和影响力。

◆ 本章体例

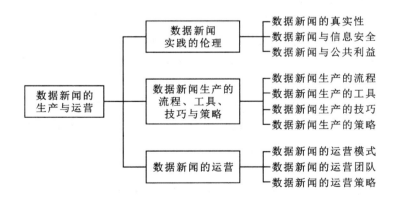

第一节　数据新闻实践的伦理

随着信息技术的迅猛发展，数据在新闻报道中的作用越来越重要。数据新闻通过运用数据分析和可视化技术，为新闻提供了更为直观、深入和精确的报道方式。然而，大数据在造就新闻的同时，诸多伦理风险问题也随之而来。越来越多的新闻从业者认识到，数据新闻不仅要遵循新闻伦理，而且要遵循数据伦理。数据关系着信息安全、隐私、公正、透明等价值争论，其中最为核心的是如何确保数据新闻的真实性和公正性，以及数据新闻在维护公共利益方面的角色定位问题。为此，新闻从业者不仅要加强伦理意识，使用合法合规的数据来源，而且要在报道中保持客观公正的态度。本节将探讨数据新闻实践的伦理问题，重点关注数据新闻的真实性、数据新闻与信息安全、数据新闻与公共利益等问题。

一、数据新闻的真实性

真实性是新闻的最本质要求，任何形式的新闻都要经得起事实的检验并确保真实性。数据新闻以处理和分析大量数据为基础，能够最大限度地减少人为因素的干扰和认知局限，让新闻更加客观。[1]在大数据时代背景下，数据新闻的出现既丰富了数据源，又扩大了数据量，这样一来，记者通过筛选、挖掘和分析，获得了准确的数据，最终将其以可视化的形式呈现出来。此外，大数据技术使得有些媒体机构能够获取自媒体平台上用户生成的内容。这些内容不仅包括文字，而且包括图片、视频和音频等信息。基于大量用户的真实反馈和行为数据，这又进一步提升了数据新闻的真实性。

数据新闻的数据来源广泛而多样，主要包括政府公开数据库、企业数据、社会团体的研究数据、公开的调查以及学术研究机构发布的资料等。这些数据为新闻报道提供了丰富的统计学资料，有助于从宏观角度描述社会现象和新闻事件。然而，公开的数据并不总是完全可靠的。出于对国家机密和商业秘密的保护，一些关键信息可能不会被公开，这导致媒体能够获取的数据有限。在这种情况下，数据分析的结果可能存在偏差。此外，某些企业或机构为了维护自身利益，可能会发布不实信息。如果记者未经核实就直接使用这些数据，那么将会导致最终呈现的数据新闻存在失实情况。

为确保数据的真实性和准确性，数据新闻从业者需深入了解数据的采集过程和数据来源的背景，进行筛选、验证和交叉印证，对数据的质量和可靠性进行评估。同时，透明度和公开性也是确保数据来源可信性的关键。数据新闻从业者应清晰地描述数据的来源和收集过程，让公众对数据的真实性和可信度有足够的了解。

---

[1] 方洁. 数据新闻概论：操作理念与案例解析[M]. 北京：中国人民大学出版社，2019.

（一）数据来源的可靠性

数据来源的可靠性是数据新闻真实性的基础。数据新闻从业者必须从可靠的数据来源处获取数据，以保证数据的真实性和准确性。在实践中，数据新闻从业者应多方验证数据来源，核实数据的准确性和完整性。对于公开的数据，应尽可能获取原始数据，避免使用经过加工或可能被篡改的数据。此外，数据新闻从业者还应对数据进行交叉验证，通过不同数据源之间的相互印证，提高数据的可靠性。具体而言，比较可靠的数据来源主要有以下几个。

第一，权威机构和官方数据来源。数据新闻通常会使用来自权威机构和官方数据源的数据，如政府部门、学术研究机构等。它们都拥有严格的数据收集、验证和监管程序，具有专业知识和资源，因此它们提供的数据通常可信度较高。

第二，统计数据和调查研究。统计数据和调查研究是数据新闻中常用的数据来源之一。这些数据通常来自专业统计机构、调查机构或学术研究团队，它们通过科学的方法和严格的样本抽取程序来收集数据。这种数据来源的可信性取决于科学的研究方法和样本的代表性。

第三，行业报告和专业数据。在特定行业和领域中，行业报告和专业数据经常被用作数据新闻的来源。这些数据通常由行业协会、专业机构发布，它们对行业有深入的了解，具备专业知识。这些数据来源通常经过严格的研究和审核，可信度较高。

第四，开放数据和公共数据。开放数据是指政府或其他机构主动公开发布的数据，供公众免费使用和访问。这些数据通常经过政府机构的验证才得以发布，可信度较高。然而，使用开放数据时，数据新闻从业者需要仔细考虑数据的来源和质量，并进行必要的数据清洗和验证。

在某种程度上，数据新闻的真实性取决于所使用数据的来源。数据新闻从业者必须确保采用可靠、权威的数据来源，这些数据来源经过严格的收集、验证和监管程序，能够提供可信的数据。

（二）数据采集和处理的准确性

数据采集和处理的准确性是确保数据新闻真实性的关键。为了确保数据的准确性，数据新闻从业者需要关注数据采集和处理的全过程，采取一系列措施来保证数据的可靠性和准确性。

首先，采用科学的数据采集方法是保证数据准确性的关键。应根据数据来源的特点和数据的具体需求，选择合适的数据采集方法。这包括问卷调查、实地观察、实验研究等多种方法。在数据采集过程中，应制定严格的采集标准和流程，确保数据的规范性和可比性。同时，应注重采集方法的可靠性，避免因方法不当导致的数据失真或误差。

其次，在数据采集过程中，样本选择的准确性至关重要。样本应该具有代表性，能够很好地反映整体数据的特征。同时，样本量也需要足够大，以减少抽样误差。合理的样本选择和足够的样本量有助于提高数据的准确性。

再次，完成了数据采集工作之后，数据新闻从业者需要进行数据清洗和筛选，以排除错误、重复或不完整的数据。这涉及数据格式转换，常用的软件有OneNote、ABBYY FineReader等。数据清洗和筛选的过程有助于提高数据的准确性和可靠性。

最后，数据新闻从业者需要选择适当的数据处理和分析方法来呈现和解释数据。常用的数据处理和分析方法包括列表法、对比分析法、分组分析法、平均分析法、矩阵分析法、网络分析法、贡献度分析法、周期性分析法、回归分析法。常见的数据可视化图表类型包括比较类、分布类、流程类、占比类、区间类、关联类、趋势类、时间类、地图类等。数据新闻从业者应该确保所选方法的准确性和适用性，以确保数据处理和分析的准确性。

对数据进行评估和校验是保证数据准确性的必要步骤。数据新闻从业者应对采集和处理后的数据进行检查，这包括对比不同数据源的数据是否相符、检查数据中是否存在异常值或缺失值等。通过评估和校验，可以及时发现并纠正数据中的问题，确保数据的准确性和可靠性。另外，还可以寻求专家或专业团队的审核和反馈，以确保数据的准确性。专家或专业团队可以提供对数据采集和处理过程的独立评估，并提出改进和纠正建议。这样的反馈机制有助于进一步提高数据的准确性和可信度。

数据采集和处理的准确性是确保数据新闻真实性的重要环节。数据新闻从业者应选择可靠的数据来源、采用科学的数据采集方法、进行合适的数据处理和分析，并进行交叉验证，通过验证来源、专家审核和建立反馈机制等措施来确保数据的准确性和可靠性。这能为数据新闻的真实性和公正性提供坚实的保障。

（三）数据分析的透明性

帕特里克·普拉森斯（Patrick Plaisance）在《媒介伦理：负责任实践的关键原则》（*Media Ethics: Key Principles for Responsible Practice*）将透明性列为首要原则。[1]毫无疑问，数据新闻同样需要透明性，西蒙·罗杰斯（Simon Rogers）认为，数据新闻只有透明，才会显得重要。[2]为确保数据新闻的真实性和公正性，数据新闻从业者在数据分析过程中应保持透明度，充分披露数据的处理方法、过程、假设和局限性等信息。

首先，数据新闻从业者应明确说明数据分析的方法和过程。在数据新闻报道中，数据新闻从业者应清晰地阐述数据分析的方法、技术和工具，包括数据的清洗、统计分析和可视化等方面的具体步骤，所使用的统计方法、算法和模型，以及相应的参数设置和数据处理步骤。透明度不仅涉及结果的呈现，而且涉及如何解释获得这些结果的过程。

---

[1] 夏倩芳，王艳.从"客观性"到"透明性"：新闻专业权威演进的历史与逻辑[J]. 南京社会科学，2016（7）：97-109.

[2] 西蒙·罗杰斯.数据新闻大趋势：释放可视化报道的力量[M].岳跃，译.北京：中国人民大学出版社，2015.

其次，数据新闻从业者应揭示数据分析的假设和局限性。数据分析过程常常会涉及一些假设和局限性，例如数据样本的代表性、分析方法的适用性和数据源的可靠性等问题。数据新闻从业者应充分说明这些假设和局限性，以帮助公众理解数据分析的潜在偏差和误差。

再次，数据新闻从业者应提供有关原始数据的访问渠道和引用来源。为了增强数据新闻的透明度，数据新闻从业者应提供访问原始数据的渠道，以便公众能够验证数据的真实性和准确性。同时，数据新闻从业者还应正确引用数据，注明数据的出处和引用的具体内容，以便公众进行验证、深入研究和比较。

最后，数据新闻从业者应保持与公众的互动和沟通。数据分析的透明性不仅要求数据新闻从业者公开数据处理和分析的过程，而且要求数据新闻从业者设立反馈和审查机制，允许公众对数据分析的方法和结果提出疑问、建议或意见。通过接受审查和反馈，数据新闻从业者可以不断提升数据分析的透明性和准确性。通过交流和反馈，数据新闻从业者可以更好地了解公众的需求，及时纠正可能存在的误解。同时，与公众的互动也有助于增强数据新闻从业者的责任感和专业素养。

（四）数据呈现的清晰性

数据呈现的清晰性是确保数据新闻真实性的重要方面。在数据呈现的过程中，数据新闻从业者应使用准确、清晰的语言描述数据，避免误导公众。同时，应采用合适的可视化手段将数据以直观、易懂的方式呈现给公众，如使用图表等可视化工具，帮助公众更好地理解数据的意义和内在联系。

首先，在数据呈现的过程中，应使用准确的语言描述。数据新闻从业者应确保在数据呈现的过程中使用的语言准确无误，避免使用模糊或含糊不清的措辞。对于数据的解读和解释，应基于准确的数据分析结果，避免主观臆断和夸大其词。

其次，在数据呈现的过程中，应采用合适的可视化手段。数据新闻从业者需要根据数据的特性和公众的需求，选择最合适的可视化手段，如使用图表、视频等，将数据以直观的方式呈现给公众。例如，对于时间序列数据，可以使用折线图进行呈现；对于空间数据，可以使用地图进行呈现。同时，数据新闻从业者应注重图表的易读性和美观性，提升公众的阅读体验。

再次，在数据呈现的过程中，应注重细节和规范。数据新闻从业者应遵循统一的规范和标准，确保数据的可比性和一致性。对于数据的单位等细节问题，应认真核对，进行规范处理，避免误导公众。对于数据的来源和出处，应特别注明，这能增强数据来源的透明度。

最后，在数据呈现的过程中，应注重图文结合。数据呈现不应独立于文字报道，而应与文字报道相互补充、相互印证。数据新闻从业者应在文字报道中简要介绍数据来源、分析方法和呈现方式，帮助公众更好地理解数据和新闻内容。同时，应在数据呈现的过程中适当加入注释、说明等信息，增加数据的可理解性和可解释性。

数据新闻通过处理和分析大量数据，能够减少人为因素的干扰，确保新闻内容的客观性和真实性。要保证数据新闻的真实性，需要从数据来源、数据采集和处理、数据分析、数据呈现等多个方面做出努力。只有确保数据新闻的真实性，数据新闻从业者才能维护新闻业的公信力，赢得公众的信任和支持。

◆ 知识拓展

算法伦理

随着大数据和人工智能技术的迅猛发展，算法在各个领域得到了广泛应用，包括新闻传媒行业。算法在数据新闻中的应用极大地提高了新闻报道的效率和精准度，但同时也引发了一系列伦理问题。算法的设计、开发和应用过程往往涉及数据隐私、信息安全、公正性等问题，这些问题直接关系到公众的利益。因此，算法伦理问题逐渐受到人们的关注和重视。

算法伦理是指在设计、开发和应用算法过程中应遵循的道德规范和价值观。它要求算法的设计者和使用者必须考虑算法对社会、个人和环境的影响，确保算法的应用符合公平、公正、透明等原则。其中，透明原则要求算法的相关信息（包括算法逻辑、算法代码、数据来源等）具备可访问性和可解释性。透明原则旨在让公众了解算法的运作方式和结果，从而增强对算法的信任和监督。

为了规避算法伦理问题，我们可以采取以下策略。

一是强化算法设计者的伦理意识。算法设计者应充分认识算法对社会、个人和环境的影响，遵循公平、公正、透明等原则，在科学方法的指导下进行算法设计。同时，应加强对算法设计者的伦理教育和培训，增强其伦理素养和责任意识。

二是建立完善的法律法规。法律法规能够为算法设计者提供指引。公开算法的逻辑、代码和数据来源等信息，能够增强算法的透明度。此外，还可以建立独立的第三方审核机制，对算法的应用进行监督和评估。

三是加强公众监督与参与。相关机构和部门需要加强引导，让公众能有效参与算法设计，以规范算法的设计、开发和应用过程。

二、数据新闻与信息安全

数据新闻与信息安全之间存在着密切的关系。在数据驱动的时代，信息安全成为数据新闻报道的重要问题之一，为了保护个人隐私和信息安全，数据新闻从业者需要从以下方面做出努力。

第一，严格遵守法律法规。遵守法律法规是数据新闻从业者的重要职责之一，也是确保数据新闻与信息安全的基础。数据新闻从业者应深入了解与数据新闻相关的法律法规，包括《个人信息保护法》《著作权法》《网络安全法》等。在采集、处理和使用数据的过程中，应明确法律规定的数据使用范围、权限和义务，以确保行为合法合规。在数据获取方面，应通过合法渠道获取数据，避免侵犯他人的隐私和权益。在报道涉及个人隐私或敏感信息时，应遵守相关法律法规，尊重个人隐私权，避免不当的曝光或侵犯个人权益，防止数据泄露和滥用。当报道涉及知识产权问题时，应尊重他人的知识产权，避免侵犯他人的著作权、商标权和专利权等。应合理使用他人的作品、信息和数据，注明来源和出处，并遵守相关的知识产权法律法规，加强数据安全防护。应采取必要的技术和管理措施，确保网络安全和信息安全。采取必要的技术和管理措施，防范网络攻击和病毒入侵，保护数据的保密性、完整性和可用性。同时，不得从事任何破坏网络安全的行为，如非法侵入他人计算机系统、传播网络病毒等。严格遵守法律法规是数据新闻从业者的基本职业要求。应始终保持对法律法规的敬畏之心，加强学习和理解，确保在数据新闻报道和处理过程中始终遵守法律规定，维护个人隐私和信息安全，保护知识产权，保障网络安全和信息安全。只有这样，才能确保数据新闻的真实性、准确性和公正性，促进新闻业的健康发展。

第二，谨慎处理敏感数据。在数据新闻报道中，涉及个人隐私、商业机密和国家安全等敏感数据时，数据新闻从业者应格外小心，要能够准确识别哪些数据属于敏感数据。这要求数据新闻从业者具备相关的法律知识和行业经验，了解不同国家和地区关于数据保护的法律法规和行业标准。对于敏感数据，应在遵守法律法规的前提下，采取脱敏或去标识化等处理方式，以保护个人隐私和信息安全。脱敏是指将敏感数据替换为虚构或随机值，使其失去真实含义，但仍保持数据的结构和分布特性。去标识化则是将个人数据从原始数据集中彻底移除，确保个人信息不被重新识别和关联。为确保敏感数据的保密性和完整性，应实施严格的权限控制和访问审计机制，授权少数相关人员访问敏感数据的权限，并定期进行权限审查和调整。同时，应记录和审查相关人员对敏感数据的访问情况，以便及时发现和处理任何潜在的安全风险。对于敏感数据，应采用加密技术进行存储和传输，选择可靠的加密算法和安全存储介质，采取必要的技术和管理措施，防止数据被非法获取、篡改或破坏，确保数据在存储和传输过程中的安全性和保密性。此外，数据新闻从业者应定期接受培训，充分认识敏感数据处理的重要性，提高自身对敏感数据处理的重视程度和应对能力，并掌握相关的处理方法和技能。培训内容包括法律法规、行业标准、安全技术等方面的内容。另外，应定期进行合规审查和风险评估，以确保敏感数据处理活动的合规性和安全性，及时发现和纠正违规行为。应评估潜在的安全风险和漏洞，采取相应的措施加以防范和应对。

第三，增强信息安全意识。数据新闻从业者应增强自身的信息安全意识，充分认识到信息安全的重要性。要明确信息安全与个人隐私、商业机密、国家安全等方面的密切关系，了解我们在信息安全方面面临的威胁和挑战，增强对信息安全的重视程度。另外，应深入学习与信息安全相关的法律法规，如《个人信息保护法》《著作权法》《网络安全法》等。通过了解法律法规，明确自己在信息安全方面的权利和义务，规范自己的行为，避免违法违规操作。加强信息安全培训和教育，定期更新安全技术和策略，防范数据泄露、篡改或其他恶意行为。重要的是，他们应了解信息安全的基本知识和技能，如加密技术、防火墙配置、病毒防范等，掌握防范网络攻击和保护数据安全的常用方法，如定期更新密码、不轻易透露个人信息、谨慎点击未知链接等。作为数据新闻的从业人员，应时刻保持警惕，不轻易相信来路不明的信息，避免因个人疏忽而导致信息泄露或安全事故。同时，还应增强自身的职业道德感和社会责任感。

通过增强信息安全意识，数据新闻从业者可以更好地保护个人隐私和信息安全，确保数据新闻的真实性、准确性和公正性。这也有助于推动新闻业的健康发展，促进新闻业履行社会责任。因此，数据新闻从业者应将增强信息安全意识作为一项长期的任务，不断加强自身的学习和实践，以适应信息安全领域不断出现的变化和发展。

三、数据新闻与公共利益

数据新闻与公共利益之间存在着密切的联系。数据新闻以服务公共利益为目的，通过数据的挖掘、分析和呈现，向公众传递有关公共事务、社会问题和其他重要议题的信息。因此，数据新闻在维护和促进公共利益方面发挥着重要的作用。

在信息时代，公众对政府、企业和社会组织的活动和决策越来越关注。数据新闻通过对相关数据的挖掘和分析，向公众传递有关政策制定、项目实施、市场运行等方面的信息，帮助公众了解和监督公共事务和社会问题的进展情况。在探讨数据新闻与公共利益之间的关系时，我们需要明确的一点是，数据新闻从业者扮演着重要的角色。为了更好地维护公共利益，数据新闻从业者应关注以下几个方面的问题。

一是社会问题。数据新闻从业者应积极关注社会问题，发掘和报道与公共利益相关的议题。应具备敏锐的洞察力和强烈的社会责任感，了解社会目前存在的问题和发展的趋势，为公众提供有关公共事务和社会问题的数据支持和解释。通过揭示和呈现社会问题，数据新闻从业者可以帮助公众更好地了解和参与公共事务，推动社会进步和公共利益的发展。这些问题的解决需要政府、企业和社会各界的共同努力，数据新闻从业者做出的报道可以推动相关方面采取积极措施，促进社会进步。

二是公众需求。数据新闻从业者应以公众需求为导向，关注公众关心的话题，并提供准确、全面、易懂的数据信息，提供满足公众信息需求的报道。应深入了解公众对数据的需求和关注的热点，根据公众的兴趣和需求进行数据挖掘和分析。数据新闻所呈现的数据和分析结果可以为相关部门提供决策依据，帮助公众了解自身所处的环境和面临的问题。通过提供有关政策制定、市场运行、公共健康、公共医疗、教育科技等方面的数据新闻报道，数据新闻从业者能够有效增强公众的媒介素养和社会责任感。公众可以根据这些信息进行自我教育和决策，提高自身的生活质量。同时，数据新闻报道可以激发公众的参与热情，促进社会进步。

三是公共参与。数据新闻从业者应积极促进公共参与，激发公众对公共事务和社会问题的关注和热情。可以借助社交媒体等与公众进行互动，收集公众的意见和建议，并反馈给相关部门。同时，数据新闻从业者应发挥舆论引导的作用，通过客观、公正的数据分析和解读，帮助公众做出理性思考和判断，提升公众的社会事务参与意识，推动社会进步。

数据新闻从业者在维护公共利益方面发挥着重要的作用。在社会问题、公众需求、公共参与等方面，数据新闻从业者理应为公众提供有价值的数据支持和信息解读。然而，在实践中，数据新闻在维护公共利益方面面临着一些挑战。首先，数据的处理和呈现需要以服务公共利益为目的，而不能被特定利益集团或个人所左右。其次，数据报道应注重真实性和准确性，避免误导公众或为公众造成不必要的困扰。最后，数据新闻应尊重个人隐私和权利，避免侵犯个人隐私或造成不良后果。

数据新闻与公共利益之间存在着密切的联系。数据新闻以服务公共利益为目的，在提供信息、揭示社会问题、推动社会进步等方面发挥着重要作用。同时，我们也应关注数据新闻在维护公共利益方面存在的问题，并采取措施解决这些问题，以更好地维护公共利益。

第二节 数据新闻生产的流程、工具、技巧与策略

数据新闻的本质是对海量的数据信息进行处理，提取合适、关键的信息，将其转化为通俗易懂的新闻报道，并以一种受众易于接受的方式呈现出来。在数据新闻生产中，数据处理、呈现的过程以数据为主，以文字为辅。数据新闻从业者需要根据数据之间的关系、事件之间的关联，以可视化的方式呈现新闻事件的全过程。另外，通过不同的可视化手段与方法呈现数据新闻作品极为重要。本节将从数据收集、数据处理、数据分析和数据呈现等四个方面简述数据新闻生产的一般流程，进一步分析在数据新闻生产中经常用到的工具，以帮助受众了解这一领域的实际操作流程和数据新闻从业者所需的技能。

一、数据新闻生产的流程

（一）传统新闻生产的一般流程

在传统的新闻生产中，一篇新闻报道的制作包括选题策划、采访写稿、编辑改稿和排版、审核刊发四个环节。

1. 选题策划环节

记者和编辑会根据时事热点、读者关注度、市场需求等因素，经过深入讨论和研究，

确定一系列新闻选题。选题成功与否，直接影响到后续新闻报道的受众接受度和传播效果。

2. 采访写稿环节

记者和编辑会根据选题来制定可行而详尽的采访计划，进而开展实地采访和调研，通过与当事人、事件相关主体及各方面的专家进行深入的交流，获取第一手资料，然后进行新闻稿件的撰写。此时，记者和编辑要确保新闻内容的准确性、客观性和完整性，同时也要注意稿件的行文逻辑和可读性。

3. 编辑改稿和排版环节

记者会将完成的稿件提交给编辑进行审核和修改。编辑会根据新闻稿件的质量、风格和版面要求，对稿件进行修改和完善。同时，编辑会根据新闻报道的内容和特点，进行稿件排版，以确保新闻报道在视觉上更加美观和易读。

4. 审核刊发环节

这一环节是新闻报道制作的最后一道关卡。经过编辑修改和排版后的新闻报道，会被提交至相关部门进行最终的审核。审核人员会对新闻报道的内容、政治导向等方面进行全面审查，确保新闻报道符合相关规定和要求。审核通过后，新闻报道便会正式刊发，通过印刷或电子媒体等方式传播给广大读者。

四个环节相互衔接、相互依存，共同构成了传统新闻生产的基本流程。每个环节都需要专业人员的精心操作和严格把控，以确保新闻报道的质量和传播效果。

（二）数据新闻生产的一般流程

当下，数据新闻的生产融合了传统新闻的生产过程，但又有所变革和创新。数据新闻的生产是一个复杂的过程，主要包括以下四个环节：数据收集、数据处理、数据分析和数据呈现。

1. 数据收集

数据收集是数据新闻生产流程的第一个环节，也是最重要的一个环节。数据收集的目的是从各种来源与渠道获取和新闻报道相关的数据，这对后续阶段数据呈现的可信度和有效性有直接影响。在开始收集数据之前，数据新闻从业者首先需要明确数据收集的目标和主题。数据新闻首先是新闻，必须基于好的选题，才有可能产生好的作品，好的选题在很大程度上能决定数据新闻受欢迎的程度。因此，在数据新闻生产中，确定选题是数据收集的第一步，这有助于确定所需数据的范围、类型和质量，从而有针对性地开展数据收集工作。一般情况下，数据新闻从业者所收集的多是已有的数据，他们会基于这些数据进一步挖掘具有新闻价值的选题。当然，也可以从某一新闻话题着手，形成特定的选题，并进行相关数据的收集与挖掘。

随着数据分析和数据挖掘技术的不断发展，数据新闻所处理和分析的数据规模远超传统新闻的数据规模。数据新闻大多采用网上公开、免费获取的数据，收集数据的渠道多种多样，如政府部门的官方网站、学术论文研究成果、企业和第三方机构发布的报告，也包括调查问卷等。在很多情况下，数据新闻从业者需要自行在网页上进行数据的收集（爬取）。在获取所需要的数据时，有多种常用的方法可供选择，数据新闻从业者既可以借助编程工具，如 Python 和 Scrapy 等，也可以使用相关软件，如八爪鱼、集搜客、火车头等。相比爬虫技术，软件的操作更容易上手，但局限性也强，不一定能获取全部的数据。数据新闻从业者可以根据目标和主题的不同，选择合适的数据收集方法，每一种方法都有其独特的优势，选择合适的方法能帮助他们更快速、更准确地获取所需的数据。

数据新闻可以在公开、免费的数据中深入挖掘，揭示新闻事件的内在规律和关联。此外，数据新闻还可以对同类新闻或不同时期的相关新闻数据进行归类统计、整合比较，从而更深入、立体、多元化地揭示新闻事件的全貌。通过对搜索引擎、社交媒体内容以及用户数据进行深度挖掘，数据新闻能够揭示个别、分散行为中蕴涵的共同规律和趋势。同时，从政府机构、企业等发布的公开数据中，数据新闻能够获取可作为新闻背景的有用信息，进一步丰富报道的背景资料。另外，通过观察网络现象、进行调查或采用众包的形式，数据新闻能够收集大量原始数据，为深入分析提供基础。

2. 数据处理

数据处理是数据新闻生产中至关重要的一环，主要涉及数据的清洗、整合、转换和规范化等多个方面。数据处理可以帮助我们在数据分析过程中更好地理解和发现数据之间的关系，也可以减少数据分析中的错误和误差，提高数据分析结果的准确性和可靠性。

数据清洗指的是对所收集的数据进行初步整理，筛选过滤掉一些无用的信息，如空白数据、出现明显异常的数据等。需要对重复、错误和异常的数据进行处理，以确保数据的准确性和可靠性。数据清洗通常包括识别和删除重复信息、处理缺失数据、识别和纠正错误信息等。同时，在数据清洗过程中，还需要对数据进行分类、编码。

数据整合是把不同数据源的数据加载到一个新的数据源，提供统一数据视图的数据集成方式。数据整合能将新闻事件信息内容的时空分布情况呈现出来，将不同来源、不同形式的数据进行整合，以全面反映新闻事件的各个方面。数据整合能让信息的呈现方式更加清晰，使人一目了然。在数据整合的过程中，需要考虑数据的互补性和局限性，以及不同数据源之间的关联和相互印证关系，以确保数据的全面性和客观性。

数据转换是指在数据处理过程中对数据进行转换和重塑。原始数据中的数据类型和数据格式可能并不符合分析需要，因此数据新闻从业者需要将其转换为适当的形式，以便更好地进行后续的数据分析和可视化操作。数据转换涉及数据类型的转换、数据格式的转换等，包括对数据进行缩放、归一化、离散化、聚合等操作。

数据规范化是一种将数据调整至统一标准的操作方法，其目的是消除数据尺度对算法的影响，提高算法的效率和精度。在机器学习、数据挖掘和数据分析等领域中，数据规范化是非常重要的预处理步骤。

数据处理能够使数据更好地适应数据分析和可视化操作的需要。数据分析需要处理的数据量通常很大，而可视化操作则需要将数据处理为易于理解和展示的形式。数据清洗、整合、转换和规范化操作，可以提高数据新闻报道的准确性和及时性。数据处理是数据新闻生产的核心环节之一。值得注意的是，在处理过程中，需要注重数据的准确性和可靠性，通过合理的数据处理方法和技术手段，有效地挖掘新闻事件背后的故事，提供更丰富、更深入的新闻报道。

3. 数据分析

在数据新闻生产的过程中，数据分析指用适当的统计和分析方法对收集的大量数据进行分析、研究、概括和总结，提取有用信息，形成结论的过程。其目的是把隐藏在大量的、看来杂乱无章的数据中的信息集中、萃取和提炼出来，以找出其中的内在规律，从而最大化地开发数据的功能，发挥数据的作用。

当对一份数据进行数据处理以后，数据新闻从业者就可以对其进行分析，通过不同的数据分析工具挖掘其潜在的价值。就当前的数据新闻作品来看，数据分析可以分为描述统计和推论统计，它们可以帮助从业者更好地理解和呈现数据，从而提升新闻报道的质量和影响力。

描述统计属于初级数据分析，包括集中趋势分析、离散趋势分析、频数分析和交叉分析，是一种通过对数据进行整理和分析，描述数据的分布状态、特征和随机变量之间的关系的方法。在数据新闻中，描述统计可以帮助从业者快速了解和把握数据的总体特征，从而发现数据中的规律和趋势。例如，通过计算数据的平均数、中位数、众数等统计指标，可以了解数据的集中趋势或离散程度；通过绘制数据的分布图或趋势线，可以直观地了解数据的规律和变化情况。

推论统计是数据新闻中更为高级的数据分析方法，包括总体参数估计和假设检验，主要通过样本数据来推断总体特征，以及对未知的事物做出决策。要掌握这种高级的数据分析方法，必须具备一定的统计学知识，这也是数据新闻报道团队需要由不同知识背景的专业人士组成的原因。在数据新闻中，推论统计可以帮助从业者深入挖掘数据背后的原因和意义，从而揭示事件真相和引导舆论。例如，通过假设检验、置信区间和回归分析等方法，可以推断出样本数据中的模式和关系是否具有统计学上的意义，从而对总体特征做出科学合理的估计和预测。

常用的数据分析方法包括对比分析法、分组分析法、平均分析法、矩阵分析法、网络分析法、相关性分析法、贡献度分析法、周期性分析法和回归分析法。[①]对比分析法通过对比不同数据点或数据集来揭示差异和趋势，如不同时间段的销售数据，或者比较不同地区的销售数据。分组分析法将数据分为不同的组或类别，然后对这些组或类别进行分析，如根据年龄、性别或其他特征将客户数据分组，然后分析每组的购买行为。平均分析法使用平均数来概括数据集的中心趋势。它可以用来比较不同数据集的平均水平，或者用来识别数据集中的异常值。矩阵分析法通过使用矩阵来表示和分析数据，矩阵可以揭示数据之间的复杂关系，还可以用于多种统计分析技术，如主成分分析和聚类分析。网络分析法研究的是数据点之间的关系，它通常用于分析社交网络、物流网络或其他类型的复杂网络。相关性分析法用于研究两个或多个变量之间的关系，可以帮助人们理解一个变量如何影响另一个变量，以及这种关系的强度和方向。贡献度分析法旨在量化每个因素对总体结果的影响程度，如在营销分析中，可能会分析不同广告渠道对销售额的贡献度。周期性分析法多用于分析数据的周期性模式，如在销售分析中，可能会分析销售额在一年中的特定时间（如节假日）会上升。回归分析法多用于研究一个或多个自变量与一个因变量之间的关系。它可以帮助人们预测因变量的值，并理解自变量如何影响因变量。结合以上内容，我们可以知道，每种方法都有其独特的优点和适用场景，因此，数据新闻生产团队在对数据进行分析时，通常会根据具体的问题和数据集来选择合适的分析方法。

4. 数据呈现

数据呈现是数据新闻生产的最后一步，其目的是将处理后的数据以直观、易懂的方式呈现给受众。谈及数据新闻的呈现，大多数人会想到数据新闻可视化。数据新闻可视化是数据新闻呈现的重要形式，随着信息可视化技术的发展，"读图"时代的外延进一步扩展，从静态的新闻图片过渡到互动性更强的信息图表。数据新闻可视化的呈现方式千差万别，其主要目标是报道重大新闻事件，帮助受众迅速定位对自己有用的重要信息，更好地理解复杂的问题。根据数据的特性和分析目的，可以选择合适的图表类型进行数据呈现，合适的图表类型能够更好地突出数据的特征和趋势，帮助受众理解数据。常见的图表类型包括柱状图、折线图、饼图、散点图等。数据呈现是数据新闻生产的最后一步，也是非常重要的步骤。通过合理的图表设计和数据处理方法，可以将数据以直观、易懂的方式呈现给受众，优化受众的阅读体验。

（三）数据新闻的呈现

我们之所以重点介绍数据新闻的呈现，是因为其对于新闻报道的传播效果而言极其重要。从当下的新闻实践来看，数据新闻的呈现形式主要有三类：数据可视化、新闻应

---

① 段峰峰.新媒体数据新闻[M].北京：人民邮电出版社，2021.

用及融合报道。[1]当前的数据新闻主要有三类：交互式数据新闻、视频化数据新闻、传统的图文类数据新闻。

1. 交互式数据新闻

交互式数据新闻为受众提供了一种全新的数据解读方式，使新闻报道更加生动、有趣、富有深度，且易于理解。这种形式的新闻报道是未来数据新闻发展的重要方向之一，它将帮助媒体机构更好地满足受众对数据的需求。

通过交互的方式，数据新闻为受众提供了一种全新的探索和解读数据的体验。这种形式的新闻报道通常运用动态、可交互的图片、表格等工具，使受众能够进行个性化的数据筛选、过滤和可视化操作。通过简单的交互操作，受众可以选择特定的数据子集，深入理解数据之间的关联和趋势。这种交互式的体验不仅增强了受众的参与感，而且提高了他们对数据的理解能力。通过操作，受众能够更直观地了解数据背后的故事，发现隐藏在大量信息中的有趣内容。

为了实现这种交互式的数据新闻呈现，数据新闻制作团队需要利用一些先进的交互式数据可视化工具和技术，如 JavaScript、D3.js 等。使用这些工具和技术，数据新闻制作团队能够根据受众的操作实时更新数据可视化内容，为他们提供个性化的数据探索体验。交互式数据新闻的优势在于它允许受众更加主动地参与新闻报道。通过自己动手操作，受众可以发现和解读数据，使新闻报道更加生动、有趣，且更加具有深度。

这类数据新闻非 H5 莫属。H5 的全称为 HyperText Markup Language 5（中文直译为超文本标记语言）。H5 具有传统传播渠道所不具有的各项优势，受众不需要下载后台内容，只需点开链接，就可以观看新闻内容。H5 的传播效果非常明显，它具有强大的互动性，为受众提供了极佳的感官体验。H5 通过丰富的视觉特效和动态交互，使受众能够更直观地理解数据，快速抓住信息中的关键内容。H5 的互动性允许受众更主动地参与到数据新闻中，通过操作和探索，发现数据背后的故事和趋势。H5 的视觉特效能够以直观、生动的方式呈现数据，使数据新闻更加生动、有趣。

《东京奥运会前，我们让所有奥运冠军一起PK了一把》（见图2-1）是澎湃新闻推出的作品。该作品在东京奥运会开幕之前，独具匠心地策划了一篇引人入胜的H5新闻作品。该作品巧妙地将历届奥运会冠军的辉煌成绩以数据和动画的形式进行了精彩对比，呈现了一幅人们在真实赛场上难以目睹的壮观画面——历届奥运冠军的虚拟竞技盛宴。

该作品不仅纵向展现了奥运会各个项目成绩的不断攀升，深刻诠释了"更快、更高、更强、更团结"的奥林匹克格言，更为即将开始的东京奥运会营造了浓厚的氛围，有效激发了广大观众对赛事的浓厚兴趣与观看热情。可以说，这部作品是澎湃新闻在交互式数据新闻领域的力作。

---

[1] 方洁. 数据新闻概论：操作理念与案例解析[M]. 北京：中国人民大学出版社，2019.

另一个值得关注的案例是新华网于2020年5月发布的H5作品《指尖上的报告》（见图2-2）。该作品以政府工作报告为主题，通过H5的互动形式，对报告内容进行了深入解读。受众可以通过简单的操作，了解报告中的重要数据和信息，从而更好地理解政府的工作重点和方向。

图2-1 《东京奥运会前，我们让所有奥运冠军一起PK了一把》节选

图2-2 《指尖上的报告》节选

这些案例充分展示了H5在数据新闻中的优势。H5凭借其互动性、视觉特效，赋予了数据新闻全新的生命，使之更具有趣味性和易读性。随着技术的进步和革新，H5将继续在数据新闻领域中发挥其不可替代的作用，它不仅能让受众更深入地理解数据，而且能提供更为丰富和多样的数据解读体验。

2. 视频化数据新闻

媒体将数据新闻与先进的视觉化技术相结合，通过直观的音视频基础，制作富有动态感的视频化数据新闻。这种创新形式不仅降低了公众的阅读压力，而且以更为生动、立体的方式传递了丰富的信息。动态的视频化数据新闻能够吸引更多公众的关注，使信息更易于传播和理解。

《一颗药丸的不平凡之路》（见图2-3）是澎湃"美数课"推出的数据新闻作品。在作品开头部分，创作者以文字的形式为受众呈现了视频创作的背景，即医保药品目录准入谈判的开展和新版国家医保药品目录的启用，然后直奔主题，介绍一颗药丸进入医保药品目录的不平凡之路。整个视频通过可视化动画，将药丸进入医保药品目录的流程和相关问题进行了较为全面的展示。

动画从一颗胶囊进入生产线开始,通过传送带,药丸从药厂进入国家药品监督管理局,随后顺利进入医保单,通过国家医疗保障局的审核,然后顺利进入医院,以比较低廉的价格供病人使用。

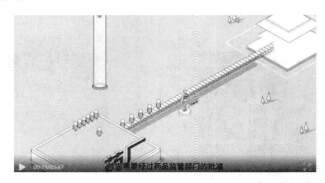

图 2-3 《一颗药丸的不平凡之路》节选

很快,创作者话锋一转,指出了在实际情况中,病人面临"有药用不起"的难题。创作者指出,一颗药丸走过的路并不平凡,并说明了这条路为什么不平凡。创作者通过可视化的方法指出,虽然国家在2015年实施的药品审批改革极大地提高了药品审批速度,缩短了新药上市的时间,但是我国实行的"广覆盖、低水平"的医保,使得一些病人面临"有药用不起"的问题。

《沙尘暴频袭下,中国的天空保卫战输了吗?》(*Did Beijing fail air pollution battle due to sandstorms?*)(见图 2-4)以其卓越的数据呈现和深入的内容剖析,赢得了广大受众的赞誉。该作品通过数据视频的形式,生动形象地呈现了2021年3月沙尘暴席卷华北的整个过程,让受众深刻感受到了自然环境的严峻挑战。

图 2-4 《沙尘暴频袭下,中国的天空保卫战输了吗?》节选

在展示沙尘暴影响的同时,该作品也着重展示了全国各地治理空气污染所取得的有效成果。通过一系列翔实的数据和图表,该作品向读者展现了中国在空气质量改善方面所付出的努力和取得的显著成效,传递出积极向上的信息。

值得一提的是,该作品在可视化呈现方面做得非常出色。地图部分的数据展现尤为精彩,通过颜色、大小等视觉元素的巧妙运用,将各地空气质量的变化直观地呈现在受众面前。而中国各地空气质量变好的动画效果更是堪称点睛之笔，既增强了作品的观赏性，又使得信息传达更加生动有趣。

《移民去远方》是财新数据可视化实验室推出的作品，是一次卓越的尝试。这一3D可视化数据新闻作品不仅为全球受众提供了一个深入了解移民流动趋势的窗口，而且以其独特的数据呈现方式和深度分析，引发了人们对全球移民问题的关注和思考。

该作品中包含大量数据，而创作者化繁为简，摒弃了晦涩难懂的大量可视化图表，以强烈的视觉传达表现形式生动形象地将数据联系在一起，扩宽了受众群体。该作品体现了简约主义适合于任何尺度的原则。创作者采用丰富的数据，既简单介绍了移民的背景，包括移民带来的优缺点以及世界移民大国的情况，又标注了移民政策的变化以及各国移民总人数的变化趋势。

3. 传统的图文类数据新闻

上文谈到的交互式数据新闻和视频化数据新闻，可以精准高效地帮助受众抓住问题的关键和重点，用文字和图表更全面地阐述丰富而详尽的信息内容，使得受众能全面了解新闻信息。

2023年是改革开放46周年。澎湃新闻抓取1978年至2023年政府工作报告的关键词，创作了数据新闻作品《1978年到2023年政府工作报告关键词盘点》（见图2-5）。该作品通过整理中国政府网上这些年份的政府工作报告中的常青词汇、关键词对比等信息，用历时性的眼光展现政府工作报告关键词的变化和实际社会生活的变迁，是一个非常独特的报道视角。

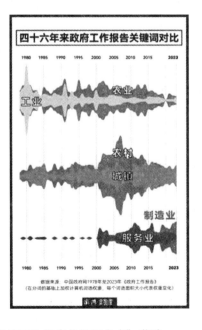

图2-5 《1978年到2023年政府工作报告关键词盘点》节选

澎湃新闻的作品《数说中国孩子30年体质变化，不只是跑不动1000米》（见图2-6），通过深入的数据分析和多维度的视角，揭示了中国孩子30年来在体质方面的显著变化。它不仅聚焦孩子们在耐力方面的下降，比如跑不动1000米这一具体现象，而且广泛探讨了柔韧性、力量、速度等其他体能指标的变动情况。

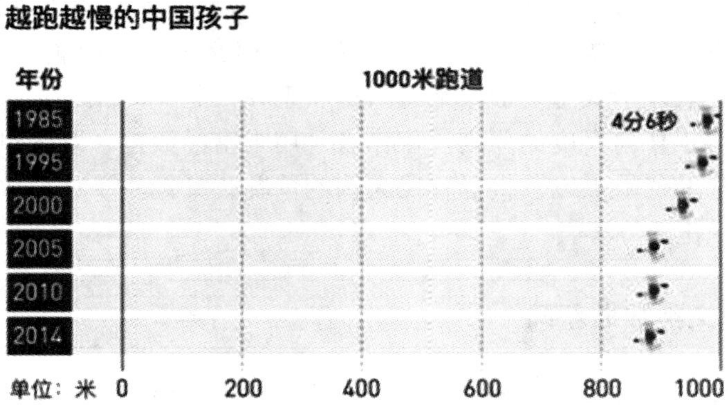

越跑越慢的中国孩子

年份	1000米跑道
1985	4分6秒
1995	
2000	
2005	
2010	
2014	

单位：米　0　200　400　600　800　1000

图2-6　《数说中国孩子30年体质变化，不只是跑不动1000米》节选

该作品还从营养、教育、社会环境等多个角度分析了导致这些变化的原因。例如，现代孩子饮食结构的改变、学业压力的增大以及电子产品的普及等都可能对孩子们的体质产生影响。

媒体在制作数据新闻时，需要充分考虑受众的阅读门槛和技术水平。高昂的制作成本、复杂的技术要求，以及受众的知识背景和接受能力，都是媒体在创作过程中必须考虑的因素。因此，至少在目前阶段，文字和图表仍然是最主流的信息传递方式。文字和图表所包含的内容具有深厚的广度、深度和全面性，能够清晰、准确地传达信息，并被广大受众所理解和接受。相比之下，其他形式的数据可视化可能面临更高的阅读和技术门槛，限制了其传播范围和影响力。因此，传统的图文类数据新闻在信息传递中仍然具有不可替代的优势，它们能够以简洁明了的方式呈现复杂的数据和信息，帮助受众快速理解核心内容。

二、数据新闻生产的工具

（一）数据采集工具

数据新闻从业者需要使用各种数据收集工具来获取相关数据。这包括调查问卷工具（如SurveyMonkey、Google Forms）、网络爬虫工具（如Python、Scrapy）、API接口（如Twitter API、Google Maps API）、数据采集工具（如八爪鱼、火车头、集搜客）等。其中，API英文为application programming interface，译为应用程序编程。这些工具可以帮助数据新闻从业者快速、准确地获取所需数据。

Scrapy 是一款流行的网络爬虫工作，可用于抓取网站数据、检查网站链接、获取数据并将其存储到数据库等操作。此外，还有如 BeautifulSoup、Selenium 等工具也可以用于网页数据的抓取。如果数据是使用 API 提供的，数据新闻从业者就可以使用 API 采集工具来获取数据。这些工具可以自动调用 API，并提取所需的数据。例如，一些 Excel 插件、Postman 等工具可以帮助数据新闻从业者使用 API 获取数据。八爪鱼（见图2-7）、火车头（见图2-8）、集搜客（见图2-9）等工具可以针对特定的网站或数据源进行数据采集，并提供可视化的界面，方便数据新闻从业者快速地获取所需数据。

图2-7　八爪鱼页面

图2-8　火车头页面

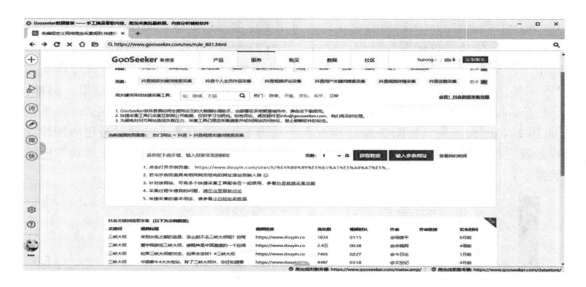

图 2-9 集搜客页面

（二）数据分析工具

数据分析工具是数据新闻生产中必不可少的工具之一，用于对采集到的数据进行处理、分析和挖掘。常用的数据分析工具包括 Excel、Python 和 R 语言等。这些工具可以帮助数据新闻从业者发现数据背后的规律和趋势。

Excel 是一款广泛使用的电子表格软件，它具有强大的数据处理和分析功能。通过 Excel，数据新闻从业者可以进行数据排序、筛选、制作图表等操作，从而轻松地处理、分析和可视化数据。使用 Excel 的数据排序和筛选功能，可以迅速找到关键数据，提高工作效率。通过插入各种图表，能够直观地展示数据的内在关系和变化趋势。对数据新闻从业者而言，Excel 是必备的工具之一。它不仅可用于数据的简单清理，如使用函数进行数据分类、汇总和删除重复记录，而且可以使用函数来删除多余空格或转换数据类型，以使数据更加规范。此外，通过分类汇总、排序和数据透视表等功能，数据新闻从业者可以完成初步的数据分析工作。Excel 的界面非常简洁，易于学习和使用，适合初学者和对数据分析有基础需求的从业者。

Python 是一种通用的编程语言，具有丰富的第三方库，如 NumPy、Pandas、Matplotlib 等，可以进行数据处理、统计分析和可视化等操作。通过 Python，可以进行复杂的数据处理和分析工作。例如，使用 Pandas 库，可以轻松地处理数据帧，进行数据清洗、筛选和排序；使用 NumPy 库，可以进行高效的数值计算；使用 Matplotlib 库，可以创建各种类型的图表和可视化效果。Python 的语法简洁易懂，适合对编程有一定了解的从业者使用。

R 语言是一种专门用于统计分析的编程语言，具有强大的数据处理和可视化功能。使用 R 语言，数据新闻从业者可以进行复杂的数据分析、统计建模和可视化操作。R 语言拥有众多的统计和机器学习库，可以进行数据拟合、预测和评估。R语言的可视化包（如ggplot2）可以创建高质量的统计图形和图表。R语言的语法简洁明了，适合进行复杂统计分析的数据新闻从业者使用。

以上数据分析工具各有特点和优势，可以根据实际需求选择合适的工具。对于初学者而言，可以先从Excel开始学习，逐渐掌握更高级的编程语言和分析方法。无论选择哪种工具，关键是要掌握基本的数据处理和分析技能，能够从大量数据中提取有价值的信息，并将其以直观、易懂的方式呈现给受众。

（三）数据可视化工具

数据可视化工具是帮助人们更直观地理解数据和分析数据的工具，用于将分析结果以直观、易懂的方式呈现给受众。这些工具通常包括地图、词云图、热力图等多种形式，可以快速捕捉数据的特征、趋势和关系，从而进行分析。

Tableau是一个数据发现、数据分析和数据叙事的数据可视化平台，可以快速创建各种类型的图表、地图和仪表盘等，是数据新闻从业者常用的可视化工具。它还提供了数据分析和可视化功能的集成，方便从业者进行数据探索和可视化。它方便地实现了数据连接，从业者不需要编程就可以创建条形图、散点图等，还可以制作数据地图等。

Datawrapper是一个在线工具，它可以帮助数据新闻从业者创建交互式数据可视化效果。这是一个开源工具，能在几分钟内创建可嵌入的图标。因为它是开源的，任何人都可以贡献代码，软件就会不断改进。它还包含图表库，数据新闻从业者可以查看其他人使用Datawrapper完成的作品。

D3.js严格遵循Web标准，所以其开发的程序兼容主流浏览器。在制作数据新闻作品时，经常会使用D3.js编写代码，在网络上呈现数据的可视化效果，如使用D3.js制作动态图表和漂亮的动态网页地图等。

数据可视化工具的使用可以提高业务分析和决策制定的效率，使数据更加易于理解和记忆。通过使用这些工具，数据新闻从业者可以快速发现数据中的规律和趋势，更好地理解数据并创作数据新闻作品。

（四）团队协作工具

团队协作工具是能帮助团队成员更好地协作和沟通的工具。这些工具可以帮助团队成员共享文件、分配任务、跟踪进度和协调工作，从而提高团队效率和工作质量。团队协作工具主要有以下几类。

一是文档协作工具。这些工具允许团队成员共同编辑和审阅文档，如Google Docs、Quip和石墨文档等。通过实时协作编辑，团队成员可以同时处理同一份文档，提高工作效率。

二是项目管理工具。这些工具可以帮助团队成员管理项目进度和任务分配，如Trello、Worktile、PingCode和Teambition等。团队成员可以通过这些工具创建任务、分配任务、设置截止日期和跟踪进度等，以便更好地协作和管理项目。

三是即时通信工具。这些工具可以帮助团队成员实时交流和沟通，如Slack、Teams和钉钉等。通过即时通信工具，团队成员可以快速传递信息、讨论问题，并协作完成任务。

四是文件共享和管理工具。这些工具可以帮助团队成员共享文件和文件夹，如坚果云、OneDrive和Google Drive等。通过文件共享和管理工具，团队成员可以轻松地共享文件和协作编辑文件。

这些工具在数据新闻生产中发挥着重要作用，可以帮助数据新闻从业者更加高效、准确地制作出高质量的数据新闻作品。

三、数据新闻生产的技巧

数据新闻从业者如果掌握数据新闻生产的技巧，就可以更有效地收集、分析和呈现数据，以创造出有影响力和引人入胜的新闻报道。以下是一些关键技巧。

（一）选择有意义的选题

选择有意义的选题至关重要。好的选题是新闻报道成功的一半。衡量一篇新闻报道的价值，一个非常重要的标准就是新闻选题是否有意义。对于新闻生产过程而言，选题是整个生产流程的第一步，并且是不可替代的。选题的好坏直接影响数据新闻的整体质量。对于受众而言，有新闻价值和公众关注度高的选题能引起其关注。数据新闻从业者需要深入了解受众的需求和兴趣，以便更好地选取与他们生活或工作密切相关的主题。在确定选题时，必须遵循价值性原则、时效性原则、创新性原则、群众性原则和可及性原则。[1]

数据新闻确定选题时要遵循价值性原则，报道对象要具有新闻价值。陈力丹教授曾在《新闻理论十讲》中提到，"传受双方的共同认可，接受者的'不知'以及接受者的兴趣、关心和需要是新闻价值理念得以成立的前提条件"[2]。

时效性原则也是在确定选题时必不可少的。新闻最大的特点就是"新"，所以新闻对时效性的要求比较高。在确定选题时，要平衡时效性和长远影响，除了关注当前的热点事件，还要考虑选题对未来可能产生的影响，选择那些具有持续影响力的主题进行深入报道。

创新性原则也是非常重要的。大量的数据新闻实践表明，角度越是新颖的报道，越

---

[1] 段峰峰.新媒体数据新闻[M].北京：人民邮电出版社，2021.
[2] 陈力丹.新闻理论十讲[M].上海：复旦大学出版社，2008.

能够得到受众的注意和关注。随着技术的不断发展，数据新闻的生产方式和呈现形式也在不断演变。在确定选题时，可以考虑将新技术应用于报道中，如利用虚拟现实技术呈现新闻现场、利用人工智能进行数据分析等。创新技术和呈现方式能为受众带来更加丰富和沉浸式的阅读体验。一篇数据新闻要想得到广泛的关注，就必须打破陈规，推陈出新。

群众性原则指选题要贴近受众、贴近生活。选择当前社会关注的热点事件或长期存在的社会问题作为主题，可以迅速吸引受众的注意力，如环境保护、气候变化、民生问题等都是备受关注的话题。另外，了解受众的需求和兴趣也是选题的重要依据。通过市场调查、社交媒体分析等方式了解受众的兴趣，可以更有针对性地选取主题，提高报道的吸引力和影响力。

选题的可及性原则指的是在选择数据新闻主题时，要考虑实际操作的可及程度，包括数据获取的难易程度、技术实现的可行性以及所需资源的充足性。遵循可及性原则有助于提高数据新闻生产的效率和效果。

（二）保持数据的真实性和完整性

保持数据的真实性和完整性需要从多个方面入手。在数据处理过程中，要遵循规范化的流程，确保数据的准确性和完整性。首先，要对数据的来源进行确认。为确保数据的真实性和准确性，需要进行数据验证。可以采用交叉验证的方法，对同一数据来源进行多次验证，确保数据的可靠性。其次，当涉及个人数据时，要严格遵守隐私保护原则，确保个人隐私信息不被泄露。再次，要尊重数据的原始面貌，不进行篡改或歪曲。在呈现数据时，要注意公正性，避免对任何一方产生偏见或误导，使用图表和文字等来呈现数据时，应遵循客观、中立的原则，确保数据的真实面貌得到展现。要注意图表的规范性和清晰度，避免误导受众或造成不必要的歧义。最后，在处理数据时，应当注意处理的规范性，遵循规范的流程来确保数据的准确性和完整性，避免对数据进行篡改或选择性呈现。对于缺失或异常的数据，要进行合理的处理和说明。值得一提的是，保持数据真实性和完整性的重要前提是遵守相关法律法规。在生产数据新闻的过程中，要严格遵守隐私保护、知识产权等方面的法律法规，坚守职业道德，秉持真实、客观、公正的原则。

随着数据新闻生产的不断推进，需要持续关注数据的真实性和完整性。可以建立反馈机制，接受受众和行业内专业人士的意见和建议，对数据进行再次核验和修正。同时，通过不断学习和改进，提高团队的数据处理和分析能力，为数据新闻生产提供更加可靠的基础。

（三）选择合适的可视化呈现方式

数据新闻存在不同的呈现形式，数据可视化是其中最重要的形式。不同的新闻报道选择不同的可视化形式，带来的效果天差地别，因此，数据新闻从业者需要综合考虑报道目的、数据特点、受众群体、不同可视化工具的比较、最佳组合的选择、细节和美感、规范和标准、测试和反馈以及更新和改进等因素。需要了解数据的类型、规模和复杂性，以便选择最适合呈现数据的可视化方式。例如，对于大规模数据，使用地图或热力图来呈现可能更合适。受众群体的特点也会影响可视化方式的选择。例如，对于视觉化的受众，使用图表可能更有效；对于喜欢交互的受众，使用交互式可视化工具可能更合适。对不同的可视化方式进行比较，根据比较结果，选择一种或多种可视化工具，能最大化地满足报道需求。例如，可以使用表格来呈现详细数据，同时使用图表来展示趋势或比较不同的数据点。要注意可视化的美观度和易读性。在选择可视化呈现方式时，要注重细节和美感，使用清晰、简洁的视觉元素，避免过于复杂或混乱的布局。同时，遵循规范和标准，使用常见的图表、符号和标记，确保图表的可读性。

（四）注重数据的解读和解释

数据的解读和解释在数据新闻生产过程中非常重要，因为它们可以提供关键的洞察和理解，有助于消除误导和误解，确保受众对数据新闻的理解更加准确和全面，提高数据新闻报道的可信度和影响力。我们在解读数据之前，首先要了解数据的背景和来源，包括数据的产生过程、采集方法等，这有助于我们更准确地解读数据。此外，还要查看数据的元数据、数据来源的报告和说明，以获得关于数据的更多背景信息；了解数据的产生过程、采集方法，这有助于我们更准确地解读数据。在制作数据新闻作品时，可以将数据转化为易于理解的形式，使用简洁明了的语言，确保受众能够理解数据背后的故事；提供足够的背景信息和解释，使受众能够从数据中获取正确的信息，如通过图表等形式，使数据更加直观，帮助受众更好地理解数据的趋势、关系和模式；确保可视化设计简洁明了，与数据一致，并提供必要的标签和解释。与此同时，当我们对数据进行解释的时候，可以通过引文和相关的资料链接，来增加数据解释的可信度，并为受众提供进一步了解和验证数据的机会。在这里，要确保提供准确的引文和链接，以便受众可以访问原始资料，或者了解相关领域的专家或学者的观点，这能增加报道的权威性和可信度。

（五）遵守法律法规和伦理规范

在数据新闻生产的过程中，要遵守法律法规和伦理规范，这是极为重要的。有研究发现，包含图表的文章会让人觉得更可信，即使图表与文章无关。具有欺骗性的数据可视化对人的认知会造成极大的影响，数据新闻同样会传递不实信息。在数据新闻生产的过程中，应遵守相关伦理规范。方洁和高璐曾在《数据新闻：一个亟待确立专业规范的领域》一文中指出，数据新闻要确立自身的地位，当务之急是确立一套具有现实指导性且成体系的专业规范。

在创作数据新闻作品时，进行充分的信息核查，并引用可靠的数据，可以提高数据的准确性和可信度。在解读数据的过程中，数据新闻从业者要保持公正和客观的态度，在数据解读和报道中避免个人偏见和主观判断，确保数据的解读和解释是基于可靠的分析和事实，而不是基于个人意见或立场。要避免歪曲、篡改或误导性的解读，使受众能够理解数据的真实含义。同时，要尊重知识产权，遵守数据使用和共享的相关规定，在使用他人的数据、引用他人的作品时，需要获得授权或遵循适用的许可和使用条款。

四、数据新闻生产的策略

数据新闻生产的策略是指在报道和传播数据新闻时所采用的方法。通过采用特定的策略，数据新闻从业者可以生产出质量高、可信度高的数据新闻作品，为受众提供有价值且易于理解的信息。常见的数据新闻生产策略有以下几种。

（一）故事驱动策略

故事驱动策略是在数据新闻报道中使用故事叙述元素来吸引受众、增加受众参与度并提高新闻可理解性的方法。它将数据作为支持和丰富故事的工具，首先确定引人入胜的故事，然后使用数据来支持和补充故事的内容。数据可以提供事实依据、背景信息和相关趋势，使故事更具说服力和可信度。故事驱动策略可以将枯燥的数据转化为引人入胜的叙述，帮助受众更好地理解和关注数据新闻报道。将事实和故事叙述有机结合，能创造出更具说服力和影响力的报道，同时吸引更多受众的关注和参与。

《纽约时报》推出的融合新闻作品《雪崩：特纳尔溪事故》（*Snow Fall: The Avalanche at Tunnel Creek*）便是一个很好的例子，它展示了如何通过多媒体元素丰富报道内容，提高受众的阅读体验。该作品详细记录了2012年2月在华盛顿州史蒂文斯·帕斯（Stevens Pass）滑雪场附近发生的雪崩事件，16名滑雪爱好者遭遇了这场灾难。幸存者们分享了他们的经历和心情变化，使得故事更加生动和真实。这篇报道突破了传统报纸新闻的限制，以全新的方式呈现在网络上，让受众能够更好地理解和感受事件。通过使用动画、音频、图片等多种多媒体元素，该作品为受众提供了丰富的补充信息，使故事更加完整和立体。这些元素并不是简单地堆砌在一起，而是经过人性化的编排，这使得整个报道更加流畅和易于理解。

在具体的内容安排上，创作者运用了多种形式来展示信息，提高了内容的可读性和易读性。例如，通过历史照片、家庭照片、动态图和示意图等不同类型的图片，展现了事件的不同方面。当受众将鼠标悬停在相关段落时，隐藏的视频会自动播放，进一步增强了报道的互动性和生动性。此外，受众点击文中的人名，就可以了解更多关于他们的生平和生活图片；点击专家的名字，则可以听到他们对事件的评论音频。

这种融合新闻的方式不仅提高了报道的趣味性,而且为受众提供了更加丰富的信息来源。通过多媒体元素的运用,该作品成功地吸引了受众的注意力,并使他们更加深入地了解事件的全貌。

(二) 数据驱动策略

数据驱动策略是基于数据分析和洞察来制定决策和行动计划的方法。它将数据作为主要的报道素材和起点,以数据为基础,通过深度挖掘、分析数据来揭示新闻背后的故事和趋势,为受众提供更具深度和广度的新闻报道。

数据驱动策略要求数据新闻从业者在选题策划阶段就充分利用数据。这意味着数据新闻从业者需要关注时事热点、社会趋势等,通过收集和分析相关数据,确定哪些话题具有报道价值。同时,数据也可以帮助数据新闻从业者识别报道角度,确保新闻报道具有独特性和深度。在新闻生产过程中,数据驱动策略要求数据新闻从业者注重数据的采集、整理和分析。这包括从各种来源获取数据,如政府公开信息、市场调查、社交媒体等,并对数据进行清洗、整合和可视化处理。通过数据分析,数据新闻从业者可以发现数据背后的规律、趋势和故事,为新闻报道提供有力的支撑。可以利用图表、动画等多媒体形式,将数据可视化地呈现给受众,这不仅可以提高新闻报道的可读性和吸引力,而且可以帮助受众更好地理解数据背后的意义。

澎湃新闻推出的数据新闻作品《学生信息泄露不只在人大,网上最低1元就能买到200条》(见图2-10)是数据驱动策略在新闻生产中的生动体现。这篇报道充分展示了如何利用数据驱动策略揭示社会现象,引发公众关注和思考。通过收集和分析关于学生信息泄露的数据,创作者发现,在网络上,有大量的学生信息被非法交易。这一发现揭示了学生信息泄露的普遍性和严重性,从而确定了报道的重要性和紧迫性。在调查过程中,创作者不仅调查了多个在线交易平台,而且收集了关于学生信息交易的价格、数量等详细数据。这些数据为报道提供了有力的支撑,使得报道内容更加客观、准确和深入。

图2-10 《学生信息泄露不只在人大,网上最低1元就能买到200条》节选

(三)比较和对比策略

使用数据来进行比较和对比,揭示不同群体、地区、时间段之间的差异和相似之处。这种策略可以为受众提供更全面的视角,帮助受众更好地理解问题的复杂性和多样性。

《40年前后的交通出行数据,哪个让你感触最深?》(见图2-11)是一篇由人民网于2018年10月发布的数据新闻。该报道采用H5技术,通过简单的图表形式,对比了改革开放初期和2017年中国的交通出行数据。报道内容包括总客运量、总货运量、铁路营业总里程、高铁营业里程、铁路拥有机车、公路总里程等多个维度的数据。通过这些数据的对比,该报道直观而明了地展现了中国交通出行领域在40年时间里的发展和变化。

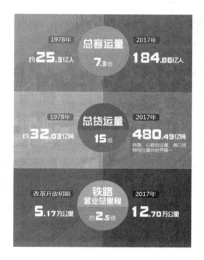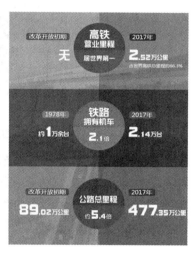

图2-11 《40年前后的交通出行数据,哪个让你感触最深?》节选

该报道通过硬数据报道的方式,将故事讲述交给数据,直观地展现了报道对象的发展和变化。受众可以清晰地看到中国交通出行领域的巨大进步和变化,用更加全面的视角来理解中国交通发展的历史和现状。这种比较和对比策略不仅帮助受众理解问题的复杂性,而且揭示了时间跨度内的发展轨迹和趋势,使得报道具有更强的说服力。

(四)可视化策略

使用合适的数据可视化工具和技术,将数据呈现为视觉化的形式,以增强信息传达的效果和影响力,这是数据新闻常用的呈现形式。

以财新网推出的数据新闻作品《五环以外》(见图2-12)为例,该作品通过对大量数据的整合和分析,层层递进地揭示了北京市五环以外的情况,以立体呈现、数据地图等有效手段叙述新闻故事,并利用交互技术优化阅读体验、强化阅读黏性。

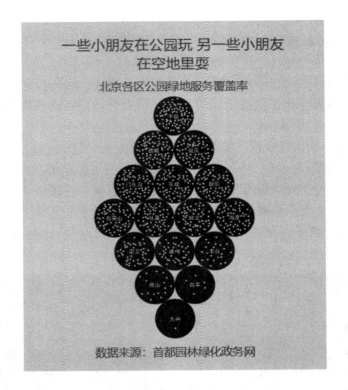

图 2-12 《五环以外》节选

该作品以北京市五环以外的地理空间布局为主线,辅以动态交互、视觉装饰、多元图标等,对新闻信息进行层次化、动态化呈现,通过运用数字地图、数字动画、音频、视频等多种方式对五环以外的情况进行介绍、分析和解读,满足受众的求知需求。作品中的互动设计环节允许用户通过拉动红点找到自己所在的区域,这种设计增强了用户的参与感和互动性。

《五环以外》从房价、空气质量、居住密度、学校、医院等12个角度全方位透视北京城市规划,结合个例,折射出大城市中小人物的生活现状,引发公众对于自身居住环境的关注。

在介绍北京市五环以外的发展情况后,制作团队驾车在五环外用视频记录下标志性地点,并在地图中嵌入。每延伸到一个地点,相关视频就会自动播放,这种结合视频和地图的方式比用大篇幅文字描述具体现状要直观得多,也使得文字部分能够更加简练,突出重点。

(五)受众参与策略

受众参与策略鼓励受众与数据进行互动和探索,使他们成为数据的受众和参与者。使用互动式数据可视化工具和技术,能让受众自己探索数据、提出问题,并从中获取答案。

2017年，财新网推出了数据新闻作品《雾霾季来袭 28市能否完成2017年减霾目标？》（见图2-13）。这篇数据新闻通过引入交互式的形式，使得受众能够积极参与其中。受众可以通过点击、滑动等操作，查看不同城市的雾霾数据、减排目标，以及实际减排情况等，这种交互式的体验不仅增强了新闻的趣味性，而且使得受众能够更深入地了解雾霾问题的各个方面。由于受众能够积极参与，与新闻进行互动，他们更有可能将这篇新闻分享给自己的朋友和亲人，从而扩大了新闻的传播范围。

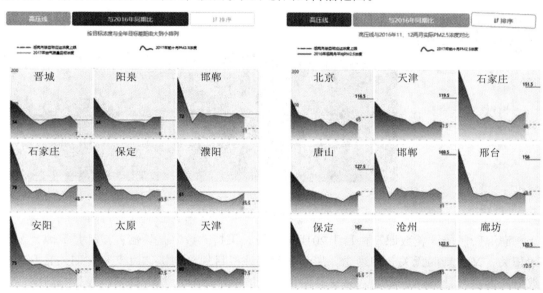

图2-13 《雾霾季来袭 28市能否完成2017年减霾目标？》节选

在报道方式上，该作品精心选择了交互式图表，使受众自由切换28个城市达标"高压线"，并将其和2016年同期的情况进行对比。这种设计不仅方便受众浏览新闻内容，而且极大地提高了信息的可读性和易读性。更值得一提的是，新闻还人性化地设置了"排序"选项，允许受众按照自己的需求直观地观察28个城市在空气污染治理方面的表现。这种贴心的设置让受众能够更加深入地了解和掌握信息，充分体现了新闻报道的人性化和精细化原则。

（六）多平台传播策略

数据新闻团队需要考虑在多个平台上发布和传播数据新闻，以扩大受众的覆盖范围和参与度。例如，数据新闻团队可以建立专门的数据新闻网站或应用程序，用于发布和展示数据新闻报道。这样可以为受众提供集中的平台，方便他们搜索和浏览相关报道，并与其他受众进行交流和互动。

新华网的"数据新闻"栏目（见图2-14）在国内最早尝试并量产信息图解。该栏目以"用数据传递独特新闻价值"为理念，汇集信息图、交互页面、轻应用等新形态新闻产品，注重改善新闻产品的用户体验，让枯燥的内容生动化，让新闻信息知识化，让新闻更具价值。该栏目创新性的报道形态受到广泛好评,其数据新闻实践对传统媒体进行数据新闻探索具有重要的参考价值和借鉴意义。

"数字说"是财新网于2013年正式上线的数据新闻栏目,是我国数据新闻实践的开拓者。2016年,财新网成为我国唯一入围"全球数据新闻奖"的媒体;2018年,财新网更是一举斩获"全球年度最佳数据新闻团队奖",创造了我国新闻媒体的新纪录。可以说,"数字说"栏目代表了财新网数据新闻的生产水平。

图2-14 "数据新闻"栏目节选

澎湃新闻的"美数课"栏目于2014年上线,秉持"数字是骨骼,设计是灵魂;与新闻相关,又与新闻无关"的理念。澎湃新闻将该栏目划分到了"时事"类别,其发布的数据新闻多与社会热点话题、突发事件相关。该栏目每个月平均发布14篇数据新闻,新闻的可视化表现形式包括静态信息图、交互可视化、视频等。

CBNData是第一财经商业数据中心,是第一财经新媒体科技有限公司旗下的数据商业化和数据自动化的战略级平台。它以阿里巴巴的商业数据库为基础,输出产业经济全景分析和行业企业深刻洞察的数据产品,全面满足商业世界的数据刚需。

"数字之道"是搜狐新闻的图表新闻下设的一个子栏目,主要负责制作和发布数据新闻。"数字之道"用数字剖析新闻,用图表读懂社会。

另外,可以尝试将数据新闻内容制作为视频或播客形式,以吸引那些更喜欢通过视听媒体获取信息的受众。在视频或播客中,可以解释数据背后的故事、趋势和见解,并与受众进行互动。可以通过与其他媒体机构合作,共享数据新闻内容,扩大报道的影响力和传播范围。还可以通过互相引用、链接和合作报道来增加曝光度,吸引更多的受众。

值得一提的是,举办相关的比赛对提升新闻机构的影响力极为重要。在与数据新闻有关的比赛中,中国数据新闻大赛最具含金量与影响力。中国数据新闻大赛开始于2015年,旨在以赛促建,推动全国高校新闻专业教学改革,通过比赛打通学界与业界壁垒,为培养新媒体人才助力,在学界和业界的影响力逐年扩大。根据第七届中国数据新闻大赛组委会提供的数据,截至2024年,大赛共吸引了上百所高校、数十家媒体机构,共一千余支队伍、五千余人报名参赛。参赛队伍主要来自清华大学、北京大学、中国人民大学、中国传媒大学、同济大学等高校，业界的参赛队伍主要来自人民网、第一财经、中国旅游报社等传媒单位。

以上这些策略都可以帮助数据新闻从业者在数据新闻生产中更有效地利用数据、构建故事，并将其传达给受众。根据具体的报道需求和目标受众的特点，数据新闻从业者可以选择合适的策略或将它们结合起来，以生产高质量和有影响力的数据新闻报道。

第三节　数据新闻的运营

数据新闻的运营是指在数据驱动的新闻环境中，有效地管理和推动数据新闻项目的发展和运作，具体涉及管理、推广和持续更新数据新闻内容。

一、数据新闻的运营模式

数据新闻的运营模式涉及如何组织和管理数据新闻项目的整个生命周期。这包括数据采集、数据处理和分析、新闻采写和发布等环节。数据新闻的运营模式多种多样，主要有独立运营模式、合作运营模式和平台运营模式等。

（一）独立运营模式

专门生产数据新闻的机构采用的是独立运营模式，如"数可视"。2016年，"数可视"成立，开始将数据新闻做成一门生意，为媒体机构提供专门的数据新闻生产和可视化服务。其他类似机构有镝数、财看见、Linkdata等。

独立运营模式的优点在于团队具有较大的自主权和灵活性，可以根据自己的需求和目标进行新闻报道。同时，团队可以更加专注于数据新闻的创作和呈现，而不必受到其他机构的限制和干扰。这种模式的缺点是团队需要承担较大的成本和风险。团队需要具备完整的运作体系，包括人员、技术和资源等方面。此外，由于数据新闻的创作和呈现需要耗费大量的时间和精力，因此团队需要有足够的经验和技能，以确保报道的质量和效果。

在独立运营模式下，团队需要注重自身的品牌建设和市场推广，建立良好的品牌形象，增强受众对团队的认同感和忠诚度，提高报道的影响力和竞争力。同时，团队需要通过市场推广和合作等方式，扩大自身的知名度和影响力。

（二）合作运营模式

数据新闻团队与其他媒体或机构合作，共同进行新闻报道，这就是合作运营模式。

这种模式的优点是团队可以利用其他机构的优势和资源，快速获得数据和信息，同时也可以分摊成本和风险。但需要注意的是，合作过程中，各方需要明确各自的职责和权益，避免出现纠纷。

在互联网时代，全社会信息生产的分工更加细化，更加去中心化，也走向了更大规模的开放和合作。数据新闻的生产已不再是媒体自身独家内部运作的行为，许多具备专业能力的第三方机构也加入其中，进行协作和赋能。例如，数据新闻生产综合服务团队"镝次元"位于武汉，其和武汉大学新闻与传播学院、武汉大学数据新闻研究中心进行深度合作，拥有包括数据搜索与挖掘、数据内容可视化与运营服务，以及数据素质培育的全方位解决方案。目前，"镝次元"已系统培训了数千名媒体从业者，与多所设立了新闻传媒和信息管理专业的高校建立了合作关系。近年来，武汉大学镝次元数据新闻研究中心与新华网、中央电视台、《人民日报》、财新网、澎湃新闻、中国人民大学、清华大学、复旦大学等众多媒体和高校合作，共同成立数据与媒介发展联盟，其宗旨之一就是倡导数据在内容生产和人才培养中的开放和共享。

在合作运营模式下，数据新闻团队与其他媒体或机构建立合作关系，共同进行新闻报道。这种模式可以帮助团队快速获得数据和信息，同时团队也可以利用其他媒体和机构的专业知识和资源，提高报道的质量和效果。合作运营模式是一种可以利用其他媒体和机构优势与资源的运营模式，适合那些想要快速获得数据和信息、提高报道质量和效果的团队。同时，团队也需要与其他媒体和机构有效地进行沟通和协调，确保报道的顺利进行。

（三）平台运营模式

数据新闻团队将自己的报道发布在特定的平台上，如专业的数据新闻网站、栏目、APP等，这就是平台运营模式。较常采用这种模式的是媒体内部孵化项目，即媒体开设的单独栏目，如"数读""数字之道"等。这种模式的优点是团队可以通过平台获得更多的曝光和受众。实际上，国内数据新闻实践起步稍晚于国外，其发展也面临着许多问题，因此，数据新闻团队暂时无法成为新闻生产的主力军，就国内数据新闻生产现状来说，头部机构较少，它们呈现的可视化效果也一般。

2011年5月21日，搜狐新闻上线数据新闻栏目"数字之道"，其宗旨是"信息可视化，看图说新闻"，开启了数据新闻专门化、专业化的创作。因此，2011年也常被看作中国的数据新闻元年。从那时起，无论是传统媒体还是新媒体，纷纷摩拳擦掌，开始应用新的媒介化技术呈现新闻内容，准备在数据新闻领域开辟一片新的天地。2012年1月，网易新闻上线数据栏目"数读"，这是早期产生的、至今仍在持续更新的数据新闻栏目之一。同年5月，《南方都市报》"佛山读本"开设"数读"版，后来更名为"数据"。这是较早开展数据新闻报道的都市类媒体。6月，新浪新闻上线数据新闻栏目"图解天下"，倡导"可视化数据、可视化形式和可视化效果"的数据新闻理念，致力于为受众提供轻松直观的阅读感受。该栏目后来更名为"图数室"。8月，搜狐上线数据新闻栏目"图解财经"（前60期叫作"看图说话"，60期之后更名为"图解财经"），旨在通过图表为受众呈现复杂的财经信息,以独特的方式,为受众呈现理解财经信息的新视角。该栏目对于财经领域的数据新闻实践具有标杆意义。几乎在同一时间,中央电视台《新闻30分》栏目推出了《数字十年》,首期节目从"我国2011年创造47.2万亿元的国内生产总值,而2002年的相关数字是这个数字的三分之一"这一变化的意义入手,分析了我国的国内生产总值的发展情况。中央电视台成为最早尝试制作数据新闻产品的电视媒体。12月,腾讯新闻上线数据新闻栏目"数据控"。至此,四大门户网站都已推出数据新闻栏目。"数据控"栏目现已无法访问。

从目前的数据新闻实践来看,多数平台推出的新闻内容也表现为静态图表,可视化、交互性较差。比如,网易新闻的栏目"数读"最大的特点是包含大量文字内容,且新闻的生产周期较长。同样,搜狐新闻的"数字之道"与"数读"类似,基本上每3天推出一篇新作品。不过,"数读"涉及国际、经济、政治、民生、社会、环境等多个领域,"数字之道"倾向于报道社会新闻,内容更加贴近大众生活。

平台运营模式是一种可以帮助数据新闻团队获得更多曝光和受众的运营模式。在平台运营模式下,团队需要注重建立自己的品牌,扩大自己的影响力,提供优质的内容和服务,吸引更多的受众。同时,团队也需要遵守平台的规则和限制,不断学习,更新业务能力,紧跟趋势,确保自己的报道符合平台的要求和标准,同时也能满足受众的多样化阅读需求。

二、数据新闻的运营团队

数据新闻的运营团队通常由多个角色和专业人员组成,他们共同协作,来管理、推进和维护数据新闻的生产和传播。仅仅依靠个人是难以制作出优秀的数据新闻作品的。众多优秀的数据新闻作品基本上都是专业团队精诚合作的结果。一般而言,数据新闻团队的人员需具备新闻敏感、数据挖掘与分析、数据可视化以及独有的版面设计等必不可少的技能。团队主编、数据新闻记者和编辑、数据分析师和可视化设计师是数据新闻团队中不可或缺的人员。

(一)团队主编

团队主编负责整个团队的运营和管理,制定报道计划和目标,整体把控报道的质量,监督报道的进度。作为数据新闻团队的领导者与决策者,团队主编要做好全局的统筹规划,协调不同人员之间的工作安排与分工,要具备新闻编辑和管理的技能,同时对数据新闻的原则和实践有深入的了解,同时也需要在数据分析、可视化和新闻报道等方面有一定的专业知识,具备独特的能力和技巧,以最大限度地发挥团队的合力。

财新网数据新闻栏目的负责人黄志敏就带领团队制作出了很多优秀的数据新闻作品。在谈到如何做新闻时,他曾提到,在确定选题之后,可视化设计师给出了可视化方案,这个时候，记者可能需要收集更多数据，编辑则需要综合考虑时间、人力成本等因素，衡量可视化方案的可行性。如果编辑的答案是否定的，那么，可视化设计师可能要重新设计可视化方案。整个过程下来，团队相互合作、相互协调，既提高了生产效率，也优化了新闻报道的可视化效果。

此外，团队主编还需要具备丰富的从业经验。澎湃新闻"美数课"栏目于2014年上线，秉持"数字是骨骼，设计是灵魂；与新闻相关，又与新闻无关"的理念。"美数课"团队推出的作品曾获得美国新闻媒体视觉设计协会（Society of News Design，SND）颁发的最佳数字设计奖（Best of Digital Design）、亚洲出版业协会（The Society of Publishers in Asia，SOPA）颁发的卓越新闻奖，以及腾讯传媒奖、中国新闻奖等众多国内外奖项。在带领团队的这些年来，主编吕妍一直都在不断摸索。一开始，团队里都没有人会爬虫技术，团队在数据新闻中用到的数据大多是从第三方报告里找到的数据，团队里的设计人员人数较多。后来，团队人员结构日趋成熟，吕妍带领团队开始尝试生产一些有深度、有内涵的数据新闻，逐步推动数据新闻向时效性、新闻性、融合性的方向发展。

（二）数据新闻记者和编辑

数据新闻记者和编辑负责数据新闻的采访、新闻稿撰写、新闻稿编辑和修改等工作，需要具备数据分析能力和使用可视化工具的能力。与传统的记者和编辑相比，他们的共同之处是都需具备高度的新闻敏感性，因为数据新闻本质上还是新闻，新闻敏感性对于从业人员而言是不可或缺的。他们的不同之处，在于数据收集之后的一系列操作，数据新闻记者在获取选题的基础上，要具备数据收集、清洗、验证、整理的能力，最终呈现新闻的可视化效果。因此，行业对数据新闻记者自身所具备的能力要求很高。

关于数据新闻记者应该具备怎样的能力，国外学者们有不同的看法。有学者指出，数据新闻记者一般是由新闻记者转型而来，他们需要具备写作、调查、根据数据形成观点、制图、缩小数据搜索范围等能力。也有学者认为，数据新闻记者应该具备四项技能。首先是查找数据的能力。他们需要具备一定的专业知识，熟练运用计算机辅助报道，会使用Python等工具。其次是数据处理能力。他们要熟悉相关术语、背景与知识，并掌握统计学相关基础知识，熟练使用Excel，在处理数据时能提高工作效率。再次，需具备数据可视化的能力。数据可视化不仅仅是可视化设计师的工作，也是记者需要掌握的技能。最后是数据呈现的能力。他们需要运用Many Eyes等工具对数据进行整合分析和呈现。

国内学者高阳认为，记者和编辑作为数据新闻的重要工作人员，必须与时俱进，改变传统的工作方式，利用现代社会的先进技术，提高数据收集、分析能力，提高工作效率，进而保证数据新闻报道的时效性，促进我国新闻业的可持续发展。[1]文卫华、王向宁认为，记者应具备的数据新闻素养可以概括为三个方面，即数据意识、数据能力以及团

---

[1] 高阳.从数据新闻看未来编辑记者工作方式的变化[J].新闻研究导刊，2019（4）：5.

队合作的精神与能力。①

在生产数据新闻的过程中，记者和编辑还需要与其他团队成员密切合作，共同实现数据新闻报道的目标，确保报道的质量和影响力。数据新闻作为在大数据时代兴起的一种跨学科、跨领域的新闻形态，带来了采集、分析、呈现等多方面的创新，需要新的思维方式和多种能力作为支撑，这也对数据新闻从业者提出了更高的要求，数据新闻记者和编辑在工作中需要扮演多重角色，包括数据收集者、新闻报道者和数据可视化专家，从而制作出高质量的数据新闻作品。

（三）数据分析师

数据分析师也被称为数据工程师，他们负责数据的收集、清洗、整理和分析等工作，需要具备统计学、数据分析等方面的专业知识和技能。从理论上来说，数据分析师需要了解行业知识，这是因为数据分析往往是针对某一个行业展开的，在数据分析过程中，数据分析师根据数据形成自己独特的见解，为业务发展贡献智慧。

人们多把数据分析师这个岗位进行细化，分为业务分析师、数据科学家、数据工程师等。业务分析师主要关注企业的商业运营和管理，分析市场趋势、产品销售、用户行为等数据，提供相关的商业建议；数据科学家则从数据的角度研究和解决业务问题，主要负责对数据进行建模、分析和预测等工作；数据工程师主要关注数据的存储、处理和管理等方面的问题，能够使用编程语言和各种数据处理工具搭建大规模数据处理系统。此外，还有一些更具体的数据分析师角色，例如数据跟踪员和数据规划师。

（四）可视化设计师

可视化设计师在数据可视化过程中扮演着非常重要的角色，他们负责将数据以直观、易理解的方式呈现给受众，通过视觉元素，如图片、表格、视频等来呈现数据背后的故事和趋势。可视化设计师需要具备创意和设计技能，能够根据数据的特性和受众的需求，设计出符合要求的可视化方案。他们需要了解各种设计工具和技术，例如Adobe系列软件、Tableau、D3.js等，以便能够将数据以美观、易读的方式呈现出来。

除了设计技能，可视化设计师还需要了解数据可视化的原理和技巧，例如如何选择合适的图表类型、如何处理数据异常值、如何调整颜色和字体等。他们需要具备数据分析能力，能够理解数据背后的含义和逻辑，从而更好地将数据可视化。此外，可视化设计师还需要与团队成员密切合作，共同完成数据可视化的任务。他们需要与数据分析师沟通，了解数据的内容和要求，确保数据可视化的实现效果。

---

① 文卫华，王向宁.电视记者的数据新闻素养[J].青年记者，2014（21）：24-26.

三、数据新闻的运营策略

合理的数据新闻的运营策略能够有效地管理和推动数据新闻项目的发展。以下是几种常见的运营策略。

（一）建立专业团队

数据新闻需要由专业的团队来制作。团队里包括记者和编辑、数据分析师、可视化设计师等人员，他们需要具备相应的技能和知识，以确保数据新闻的质量和传播的效果。此外，还需要注重团队的发展。团队成员需要不断学习和更新自己的技能和知识，以适应行业发展的需求。团队领导也需要定期评估团队成员的表现和能力，提供反馈和指导，帮助他们不断提高自己的工作水平。

（二）进行选题和内容策划

根据目标受众的需求和兴趣，团队需要确定合适的选题并进行内容策划。数据新闻需要具备数据支撑和可视化呈现，运营团队应该根据数据的洞见和趋势来确定新闻故事的重点和方向，以确保新闻报道有足够的价值和吸引力。这需要与数据分析师和可视化设计师密切合作，确保数据的准确性和可视化效果。

（三）确定数据来源，进行数据处理

数据是数据新闻的基础。团队需要确定可靠的数据来源，并具备数据处理和分析的能力。团队需要使用适当的工具和技术对数据进行采集和处理，以确保数据的准确性和完整性。数据处理和分析是数据新闻制作的重要环节，需要专业的技能和知识。数据新闻报道需要注重品质，确保数据的真实性和准确性。同时，报道的内容也需要经过严格的审核和编辑，确保其质量和价值。

（四）建立发布和推广数据新闻的渠道

数据新闻需要建立有效的发布和推广渠道，例如社交媒体、新闻机构的官方网站等。通过这些渠道，团队可以将数据新闻传播给更多的受众，提高影响力，同时提高整个新闻机构的数据新闻素养。团队可以提供培训和教育计划，帮助团队成员掌握数据分析和可视化技能。数据新闻团队还可以与其他媒体或机构合作，共享资源和经验，提高自身的竞争力和影响力。同时，团队也可以通过参加行业会议和交流活动等方式，拓展人脉和资源。

(五) 持续优化和改进

团队需要根据受众的反馈和数据的分析结果，不断改进和优化数据新闻的内容和呈现方式。通过使用各种可视化工具和技术，团队可以将数据转化为易于理解和吸引人的图片、表格、视频等，以提升受众的参与度。数据新闻需要创新呈现方式，通过可视化的方式将数据呈现出来，使受众更加直观地理解信息。同时，团队也需要不断探索新的可视化技术和呈现方式，提高报道的可读性和吸引力。

本章小结

本章重点介绍了数据新闻实践的伦理、数据新闻生产的流程与工具，以及数据新闻的运营等方面的知识。笔者探讨了数据新闻的真实性，强调了维护数据准确性和完整性的重要性。此外，还讨论了数据新闻与公共利益的关系，强调了数据新闻应当服务于公共利益，提高公民的知情权。同时，笔者也关注了数据新闻与信息安全的问题，指出在采集和使用数据时，应当尊重个人隐私，保护信息安全。

真实性是新闻的最本质要求，任何形式的新闻都要经得起事实的检验并确保真实性。数据新闻的真实性是伦理问题的核心。为了确保数据的准确性和可靠性，数据新闻从业者需要遵循严格的道德准则，确保数据的来源可靠、处理准确、呈现客观。此外，在数据新闻的生产和传播过程中，数据新闻从业者也需要关注公共利益，维护社会公正和公平。在涉及敏感或争议性话题时，更需要谨慎处理，避免误导公众。此外，信息安全是数据新闻实践中不可忽视的伦理问题。在收集、处理和使用数据的过程中，数据新闻从业者需要严格遵守相关法律法规，尊重个人隐私，维护信息安全。同时，还需要采取必要的技术手段和管理措施，确保数据的安全性和保密性。

在数据新闻的生产方面，笔者详细介绍了数据新闻的生产流程、工具、技巧和策略。从数据收集、数据处理、数据分析到数据呈现，每个环节都需要精心设计和执行。同时，为了提高生产效率和品质，数据新闻从业者还需要熟练运用各种数据新闻生产的工具和技术，如 Python、R 语言、Tableau、D3.js 等。

在数据新闻的运营方面，笔者探讨了数据新闻的运营模式、团队和策略。数据新闻的运营模式主要有三种，即独立运营模式、合作运营模式和平台运营模式。团队主编、数据新闻记者和编辑、数据分析师和可视化设计师是数据新闻团队中不可或缺的人员。合理的数据新闻的运营策略能够有效地管理和推动数据新闻项目的发展。具体的运营策略包括建立专业团队，进行选题和内容策划，确定数据来源，进行数据处理，建立发布和推广数据新闻的渠道，持续优化和改进等。

习题

1. 论述数据新闻面临的伦理困境和对策。
2. 简述数据新闻生产的一般流程。
3. 列举三种常用的数据新闻生产工具。
4. 结合具体案例，说明数据可视化在新闻生产中的应用与特征。
5. 分析一个成功的数据新闻作品，详细描述其生产流程，包括数据收集、处理、分析和可视化等环节，并讨论其中使用的工具和技术。
6. 选择一个热点话题，进行数据新闻作品的制作，完整展示数据收集、处理、分析和可视化的流程，并说明所使用的工具。

阅读拓展

[1] 申琦.数据新闻报道的伦理困境与出路[J].青年记者，2018（28）：16-17.

[2] 陈佳运.大数据时代的"数据新闻"生产：现状、影响与反思[J].新闻研究导刊，2016（20）：111.

[3] 喻国明.从精确新闻到大数据新闻——关于大数据新闻的前世今生[J].青年记者，2014（24）：43-44.

[4] 郎劲松，杨海.数据新闻：大数据时代新闻可视化传播的创新路径[J].现代传播（中国传媒大学学报），2014（3）：32-36.

[5] 方洁，颜冬.全球视野下的"数据新闻"：理念与实践[J].国际新闻界，2013（6）:73-83.

第三章

数据新闻的选题策划

◆ 学习目标

本章以案例分析的方式介绍了各类数据新闻选题的确定过程和方法，旨在拓宽读者的选题思路，引导读者掌握选题技巧。读者的学习目标是掌握数据新闻选题的常见来源，从多元角度挖掘具有新闻价值的数据新闻选题。

◆ 本章体例

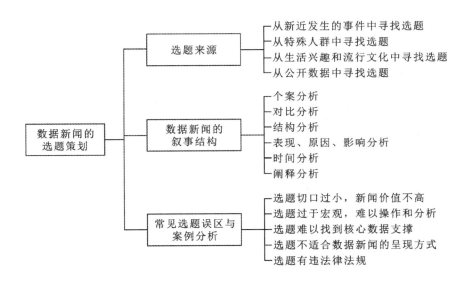

第一节 选题来源

确定数据新闻的选题是整个新闻报道生产流程的第一步，选题直接影响了数据新闻作品的价值以及传播效果。对于一篇数据新闻而言，拥有一个体现报道价值的选题是取得良好传播效果的重要前提。那么，好的数据新闻选题从哪里来呢？本章通过分析国内外的知名媒体、赛事以及权威奖项中的数据新闻案例，介绍四种确定数据新闻选题的常见方式。

一、从新近发生的事件中寻找选题

新近发生的事件是数据新闻选题的重要来源。相较于传统新闻，数据新闻在采集、叙事与表达层面上具有独特的创新内涵[①]，但其本质仍是新闻。新闻注重信息的时效性，数据新闻同样如此。从数据的角度对近期发生的事件进行解读，不仅遵循了新闻价值对信息新鲜性的要求，而且为新闻报道提供了更加严谨科学的论证依据。"全国两会""就业市场""文物回归""极端天气""考研""亚运会""AI""甘肃地震""食品安全"等主题是2023年数据新闻的高频选题。一些作品的选题主要源自近期发生的舆论热点事件、重大新闻事件以及重要的可预测事件等，体现了数据新闻创作团队对近期发生的事件的高度敏感性与洞察力。

（一）舆论热点事件

新鲜的舆论热点事件话题性强、讨论度高，因此成为日常化数据新闻生产的重要素材。大量的事件性信息与意见性信息在互联网空间中不断涌现，并发展成为网络舆论的热点议题。[②]社交媒体是鼓励公众分享意见、经验与观点的平台，很容易引发"舆论海啸"[③]，是数据新闻选题的重要"线索库"。

例如，2023年上半年，"大学生组团去淄博吃烧烤""坐高铁去淄博撸串儿"等事件成为社交媒体的热议话题。北京交通大学的数据新闻团队精准捕捉到了"淄博烧烤走红"这一事件，创作了《淄博背后——人间烟火气下漫长的季节》，深度挖掘现象背后更为深

[①] 李艳红.在开放与保守策略间游移："不确定性"逻辑下的新闻创新——对三家新闻组织采纳数据新闻的研究[J].新闻与传播研究，2017（9）:40-60+126-127.
[②] 刘艳婧.网络舆论热点议题的信息架构分析[J].现代传播（中国传媒大学学报），2013，35（12）：42-46.
[③] 孟威.社交媒体影响下的国际互联网舆论生态[J].学术前沿，2020（15）:94-103.

刻的内涵，该作品在第八届中国数据新闻大赛中荣获三等奖。无独有偶，2024年元旦期间，哈尔滨凭借冰雪旅游在社交网络走红，吸引海内外游客竞相"打卡"。澎湃新闻"美数课"以这一事件为切入点，于2024年1月18日发布《卷名人、卷局长、卷服务……各地文旅局这么卷，有用吗?》（见图3-1），通过检索、整合与对比近几年新晋旅游城市、大城市与老牌旅游城市的文旅数据，令读者对城市IP"出圈"现象有了更为全面与系统的认识。

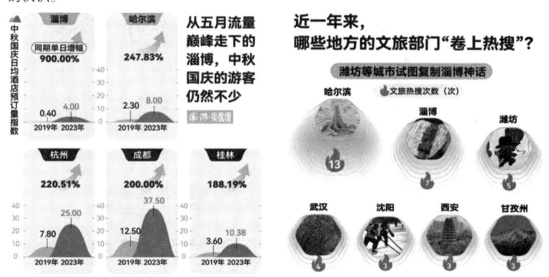

图3-1 《卷名人、卷局长、卷服务……各地文旅局这么卷，有用吗?》节选

2023年暑期，《逃出大英博物馆》短剧迅速走红，"文物回归"这一话题迅速成为舆论的焦点。第八届中国数据新闻大赛数个参赛团队以该热点事件作为切入点，制作出了如《何以为家：1700万海外文物的漫漫长夜》《他乡客：遗失在外的中华五千年》《寻回失落的宝藏：你在他乡还好吗》等杰出的数据新闻作品，为公众提供了深入了解文物回归问题的不同视角。

新闻传播学专业教育与就业问题也是近几年出现的热门话题。2020年，清华大学新闻与传播学院取消本科招生事件引发了广泛关注。随后，中国人民大学新闻学院新闻系运营的"RUC新闻坊"发布了相关数据新闻作品《新传学子求职路："入海"之后，奔向何方?》，通过筛选与整合招聘数据，以新闻传播专业学生的就业为主题，从危机、需求与机遇三个层面进行了深入分析（见图3-2）。2023年，华中科技大学数据新闻团队抓住了某网红名师评报考新闻专业这一热点事件，创作了作品《"新闻传播是天坑"? 769640条招聘数据告诉你是否真的如此》（见图3-3），通过对海量数据进行挖掘和处理，解释了公众形成"新闻传播专业是天坑"这一看法的原因，展示了新闻传播专业真实的就业市场情况，对该舆论热点议题进行了更加客观与深层的解读。该作品获得第八届中国数据新闻大赛一等奖与最佳数据驱动奖。

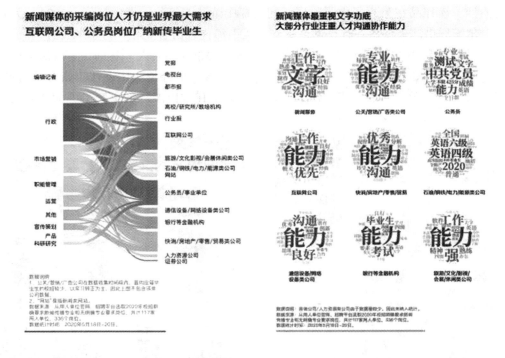

图 3-2 《新传学子求职路:"入海"之后,奔向何方?》节选

图 3-3 《"新闻传播是天坑"? 769640 条招聘数据告诉你是否真的如此》节选

值得注意的是,网络传播环境的复杂性使得网络舆论焦点事件经激烈的话语竞争后呈现出分化、极化的趋势。[①]因此,选择社会舆论热点作为数据新闻的选题来源时,

---

① 汤景泰,徐铭亮,星辰.立场、情感、注意力与选择性接触:舆论极化的影响要素分析[J].国际新闻界,2023(1):132-156.

需要特别注重数据样本选取的代表性与全面性，以便进行更为准确与有效的分析与报道。

（二）重大新闻事件

以重大新闻事件为灵感来源寻找选题是数据新闻的常用策略。从数据的角度对某一新闻事件或者新闻现象进行解读是数据新闻的重要形式。尤其在地震、火灾、洪涝、飞机失事、战争、恐怖袭击、公共卫生等重大突发事件的新闻报道中，新闻报道通过数据来解读事件的优势愈发明显，数据可视化的应用也在此类报道中持续加速。[1]重大新闻事件因其特殊性，一经曝光，便成为全民"围观"的热点议题，用数据解读这类事件能够丰富新闻报道的形式，为公众提供更加全面的新闻信息。

对重大新闻事件而言，常见的操作方式是直观地描述与解释事件的背景与始末，对关键数据的结构与变化等要素进行可视化呈现。相比以文字叙述为主的传统新闻，数据新闻能够运用现代网络交互技术从宏观层面展现事件的发展情况，实现了新闻报道在宏观层面叙事的突破。[2]一些优秀的数据新闻作品更是能做到宏观叙事与微观叙事的巧妙结合，既能够反映事件全貌，又能够深入挖掘其中的细节。

在一众较早投身数据新闻实践并取得一定成就的新闻媒体中，《卫报》凭借数据新闻作品《维基百科伊拉克战争日志：每一次死亡地图》（*Wikileaks Iraq: Data journalism maps every death*）一鸣惊人。该数据新闻巧妙地结合了维基解密数据与谷歌地图，将伊拉克战争中的人员伤亡情况以红点的形式在地图上直观呈现。读者可以通过点击红点，深入了解每个真实个体伤亡发生的具体时间、地点、原因等详细信息。该作品通过地图上密集的红点将战争的残酷呈现在读者眼前，产生了极强的感染力，激发了公众的反战情绪，取得了较好的传播效果与社会效益。[3]

除了对数据的结构与变化进行描述与解释，数据新闻还可以深入探讨数据背后的原因、数据表达的意义与数据产生的影响等，从而形成更具深度的选题。澎湃新闻"美数课"针对"甘肃积石山6.2级地震"这一突发自然灾害事件，发布了数据新闻作品《已致百人遇难，5组数据看甘肃积石山地震何以至此？》。该报道通过梳理地震的类型、震级、震源、发生时间等影响因素，详细分析了此次地震造成较严重伤亡的原因，帮助公众更好地理解这一突发事件的始末和影响（见图3-4）。

---

[1] 吴炜华，程素琴.智媒时代的数据迷惘与新闻寻路——以重大突发事件的数据新闻报道为例[J].中国编辑，2020（12）：35-39.

[2] 郎劲松，杨海.数据新闻：大数据时代新闻可视化传播的创新路径[J].现代传播（中国传媒大学学报），2014，36（3）：32-36.

[3] Wikileaks Iraq: Data journalism maps every death[EB/OL]. [2013-08-01]. http://www.theguardian.com/news/datablog/2010/oct/23/wikileaks-iraq-data-journalism.

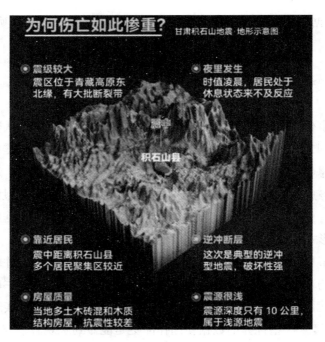

图 3-4 《已致百人遇难，5组数据看甘肃积石山地震何以至此?》节选

（三）重要的可预测事件

舆论热点事件与重大新闻事件都属于突发性较强的选题，此外，还有较为常规的数据新闻选题，即节日、重要活动，以及重要事件的周年、纪念日等，这些都是能够提前获知信息的重要的可预测事件，如春节、清明节、中秋节、国庆节等法定节假日；全国"两会"、卫星发射、奥运会等重大新闻事件或新闻活动；庆祝中华人民共和国成立、改革开放、反法西斯战争胜利等重大事件的周年、纪念日等。这类数据新闻选题的一大优势在于，从业者能够规划时间来进行新闻报道策划。

国内众多媒体通过对该类选题的精准把握与精心设计，创作出了许多杰出的数据新闻作品。以《经济日报》出品的"数说70年"系列融媒体作品为例，这部作品在第三十届中国新闻奖中荣获媒体融合奖项一等奖，并入选庆祝中华人民共和国成立70周年融合报道十大创新案例。该作品生动地从外贸、大国工程、数字经济、生态、饮食、消费六个方面讲述中华人民共和国成立70年以来的辉煌成就，不仅实现了对重大主题事件的创新报道，而且取得了较好的传播效果（见图3-5）。

利用重大事件的周年作为数据新闻的选题来源的案例还有很多，以"俄乌冲突"为例，这一政治冲突自爆发以来受到全世界的关注。澎湃新闻"美数课"敏锐地捕捉到这一选题的重要性，并在关键时间节点发布了系列数据新闻作品。2023年2月24日，在俄乌冲突爆发一周年之际，澎湃新闻"美数课"发布了数据新闻作品《困顿之战｜地图回顾俄乌冲突一周年演变》（见图3-6）。2024年2月24日，俄乌冲突爆发两周年之际，澎湃新闻"美数课"发布了数据新闻作品《俄乌冲突两周年：一图读懂战局变化》的（见

图3-7)。这两篇数据新闻通过翔实的资料,回顾了俄乌冲突爆发以来的关键节点与演变过程,为公众了解战局变化提供了全面的信息,同时也彰显了媒体在重大事件报道中的社会责任与专业素养。

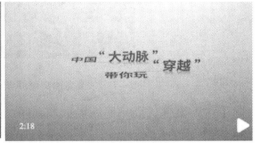

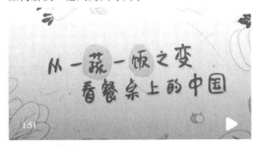

图3-5　"数说70年"系列作品节选

图3-6　《困顿之战丨地图回顾俄乌冲突一周年演变》节选

图3-7 《俄乌冲突两周年：一图读懂战局变化》节选

除了重大事件的周年回顾类数据新闻，具有一定周期性的事件同样为数据新闻提供了丰富的素材和灵感来源。为了取得更好的传播效果，许多媒体采取前瞻性的新闻选题策略。从业者通过收集、整理与对比现有数据，对可预测事件进行分析，确立数据新闻的报道视角，从而在事件发生后，能够迅速发布相关数据新闻作品，抢占报道先机。以每年六七月份备受关注的高考填报志愿事件为例，不同的媒体以多元化视角作为切入点，为公众提供了丰富且重要的志愿填报相关信息。例如，2023年6月，网易新闻"数读"通过爬取知乎平台上与高考相关的内容，并整合"过来人"分享的经验，创作了数据新闻作品《新职人的高考填志愿指南，别再重踩过来人的坑了》（见图3-8），为公众提供了极具实用价值的志愿填报信息。澎湃新闻"美数课"的数据新闻作品《高一本线1分就上了北大，高考志愿是个什么逻辑？》（见图3-9）深入分析了高考志愿填报的发展脉络与内在逻辑，为公众提供了实用的信息参考。腾讯新闻"谷雨数据"敏锐地洞察了高校各专业的撤销与新设趋势，以及与之紧密相关的就业市场变化，创作了《高考之后选专业，就像一场赌博》（见图3-10），旨在引导公众理性看待专业选择，并为公众提供了科学与可靠的决策依据。与之类似，每年的毕业季也有"应景"的就业选题类数据新闻作品。

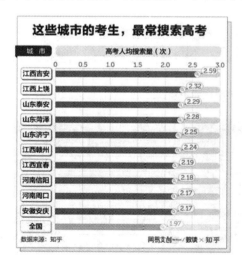

图3-8 《新职人的高考填志愿指南，别再重踩过来人的坑了》节选

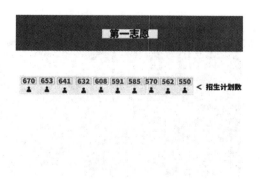

图3-9 《高一本线1分就上了北大，高考志愿是个什么逻辑？》节选

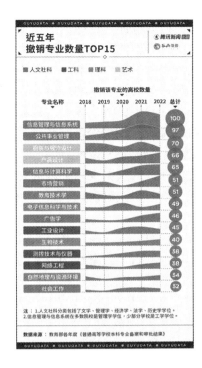 

图3-10　《高考之后选专业，就像一场赌博》节选

然而，在许多重大的可预测事件中，常常有一些缺乏新意的讨论视角与呈现方式。以奥运会等体育赛事为例，最常见的数据呈现方式是各参赛单位奖牌获得数量的排名。尽管这些数据具有一定的信息价值，但是它们往往缺乏创新的视角。从业者在进行相关主题的数据新闻生产时，容易陷入一种模式化的框架。因此，从业者在创作数据新闻作品时，应该勤于思考，善于分析，在这些事件中寻找新变化、新视角以及新突破口等，采用挖掘历史背景或者关联现实议题等手段，实现创新报道。

二、从特殊人群中寻找选题

从特殊人群的生活境遇着手展开调查，以此揭示该类人群的生存状况与心理状态是数据新闻选题的重要来源。通过对社会中处于普通大众生活半径以外的特殊人群的生活进行记录，数据新闻不仅引发了社会公众对特殊人群的广泛关注，而且凸显了其内在的价值关怀与人文关怀。

随着社会变革加剧以及生活方式越来越多样化，少数群体、边缘群体、弱势群体等特殊人群的经历及其经历背后折射出来的社会现状，引发了公众对自我、社会以及人生价值的反思与审视。[1]例如，视障群体、自闭症患者、癌症患者等具有特定生理特征的特殊群体，他们因在生活中面临独特的挑战与困境而备受公众关注；外卖员、快递员、网

---

[1] 宋捷.网络时代人物报道的创新实践[J].传媒观察，2011（7）：52-53.

约车司机、烂尾楼业主、家庭主妇等拥有特定职业或身份的群体，也因数字技术、社会观念、社会保障体系等对个人生存境况的影响而吸引了人们的注意力；独居青年、银发网红、数字游民、带货宝妈等新兴特殊群体也在时代发展的过程中逐渐产生群体属性与规模效应……这些特殊人群的行为特征、生活方式及其背后的社会问题成为数据新闻选题的重要线索。新技术的发展赋予各类群体在网络公共空间中更为平等的"被看见"的权利，这对提升特殊群体"社会能见度"[①]以及他们在主流社会中的经济与政治地位具有重要意义。数据新闻作为一种重要的新闻报道形式，承担着服务公共利益的职责。因此，揭示特殊群体的生活处境是数据新闻选题的重要组成部分，从数据视角解读他们的真实生活状况，推动公众的认知更新，改善群体生存条件，这是数据新闻社会责任感的体现，也能促进社会公平。

检索与分析中国数据新闻大赛的获奖作品能够给予我们启示。通过对第八届中国数据新闻大赛的获奖作品进行整理和归纳，笔者发现，"特殊人群"选题成为获奖的热门主题，包括烂尾楼业主、城管、护工、数字游民、大龄打工人、老漂族、独居青年、缉毒警察、一线城市租房青年、女性劳动者、逃离大城市的年轻人、助浴师、辍学流失生、毕业生、失能老人、被拐妇女等在内的特殊群体，成为大约两成获奖作品的关注对象。这些数据新闻作品通过将调查数据与人文关怀有机结合，展示了高校数据新闻团队的社会责任和担当。例如，数据新闻作品《一万条泣诉：困在烂尾楼里的他们究竟何以为家？》关注了烂尾楼业主这一特殊群体，在人民网"领导留言板"中的海量留言中厘清烂尾楼业主的真实诉求，并对烂尾楼的现状、影响、成因以及解决措施展开细致分析。华中师范大学数据新闻团队出品的《独居青年：孤独更深处，热烈且自由的灵魂》敏锐地从衣、食、住、行四个角度深入挖掘独居青年这一庞大群体的新闻价值，探究了独居青年群体数量增长背后所反映的社会问题。复旦大学数据新闻团队出品的《飘浮人生：数说护工的生存图鉴》关注护工的生存境遇。西北政法大学数据新闻团队出品的《数字时代的银发弃民》、伦敦政治经济学院数据新闻团队出品的《跨越数字鸿沟：银龄老者的数字困境》，以及中山大学数据新闻团队出品的《1.4亿块屏幕背后：老年人互联网使用与成瘾问题》从不同角度探讨老年人在数字时代面临的现实问题。

国内众多优秀媒体也致力于将社会各阶层的特殊人群引入公众视野，让他们的故事被更多人听到与理解。例如，腾讯新闻"谷雨数据"在2023年推出的《中年人的最后一条退路堵死了》（见图3-11）、《学医为了救人，但谁来救救医学生》（见图3-12）、《909万老年人在打工，日本是中国的未来吗》（见图3-13）、《2023年毕业季：名校生更卷，普本生捡漏》、《毕业五年，存多少钱才不算失败》、《需要工作的不止年轻人，还有他们的爸妈》、《从生不起到不生了，这届韩国年轻人想开了》、《体检单上的脂肪肝，远比我们想象得更危险》、《不孕的中国人越来越多，试管是真正的解药吗》等数据新闻报道，关注了网约车司机、医学生、老年就业者、毕业生、大龄打工人、放弃婚育的韩国人、脂肪肝患者、不孕夫妻等特殊群体。这些报道不仅反映了社会各阶层的现实状况，而且

---

① Brighenti A M. Visibility: A category for the social sciences[J]. Current Sociology，2007，55（3）：323-342.

揭示了众多民生问题，如就业问题、劳资问题、健康问题、婚姻问题、生育问题、社会福利问题等，及其背后的复杂性与紧迫性。

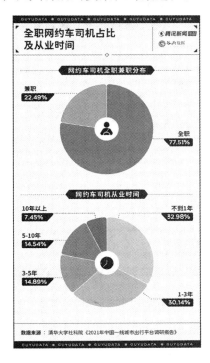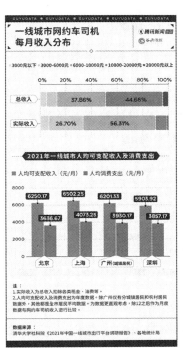

图 3-11 《中年人的最后一条退路堵死了》节选

图 3-12 《学医为了救人，但谁来救救医学生》节选

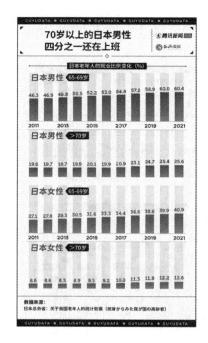 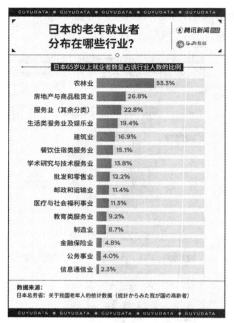

图3-13 《909万老年人在打工,日本是中国的未来吗》节选

特殊人群在社会生活中可能面临着各种挑战,通过数据新闻来揭示他们的生活境遇与心理状况,并引导社会公众正确认识与广泛关注他们具有重要意义。值得注意的是,选择特殊人群作为主题进行数据新闻报道,媒体在承担社会责任的同时,也需要遵循新闻伦理与道德准则,确保报道的公正性与客观性,尊重特殊人群的隐私,维护他们的合法权益。

三、从生活兴趣和流行文化中寻找选题

数据新闻团队可以从个人、团队或者公众的生活兴趣、日常爱好和流行文化出发,寻找具有报道价值和潜力的选题。由于兴趣这个话题覆盖范围较广,覆盖公众日常生活中的方方面面,因此成为一种便捷而有效的数据新闻选题方式。社会的进步不断催生新的社会风尚和流行文化,它们不仅反映了时代的变迁,而且为数据新闻选题提供了源源不断的线索。例如,剧本杀、手账、露营、钓鱼、祈福等近来流行的兴趣活动成为很好的数据新闻切入点。生活兴趣、日常爱好和流行文化类数据新闻可以增加对读者的吸引力,当读者看到他们感兴趣的议题被深入探讨和呈现时,更容易产生共鸣。这类议题通常具有较强的娱乐性和趣味性,能够提升数据新闻的鲜活性和可读性,具有较好的传播效果。

不少媒体以网络上的"梗"为切入口,透析其背后的社会文化与社会问题,创作了许多优秀的数据新闻产品。以腾讯新闻"谷雨数据"为例,从"脆皮大学生"到《"冲

马桶按断手指肌腱",脆皮大学生到底有多脆?》(见图 3-14),通过对比中国大学生的体质数据,引发公众对新生代大学生身体素质的关注;从"电子榨菜"到《电子榨菜哪家强,嬛嬛在哪哪最香》(见图 3-15),洞悉年轻群体娱乐消遣方式的转变。这些案例不仅展示了数据新闻选题来源的多样性与创新性,而且体现了数据新闻产品从数据视角对舆论事件进行解读的深度。此类涉及青年新思潮和新生活方式的议题,因其与高校学生的日常生活紧密相连,成为各大高校数据新闻团队常用的选题思路。

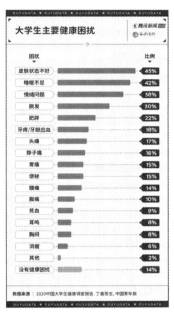

图 3-14 《"冲马桶按断手指肌腱",脆皮大学生到底有多脆?》节选

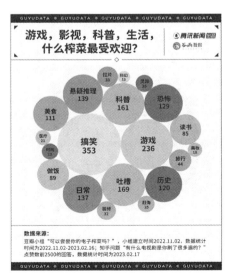

图 3-15 《电子榨菜哪家强,嬛嬛在哪哪最香》节选

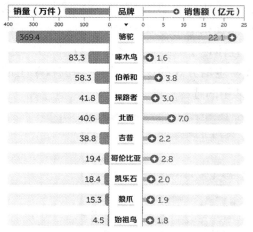

图3-16 《冲锋衣，怎么成了"男人最好的医美"》节选

作为我国最早一批出现的数据新闻栏目，网易新闻"数读"始终致力于为读者提供轻量化的阅读体验。它精准地把握了公众的兴趣，善于从日常生活中的各种流行现象或风尚活动中挖掘选题，产生了大量深受读者喜爱的数据新闻作品。这些数据新闻兼具知识性与趣味性，帮助公众在轻松阅读的同时获取知识。例如，《冲锋衣，怎么成了"男人最好的医美"》（见图3-16）以大量男性消费者抢购冲锋衣热潮这一现象入手，探讨公众的审美变化及其背后的原因；《3块钱的饮料，正在集体消失》（见图3-17）以饮料价格涨价这一日常生活中的现象入手，关注饮料市场变革以及公众饮食变化；《智慧家庭生活的新模式，被我们找到了》（见图3-18）呈现公众对智慧家居的关注，并从中洞悉居民生活品质和消费能力的变化；《中高收入人群最爱的新能源汽车，不是特斯拉》（见图3-19）从近年来公众讨论热度较高的新能源汽车入手，多维度展现新能源汽车的消费趋势；《下班后的城市青年，在户外抵抗虚无》（见图3-20）从年轻人越来越热衷露营、飞盘、骑行、跑步等户外运动这一社会现象着手，研究城市青年户外运动穿搭及其趋势……网易新闻"数读"的数据新闻选题涉猎广泛，且贴近日常生活，从公众的衣食住行等视角出发，很多作品获得了超过10万的浏览量，实现了信息的有效传播。

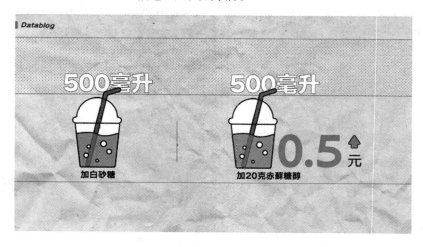

图3-17 《3块钱的饮料，正在集体消失》节选

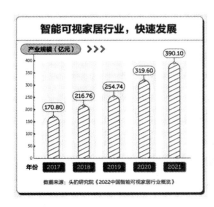

图3-18 《智慧家庭生活的新模式，被我们找到了》节选

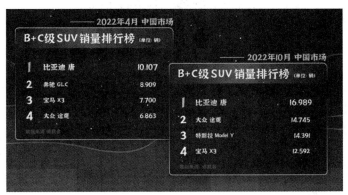

图3-19 《中高收入人群最爱的新能源汽车，不是特斯拉》节选

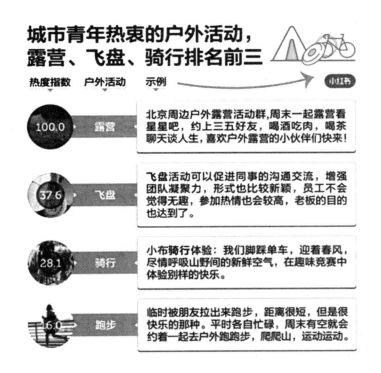

图3-20 《下班后的城市青年，在户外抵抗虚无》节选

在选择此类选题时，需要注意平衡新闻报道的新鲜度与价值。数据新闻的本质仍是新闻，新闻价值仍是题中之义。在确定选题与获得数据后，数据新闻团队应该对数据进行深入分析与挖掘，找出其中的趋势、规律以及异常，以反映现象背后的社会问题，不能因为过于追求"热点"而忽视报道的深度与内涵，降低新闻价值。

四、从公开数据中寻找选题

从公开数据中寻找数据新闻选题是一种比较常见且有效的方法。公开数据范围广泛，种类多样，那些可信度高的公开数据为数据新闻选题提供了丰富的素材来源。

首先，财政预算报告、国民经济和社会发展统计公报、全国农业普查公报、人口普查公报等政府公开数据是重要的选题来源。例如，网易新闻"数读"通过对比第六次与第七次人口普查数据后发现，尽管青年总体数量有所减少，但是单身青年的数量却在增加。基于这一现象，他们创作了数据新闻作品《1.34亿中国单身青年，把婚姻送进坟墓》（见图3-21）。该作品巧妙地运用可视化技术与文字分析，直观展现了年轻一代婚育观念的变化。

其次，上市公司年报、财务报告、行业数据、信息披露文件等企业公开数据，也是数据新闻的重要选题线索。例如，网易新闻"数读"通过收集与分析各地地铁/轨道交通集团公布的年度报告与债券报告中的公开数据，发现绝大多数城市的地铁系统都面临着亏损的困境，基于此现象，网易新闻"数读"创作了数据新闻作品《中国亏损最严重的行业，生意爆棚但年年亏钱》（见图3-22），揭示了地铁行业背后的经济现实。

图3-21 《1.34亿中国单身青年，把婚姻送进坟墓》节选

图3-22 《中国亏损最严重的行业，生意爆棚但年年亏钱》节选

最后，学术机构、科研机构、行业协会、商业调研机构等各种社会机构公开发布的调查数据也是数据新闻的选题来源。例如，网易新闻"数读"从中国连锁经营协会发布的《2023中国城市便利店指数》一文中，洞悉了中国城市便利店行业的艰难处境，并据此创作了数据新闻作品《黄金地段、24小时营业，这门生意亏到令人心疼》（见图3-23）。

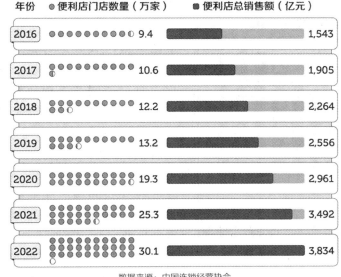

图 3-23 《黄金地段、24 小时营业,这门生意亏到令人心疼》节选

以数据为切入点的数据新闻选题一般具有两种操作思路。

一是解释数据的内涵,常见于庞大、复杂、普通人难以理解的数据,尤其在一些专业性较强的行业报告中,长篇的文字描述与详细的数据公示常常令受众难以找到重点,而数据新闻报道能够极大地简化与优化信息的呈现方式,帮助受众更清晰地把握关键信息。例如,央视新闻出品的数据新闻作品《一张图,带你读懂政府工作报告!》(见图 3-24)以生动且直观的方式呈现了 2023 年的政府工作报告,高效地将信息传递给受众。

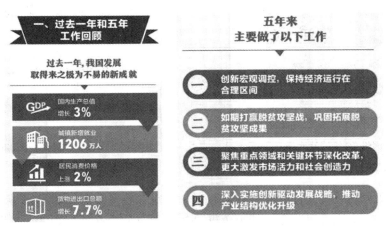

图 3-24 《一张图,带你读懂政府工作报告!》节选

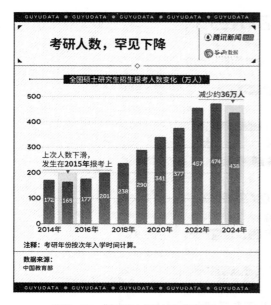

图 3-25 《年轻人开始逃离考研，哪才是真的岸？》节选

二是发现数据中的问题，常见于识别一组数据中的特殊值，并进一步探析其背后的原因或者反映的社会问题。例如，腾讯新闻"谷雨数据"对近十年全国硕士研究生招生报考人数进行整理后发现，2024年考研人数罕见地下降了。基于这一数据变化，腾讯新闻"谷雨数据"创作了数据新闻作品《年轻人开始逃离考研，哪才是真的岸？》（见图3-25），深入解析考研人数变化背后的原因。同理，通过对花期数据、天气数据进行研究，也可以揭示全球变暖等气候变化问题。澎湃新闻"美数课"团队发布的系列数据新闻作品都是采用这一选题思路，如《这份76年的武大樱花数据，记录了地球在变暖》（见图3-26）、《超强台风又要来了吗？74年来哪些地方最受伤？》、《复盘中国70多年高温暴雨，你的城市排第几？》、《两天内骤降20℃有多反常？72年气温数据告诉你》（见图3-27）等。这些数据新闻作品通过系统地收集、关联与对比大量天气数据，帮助公众更好地感知与理解气候变化趋势。

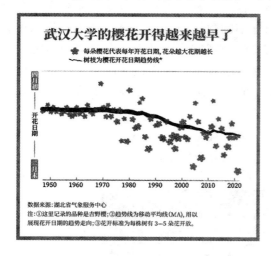

图 3-26 《这份76年的武大樱花数据，记录了地球在变暖》节选

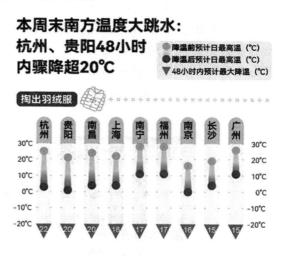

图 3-27 《两天内骤降20℃有多反常？72年气温数据告诉你》节选

从公开数据中挖掘具有价值的数据新闻选题重在将复杂、抽象与晦涩的数据创作成简单、明了与生动的新闻报道。基于数据寻找选题十分考验数据新闻团队的数据分析能力与新闻敏感度，需要团队敏锐地从公开数据中发现问题，并能够将这些问题与社会现实相结合，进行深入的分析与报道。以问题意识为导向对数据进行有效挖掘非常必要。

对数据新闻选题提出有价值的问题，并寻找答案，便成了数据新闻的开端。[①]对此，数据新闻团队需要不断更新知识与理论储备，通过学习和实践掌握数据驱动选题的能力。值得注意的是，需要选择可信度较高的公开数据，以确保数据准确与可靠，避免使用错误或虚假的数据而导致报道失真。

◆ 知识拓展

数据新闻的时代使命

随着数字化时代的不断发展，数据新闻作为一种新兴的新闻报道方式，不仅为公众提供了客观、全面的信息，而且在引导公众形成正确的价值导向、弘扬主旋律、凝聚社会共识等方面发挥了重要作用。数据新闻归根到底还是新闻，数据新闻团队应该时刻牢记马克思主义新闻观，遵守新闻伦理和道德规范，保障新闻报道的准确性和道德性。数据新闻应该保护个人隐私，维护个人合法权益，同时避免虚假报道，以维护公众对于新闻媒体的信任。因此，在确定数据新闻选题时，数据新闻团队应该具有大局观，对时代的变迁保持高度敏感，在政治、经济、社会、文化、生态文明等不同领域进行布局，并发挥作用，以更好地满足人民群众的信息需求与精神文化需求。

第二节 数据新闻的叙事结构

叙事结构是一种展现报道内在逻辑的素材组织方式，在数据新闻中指的是以数据为基础，通过呈现、解读和分析数据来构建新闻内容的结构。本节的主要内容为数据新闻常见的叙事结构，笔者对多个数据新闻案例的谋篇布局、结构思路进行了介绍和分析。需要说明的是，叙事结构可能是多种叙事方式的组合，在一篇数据新闻中可能存在多种叙事方式。

一、个案分析

个案分析是指数据新闻对某一特定的案例进行深入分析和解读。个案分析可以帮助受众更好地认知数据新闻报道，提升共鸣感和理解力。一般而言，引用的个案需要具有以下三种功能。

---

① 白净，时轶楠.数据新闻操作流程基础篇[J].新闻与写作，2020（2）:102-106.

第一，数据新闻作品开头的案例能够起到引人入胜的效果。许多数据新闻在起始部分会引入个案，从而引出下文，激发受众的阅读兴趣，增强数据新闻的可读性。如《"寿"后服务：去世后我的社交账号何去何从？》这篇数据新闻开头以互联网原住民"尤牵挂"的数字足迹为案例，展示普通人在一天内便会在网络中产生庞大的数据量，从而引出文章所探讨的主要问题：与庞大数据生产相对的用户去世后数据的去留问题。

第二，对个案的描述有时也会作为行文线索贯穿始终。人物、事件的发展情况在文章开头、中间、结尾适时出现，随着文章延伸，对于案例的剖析也不断深入。如《城市角落的"零魂"》这篇数据新闻在开头描写"马漂"孙家栋来到马驹桥"找活儿"，引出文章聚焦的"零工"群体，介绍中国"零工经济"的概念、现状以及面临的困境；在文章中间，创作者通过描写孙家栋做快递分拣的日常揭示零工群体学历不高、流动范围广、平均收入低的境况；在结尾，创作者通过点明孙家栋离开马驹桥的结局，指出马驹桥的治安问题，呼吁有关零工政策及法律法规的完善，思考处于"规范与混乱""漂泊与稳定"之间的交错地带的传统零工在未来将何去何从。

第三，在以特殊群体的生存现状、心理境况为议题的数据新闻中，个案分析能够较好地体现作品的人文性。在数据新闻中，罗列翔实的数字能够有力地支撑观点，在此基础上，提供具体的例证能够让数据新闻更具说服力和可信度，展示个体的独特性，使得数据新闻更具人文关怀，甚至能够让受众与文章产生情感联系，引发其强烈共鸣。如在《独居青年：孤独更深处，热烈且自由的灵魂》数据新闻中，创作者除了用数字"九成的90后独居青年都真切地感受过孤独"来论证独居青年的孤独现状，还展示了许多受访者的独白，表现独居青年在学习、工作、吃饭等不经意的瞬间，孤独感总会悄然产生。在阐述独居女性面临的安全问题时，创作者除了罗列独居女性安全感的相关数据，还进一步展现个别独居女性的真实经历和心路历程，使受众关注独居青年个体的生活现状。

二、对比分析

对比分析指的是通过比较不同的数据、变量或情况之间的异同，从而揭示趋势、模式或关联，这是数据新闻中最为常见的分析思路与方法。这种对比分析可以帮助受众更深入地理解数据所反映的问题或现象，从而提供更具说服力和洞察力的报道。数据新闻报道在讨论涉及教育、医疗、环境等现实问题的社会议题时，常常使用对比分析的方法。对比分析具体分为横向比较和纵向比较。

1. 横向比较

横向比较又称静态比较，是指在同一时间条件下比较不同对象、事物或情况的异同之处。把时间视为常量，数据新闻会对某些现象进行多维度的分析，将地区、国家、性别、年龄等要素进行对比，如中美两国乳腺癌防治情况、旧衣处理模式的国别差异对比等。食品安全一直是举国关注的民生问题，澎湃新闻"有数"栏目发布的独家数据新闻作品《舌尖上的"恶魔"》引用论文统计资料，关注食源性疾病暴发事件，将事件起数、发病人数、死亡人数进行横向分析，使受众意识到食源性疾病的巨大危害（见图3-28）。在《外卖骑手：我"接单"，谁来为我"买单"?》数据新闻中，创作者将2022年上半年我国市值排名前十（Top 10）的互联网企业进行横向对比，受众能清楚地看到互联网企业的排名情况和总体发展状况（见图3-29）。

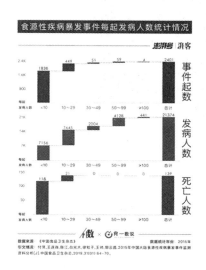

图3-28 《舌尖上的"恶魔"》节选　　　图3-29 《外卖骑手：我"接单"，谁来为我"买单"?》节选

2. 纵向比较

纵向比较又称动态比较，是指在不同时间条件下比较同一对象、事物或情况的变化和发展情况。在一些涉及长时段的对比的议题中，如我国近十年数字隐私权保护、我国长期以来的海洋污染和治理情况等，时间作为重要变量，需要被纳入考量范围。数据新闻《数说南沙——湾区新高地，扬帆正当时》讲述了南沙新区的发展历史、建设成果以及未来展望，运用了非常多的纵向对比数据的方法。在"天选南沙"板块，创作者介绍了南沙新区得天独厚的地理条件，这使得广州港成为21世纪初期我国最大的内贸集装箱枢纽港。创作者将1990—2002年的广州港港口的货物吞吐量进行纵向对比，表现广州港港口吞吐量持续增长的良好态势（见图3-30）。在"腾飞南沙"板块，创作者将南沙新区2012—2021年每年的地区生产总值、平均GDP增速、货物吞吐量及增长率、外贸进出口情况进行纵向对比，表现南沙新区第三产业增加值明显上涨，GDP持续领跑广州市，外贸进出口取得长足发展的突出经济建设成果（见图3-31）。

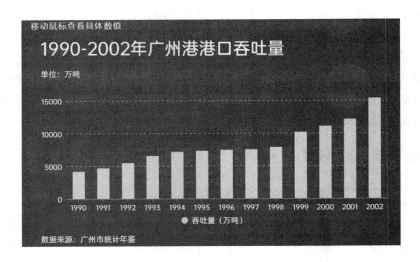

图3-30　1990—2002年广州港港口吞吐量，出自数据新闻作品
《数说南沙——湾区新高地，扬帆正当时》

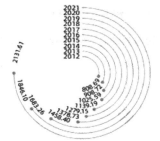
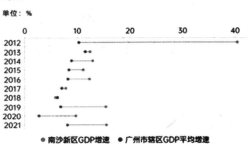

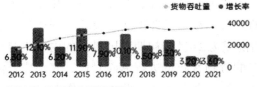
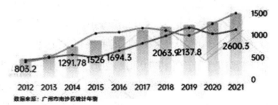

图3-31　2012—2021年南沙新区的经济变化，出自数据新闻作品
《数说南沙——湾区新高地，扬帆正当时》

三、结构分析

结构分析是一种严谨的分析方法。它通过聚焦被研究整体内各部分与整体之间的比较来进行分析。通过对整体内各部分所占比例的比较，可以得出各部分在整体中的重要程度及对整体的影响程度。一般来说，某部分所占比例越大，就意味着它的重要性越高，对整体的影响也越大。与对比分析强调分析对象的差异性、变化性不同，结构分析强调的是分析对象内部的维度、层次以及重要性等级。

结构分析在数据新闻中的应用常体现在分析部分在整体中的占比，在通过数据表现重要性程度的议题中运用较多。《失落的文明：数据起底国内文物盗失现状》统计了从1980年以来不同时间段不同地区盗失文物的数量和比例，以及盗失文物所属朝代的比例（见图3-32）。

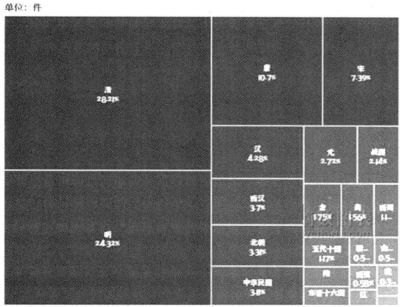

图3-32 盗失文物所属朝代统计图，出自数据新闻作品《失落的文明：数据起底国内文物盗失现状》

结构分析亦非常适用于需要对情景进行具体化、多维度分析的数据新闻。针对内部具有复杂结构的议题，数据新闻往往需要呈现结构间的差异。例如，《巅峰不傲，低谷不颓——数据解析中国女排》对1980年至2020年中国女排历届国家队166名成员进行数据统计，从她们的平均年龄、平均服役年限等维度进行结构分析，详细解析影响中国女排赛况的相关数据因素（见图3-33）。

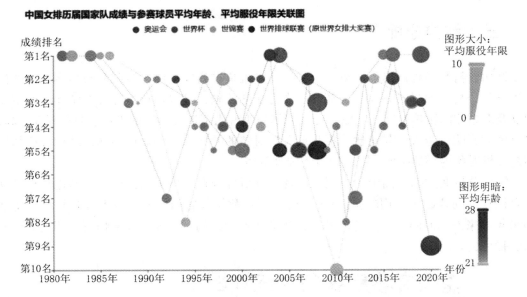

图3-33 中国女排历届国家队成绩与参赛球员平均年龄、平均服役年限关联图，出自数据新闻作品《巅峰不傲，低谷不颓——数据解析中国女排》

四、表现、原因、影响分析

讨论一个社会问题的时候，"是什么—为什么—怎么样"是最常规的行文思路，其对应的就是"表现（现状、特征）—原因—影响"分析。采用此叙事方式的数据新闻一般会通过收集和分析相关数据展示事件或现象的具体表现，然后找出导致事件或现象的根本原因，最后从社会、经济、政治等方面切入，分析事件或现象的影响。不同的报道对于事件或现象的表现、原因、影响三个维度并不一定会全部论述，论述的顺序与侧重点有所差异，有的数据新闻也会在此基础上加入其他的分析内容，比如针对某一现象的解决措施等。

针对社会现实议题，数据新闻叙事结构的常见方式是"表现—原因—解决措施"。例如，《看见：被困在"妇科羞耻"里的她们》（见图3-34）首先通过表现，分析出现不适妇科症状后的处理情况，提出女性因为"妇科羞耻"而不愿就医的现状普遍存在。其次，创作者分析了原因，即困扰女性许久的"妇科羞耻"因何而起，女性在妇科疾病求医过程中遇到的困境，女性对妇科相关知识的掌握程度等。最后，创作者提出了解决措施：在观念层面，消除"妇科羞耻"对于提升女性生殖健康水平具有重要意义；在实际层面，要提供人性化的就医环境，拓宽女性健康知识的科普渠道，从而引导大众正视"妇科羞耻"。

表现或现状往往是以社会现实问题为议题的数据新闻的叙事的第一步，从问题的表现中找准根源、对症下药才是其重点所在。例如，针对日益突出的青少年心理疾病低龄化问题，《心理疾病趋向低龄化——警惕"少年维特之烦恼"》（见图3-35）收集并分析了青少年心理疾病的相关资料,从青少年中流行的精神障碍和心理异常表现、心理疾病对青少年造成的危害等方面说明心理疾病低龄化的隐患非常突出。创作者从数据中找到其"病根"所在,即原生家庭的错误教育,最后"对症下药",呼吁通过社会支持的增强和家庭教育的改变来缓解青少年的压力,使他们沐浴在阳光下,成长在春风里。

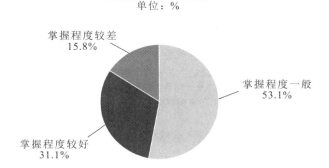

图3-34 《看见:被困在"妇科羞耻"里的她们》节选

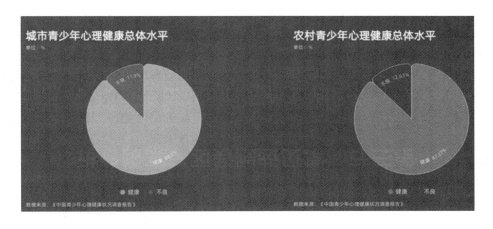

图3-35 《心理疾病趋向低龄化——警惕"少年维特之烦恼"》节选

"原因—表现—影响"的叙事模式不是固定的,可以随着选题的特殊性而改变。与前文案例的结构有所不同,《雏鸟离巢:未成年人离家出走现状》(见图3-36)采用了"表现—影响—解决措施—深层原因"的行文思路。这种思路偏重于探查社会议题背后更加深层次的结构化、复杂化的原因。在说明未成年人离家出走的严峻现状后,创作者通过真实的案例与数据阐述离家出走对他们人生轨迹所造成的影响与后果,继而介绍了社会力量织就的以"团圆"系统为代表的寻人之网,最后追根溯源,关注未成年人产生离家出走念头的深层次原因,探究其中所折射出的包括家庭矛盾、厌学、精神压力等复杂的成长问题。

图 3-36 《雏鸟离巢：未成年人离家出走现状》节选

五、时间分析

数据新闻按照事件发生的时间顺序来展开，从过去到现在，再到未来，这就是时间分析。这种结构有助于受众理解事件的发展和演变过程，以及对未来趋势的预测，也能够帮助受众挖掘出数据背后的故事。

针对有较长时间变化的事件，时间分析能够清晰地梳理事件的来龙去脉，铺陈议题的前世今生。《又见朱鹮舞神洲：数说涅槃重生那些年》（见图3-37）讲述了中国朱鹮40多年间从灭绝到重生的转变，新闻以二十世纪八十年代朱鹮的绝迹为起始，讲述以刘荫增为代表的朱鹮保护领头人寻找朱鹮、发现朱鹮、拯救朱鹮，最后实现人鸟共生的历史性过程。

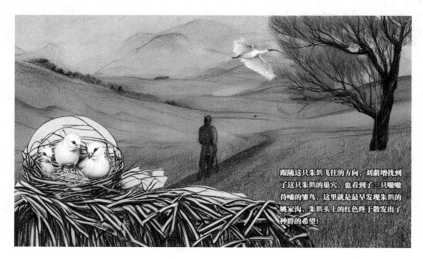

图 3-37 《又见朱鹮舞神洲：数说涅槃重生那些年》

时间分析与纵向对比分析有相似之处，也有明显的差异，差异主要体现在时间分析更强调事件的变化过程与发展趋势。《从1984到2021，他们才是真正的中国顶流》这篇数据新闻巧妙地运用奥运会历史上关键的时间节点，以1984年许海峰为中国夺得首枚奥运会金牌的突破性时刻为开篇，回顾历届奥运会的出色运动员和赛事项目，展现中国体育的崛起与壮大。新闻通过时间线的串联，不仅讲述了运动员的个人奋斗史，而且映射出中国奥运之路的艰辛与荣耀，表达了对中国体育未来发展的期许与展望。

六、阐释分析

阐释分析是指对某一现象、事物或者特殊人群进行概念上的阐释，并通过详细的数据分析其存在的意义、重要性、影响等。当大众对某一现象、事物或者特殊人群较为陌生或者认识不全时，运用阐释分析的数据新闻能够帮助其快速完整地了解分析对象的全貌并产生辩证性的思考。不同于"表现—原因—影响"分析，阐释分析更强调议题"是什么"，介绍现象、事物或者特殊人群的全貌，论述关注该议题有何价值。

阐释分析主要运用于公众较为陌生的社会议题，如海岸线变化、时尚行业的浪费与污染等。接下来，笔者依次针对特定的现象（集团化办学）、事物（藏文）以及特殊人群（视障人群）列举了一些典型案例。

近年来，"集团化办学"这一教育措施在中国各地落地生根。《数说基础教育集团化｜我们离"教育公平"还有多远》针对我国集团化办学的现状，首先通过可视化图片阐释教育集团化办学目标、模式以及在我国的发展历程和规模，继而强调了集团化办学的重要意义在于降温"择校热"和促进教育公平。在基础教育集团化办学火热的背景下，新闻也对这一现象进行了冷思考，警醒受众看到了优质教育资源的有限性和对其均衡化需求的普遍性之间的矛盾，学校面临"光挂名，不办事"的问题，如何真正实现教育公平也成为当今值得人们思考的重大问题。

藏文作为历史悠久的中国传统文字，目前濒临绝迹。《解构藏文》以交互式网站为传播媒介，通过数据解构藏文字的字体结构，解密藏汉书法书写时的运动特征与字形特点的异同，解读藏文诗集的内容与情感，审视藏文蕴含的文化价值，建立起藏汉文化沟通的桥梁。

中国是世界上盲和视觉损伤患者最多的国家之一，然而，人们却普遍对视力障碍患者存在或多或少的误解。《视力障碍：翻越"看不见"的藩篱》对该群体进行了详细透彻的介绍，以期帮助受众更好地关注视力障碍患者。在感官上，视力障碍患者眼中并非黑色，眼前是一片虚无的雾；他们虽然没有色彩的概念，却可以梦见包含触觉、听觉、嗅觉、动觉等的世界；他们依赖盲杖、导盲犬等出行辅助工具，能够实现独立行走；他们也能够做咖啡师、工程师，就业路径非常多元……新闻在运用一系列数据对这个群体进行详细阐述后，呼吁人们改变对视力障碍人士的偏见，打破标签的藩篱，为他们提供更多的就业选择，给予他们"成为普通人"的机会。

第三节 常见选题误区与案例分析

一些经验不太丰富的数据新闻从业者在寻找选题的过程中，往往难以辨别哪些是优质的选题。笔者在本节主要介绍数据新闻常见的选题误区，以一些数据新闻选题为案例，分析其中的问题。

一、选题切口过小，新闻价值不高

数据新闻的本质是新闻，选题需要具有新闻价值，如果选题的切口过小，就无法具有广泛的关注度，受众会变得极为单一。在前文提及的根据生活兴趣寻找选题制作数据新闻的过程中，数据新闻从业者尤其应该注意这一点，思考自己感兴趣的议题是不是公共话题，是否具有一定的新闻价值。

高校学生团队在寻找选题的过程中，有时会考虑到实地调研的便利程度，选择对校园内的现象或事件进行报道，如某高校学生对食堂菜品的满意度。这个选题是学生对于自我生活的关注，新闻价值不高，过小的切口使得数据新闻的受众仅仅局限于一所高校，难以激发其他受众的共鸣。在寻找选题的过程中，需要注意的是，数据新闻从业者要提升自我的新闻素养和换位思考的能力，养成关注新闻和关注社会的习惯，避免从自我角度出发，"坐井观天"寻找选题。

二、选题过于宏观，难以操作和分析

在确定选题时，数据新闻从业者应当注意避免选题切口过小，同时也要谨防选题范围过于宽泛。过于宏观、宽泛的选题会使数据新闻从业者在研究过程中迷失方向，无法清晰地界定研究的问题和目标，从而导致后期的实践操作陷入困境。

当选题过于宏观、宽泛时，数据新闻从业者很难明确自己真正想要研究什么，想要解决什么问题。虽然收集的数据看似面面俱到，但最终呈现出来的研究成果往往会显得混乱不堪，或者让受众一头雾水。因此，选择选题时，应尽量避免过于宏观、宽泛的选题，而是应当精准地锁定研究的核心问题和目标。

举例来说，"从演唱会爆火看经济回暖"这个选题的难点在于"经济回暖"这个概念较为宏观和宽泛，当概念模糊、难以界定时，我们就很难从此选题中看出从业者真正想要研究的问题，也难以进行后续的量化操作。因此，研究问题不明确、不聚焦、不细化，逻辑框架就难以建构，后续的操作就会困难重重。

三、选题难以找到核心数据支撑

在数据新闻中，数据是关键。然而，一些数据新闻的选题可能因为核心数据获取困难而无法继续。这可能是因为相关数据的收集和整理极为困难，也可能是因为相关数据并不完全透明、公开或者可靠。巧妇难为无米之炊，如果缺乏与选题相关的核心数据，再好的选题也难以实现。

举例来说，从业者如果想对犯罪率和犯罪行为进行深入的数据新闻报道，就需要大量的犯罪数据和相关社会背景数据。然而，这些数据可能受到保密或隐私等方面的限制，难以直接获取。同样，想要分析新闻传播专业学生的就业情况，数据新闻从业者也需要获得代表性高校的新闻传播专业毕业生就业相关数据。然而，有些高校并不会公开此类数据，从业者获得这些数据的可能性不大。数据新闻从业者在确定选题时，需要思考自己的身份、角色和所拥有的资源是否能够帮助自己找到核心的、准确的、可信的数据，在理想的选题与现实的可操作性之间寻找平衡。

四、选题不适合数据新闻的呈现方式

需要明确的一点是，并非所有的选题都适合以数据新闻的方式呈现。数据新闻是一种强调数据分析和可视化呈现的特殊报道形式，选题应当具有明显的数据支撑和分析需求。适合采用数据新闻的选题应当包括但不限于经济数据分析、社会调查数据分析、科学实验数据分析等，这些选题需要使用大量的数据来支撑报道，才能够发挥数据新闻的优势，深入剖析问题的本质，为受众呈现更为直观和深入的信息。

一般来说，从业者面对需要运用大量数据论证的选题时，才会采用数据新闻。有的选题更加适合通过采访获得相关信息，从业者可以采用深度报道、专题策划等其他报道方式。

例如，"数字敦煌在未来能走多远"这个选题，意在回顾敦煌文物数字化的发展进程，探究其未来的发展、能够达到怎样的文物复刻与收藏水准，但数据新闻的呈现方式对这个选题来说并非最优。数字敦煌的发展受政府的经费投入、科研人员的技术水平等多种因素影响。在操作这个选题时，从业者完全可以通过采访政府相关部门负责人或者科研专家来获取一手资料，或者在新闻采访中收集二手资料，不需要也很难用数据新闻进行报道。

五、选题有违法律法规

在进行新闻报道时，数据新闻从业者应时刻牢记法律法规的相关规定，遵守社会公德，引发广泛社会争议、带来不良社会效果的选题都是不能采用的。

例如，涉及国家机密或军事机密的报道可能触犯国家保密法律；揭露个人隐私或侵犯名誉权的报道，可能引发个人隐私权或名誉权纠纷；煽动民族仇恨、宣扬暴力或恐怖主义的报道可能触犯国家安全法律；发表虚假信息或散布谣言的报道可能涉及诽谤、虚假广告等。

本章小结

数据新闻的选题与策划是制作数据新闻的第一步。如果在创作过程中拟定一个好的选题，那么作品就成功了一半，后续的制作也会更为顺利。本章总结了数据新闻创作过程中的四种主要选题来源，即新近发生的事件、特殊人群、生活兴趣和流行文化、公开数据，并结合案例对各类选题的确定过程与方法进行分析。笔者也通过一些案例说明了策划数据新闻选题时应该避免的常见误区。

叙事结构是一种展现报道内在逻辑的素材组织方式，在数据新闻中指的是以数据为基础，通过呈现、解读和分析数据来构建新闻内容的结构。别出心裁的叙事结构对于数据新闻的创作非常重要，有助于创作者谋篇布局、有序呈现素材。本章介绍了六种常见的叙事结构，创作者可以根据已经确定的选题和数据，选择最合适的叙事结构进行作品的呈现。

确定优质的新闻选题和叙事结构是数据新闻从业者在创作数据新闻时永恒的课题。数据新闻从业者需要不断地通过学习与实践，提升自身的新闻敏感度与选题能力，为公众带来更多具有价值与深度的数据新闻报道。

习题

1. 请简述常见的数据新闻选题方法。
2. 请寻找一种你感兴趣的社会现象，并尝试多视角地结合数据进行选题分析。
3. 请简述数据新闻对比分析这一叙事结构中横向比较和纵向比较的区别。
4. 分析数据新闻案例《又见朱鹮舞神洲：数说涅槃重生那些年》采用了哪种叙事结构，或者是哪些叙事结构的组合。
5. 请简述哪些新闻事件或新闻现象适合以数据新闻的方式呈现。
6. 选择一个具体的数据新闻案例，分析其选题和策划的成功之处与存在的不足，并提出改进意见。
7. 假如你负责策划一篇关于奥运会的数据新闻，请详细描述你的选题思路与新闻的叙事结构。

阅读拓展

[1] 许向东.转向、解构与重构：数据新闻可视化叙事研究[J].国际新闻界，2019（11）：142-155.

[2] 张军辉.从"数字化"到"数据化"：数据新闻叙事模式解构与重构[J].中国出版，2016（8）：39-43.

[3] 冯雨阳.用数据讲故事：视频类数据新闻可视化叙事研究——以澎湃新闻"美数课"为例[J].新闻世界，2021（11）：7-10.

[4] 吴炜华，程素琴.智媒时代的数据迷惘与新闻寻路——以重大突发事件的数据新闻报道为例[J].中国编辑，2020（12）：35-39.

[5] 陶文静，张宇昭."策略式舞步"：加速时代数据新闻生产中的工作节奏创新——基于澎湃美数课栏目的田野考察[J].新闻记者，2023（3）：23-28.

第四章

数据收集

◆ 学习目标

数据新闻的核心是数据，数据来源、数据质量以及对数据关系的挖掘和处理，决定了数据新闻报道的新闻价值。[①]因而，数据收集成为数据新闻报道前期工作的重中之重。本章在阐明数据基本类型的基础上，从公开数据、自采数据、购买数据三个方面简述数据收集的方法，最后提出数据收集过程中需要注意的事项，确保数据的有效、准确收集。读者的学习目标有以下三个：了解数据的基本类型，把握数据的新闻价值；熟练掌握数据收集的主要方法；明确数据收集过程中的注意事项，避免潜在的风险和问题。

◆ 本章体例

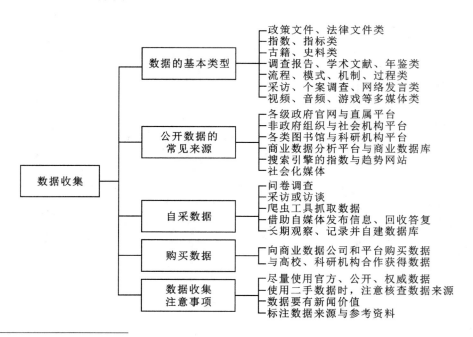

---

① 凌云.数据的新闻价值与使用风险[J].新闻战线，2016（8）:16—18.

第一节　数据的基本类型

数据是数据新闻的灵魂和生命。不少初学者往往将数据片面地理解为常规的数字或数目，将数据的内涵理解得过于狭窄。实际上，数据的本质是信息，只要是包含所需信息的资料，就可以被称为数据。数据新闻中的数据形式多样，内涵丰富。具体而言，数据的基本类型有以下几种。

一、政策文件、法律文件类

政策文件、法律文件类，是指由国家权力机关、行政机关、司法机关等根据法定程序所制定的文件，包括法律、法规、规章和其他规范性文件等。此类数据具有来源权威、内容可靠、公开透明、检索便捷等显著优势。

数据新闻选题常与社会议题息息相关，例如家庭暴力、环境污染、隐私保护等。创作者需要利用现有政策、法律文件了解目前这些议题的历史脉络、现实境况以及解决路径。尤其在数据新闻的最后一部分，当创作者谈及问题的解决时，可以引入相关的政策案例或立法实践作为借鉴和学习的对象，使得数据新闻对议题的探究更加全面和深入。

◆ 知识拓展

官方权威平台

在实际的数据收集过程中，政策文件和法律文件往往分散在各单位的官方网站上。以下是一些可以查询相关文件的官方权威平台：国家法律法规数据库（https://flk.npc.gov.cn/）、国家行政法规库（http://xzfg.moj.gov.cn/search2.html）、国家规章库（https://www.gov.cn/zhengce/xxgk/gjgzk/ss-gz.htm?dataTypeId=95）、条约数据库（http://treaty.mfa.gov.cn/web/index.jsp）、北大法宝（https://www.pkulaw.com/）。

第七届中国数据新闻大赛获奖作品《看见 | 131起老人被性侵案背后的歧视与偏见》，以中国裁判文书网作为数据来源，以"强奸罪""强制猥亵、侮辱罪"作为筛选罪名，并以60岁作为老年人的年龄起点进行人工筛选，共得到有效裁判文书125篇，涉及案件共131起。这125篇经过重重筛选后的裁判文书，即为该篇数据新闻报道的数据基础。团队成员深入挖掘每篇文书中的关键信息和相互关系，力图揭开掩盖老年人性侵案的遮羞布。

以裁判文书作为数据的优秀作品还有《916篇性侵儿童判决书的背后：隐秘的角落，谁来保护孩子们？》等。此外，《外卖骑手：我"接单"，谁来为我"买单"？》梳理了2015至2021年间有关劳动关系立法的法律文件和政府文件，展现了政府维护劳动者权益的坚定决心（见图4-1）。

图4-1 《外卖骑手：我"接单"，谁来为我"买单"？》节选

二、指数、指标类

指数、指标类是数据新闻中最常用的数据类型，它们以数字或数值的形式对某事物或现象进行量化描述，直接鲜明，如社会保障发展指数、身体质量指数、恩格尔系数、国内生产总值等。

当我们在深入研究某一数据新闻选题时，可以寻找该领域的典型指数或指标，为文章论述提供有效支撑。指数、指标类数据是最鲜明、最直接的资料证据，是值得创作者关注和寻找的对象。假设数据新闻报道选题与某国人口情况有关，创作者就可以去搜寻一些人口指标，如总人口数、出生率、死亡率、年龄结构、性别结构、文化程度、人口密度等。

在获得了这些指数、指标类数据后，常见的操作方式有两种：一是用这些指数、指标作为辅助，来说明相关议题的表现、特点、价值、量级、趋势等；二是将指数、指标本身用于年度、季度、月度的历时性变化分析，或者在某个时间点切面下做不同地区、年龄、职业的对比分析，拓展数据的时空维度，增强数据说明的全面性、代表性和可靠性。

在第七届中国数据新闻大赛获奖作品《数说南沙——湾区新高地，扬帆正当时》中，为论述国家级新区南沙的丰硕经济建设成果，团队成员从多渠道、多范围、多角度寻找指标类数据，并对数据进行历时性分析，论证丰富且有力。团队成员使用了2012至2021年南沙新区地区生产总值、2012至2021年南沙区各产业增加值、2012至2021年广州南沙港口货物吞吐量及增长率、2012至2021年南沙新区与广州市辖区平均GDP增速对比、2012至2021年广州南沙外贸进出口情况等指标，有效论证了十年间南沙新区经济持续向上向好的发展态势（见图4-2）。

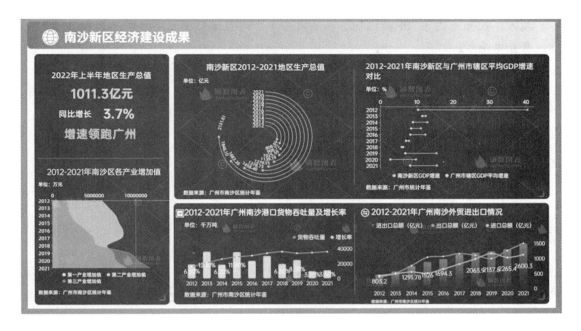

图4-2 《数说南沙——湾区新高地，扬帆正当时》节选

◆ **知识拓展**

常见的行业指标

各行业常见指标如下。

1. 销售行业

常见指标有销售额、销售利润率、平均客单价、客户转化率、销售渠道效益、客户满意度、销售成本、市场份额、市场占有率、新客户获取成本、客户留存率等。

2. 金融行业

常见指标有资产负债表、总资产、股票指数、营业收入、贷款违约率、信贷利差、市场风险、资本充足率、每股收益、净资产收益率（ROE）、信用评级等。

3. 制造业

常见指标有生产效率、良品率、能耗指标、产能利用率、设备故障率、原材料库存周转率、产品质量指标、生产周期、生产成本、零缺陷生产率等。

4. 零售行业

常见指标有营业额、分类货品销售额、畅销款、滞销款、连带率、库存周转率、顾客流量、退货率、坪效、人效、客单价、货品流失率、顾客忠诚度等。

5. 教育行业

常见指标有学生入学率、平均学生成绩、师生比、教学满意度、每生资金投入、教育支出占GDP的比例、学生就业率、学生录取率、学校排名、就业后薪资水平等。

6. 农业

常见指标有农作物产量、农产品价格指数、种植面积、农药使用量、水资源利用率、农产品出口量、季节性劳动力需求、农作物种植周期、畜禽养殖密度、土地利用率等。

7. 旅游业

常见指标有旅游收入、入境游客数量、国内旅游人次、旅游就业人数、旅游总收入增加率、旅游收入等。

三、古籍、史料类

古籍，是中国古代书籍的简称，主要是指书写或印刷于1912年以前，具有中国古典装帧形式的书籍。按传统分类法，我国古籍可分为经、史、子、集四部，四部下再细分为四十四类。古籍归属于文献史料，是史料中的重要组成部分。我们常说的"前四史"——《史记》《汉书》《后汉书》《三国志》——就是比较权威、可靠的文献史料。

按表现形式，可以将史料分为文献史料、实物史料和口述史料。文献史料，是指一切以文字形式记录的史料，如史书、档案、传记、笔记、报刊等；实物史料，是指历史上遗留下来的各种物件，包括各类文物、古迹、遗址、建筑、碑刻、雕塑和绘画等；口述史料，是人们口头讲述并被记录下来的史料，如神话、传说、故事、史诗、回忆录、访谈录等。

按学术价值，可以将史料分为第一手史料（primary source）及第二手史料（secondary source）。前者又称"直接史料"或"原始史料"，是指在历史事件发生的当时由当事人、目击者或其他直接相关人员记录的原始资料，更接近历史原貌，史料价值最高；后者又称"间接史料"，是距离历史事件较远，通常是后人分析、解释和研究一手史料后得出的记录和转述，需要与其他史料相互印证，以确保其真实性和可信度。

近年来，我国传统文化的热度不断上升，历史文化类数据新闻选题也日益增多，古籍、史料类是此类选题的必备数据。当我们的数据新闻选题需要回溯历史时，如某个汉字或词语的演变、某种器物或仪式的变化、某种观念或思潮的变迁等，我们就需要去寻找相应的史料。

中华文明源远流长、博大精深，此间有无数瑰宝和奥秘等待我们去探索和发现。短视频博主因复刻古代器物、食物、妆容而走红，新中式服饰成为很多爱美人士的必备单品，短剧《逃出大英博物馆》收获了无数好评，非遗、国潮、国风在当今深受年轻人的青睐……许多数据新闻选题正是从历史文化遗产中汲取灵感，与现实议题有机结合，在古籍、史料中找寻相关数据资料作为印证。例如，当谈及汉字的演变时，我们可以查询的古籍有《说文解字》《玉篇》《广雅》《字林》《康熙字典》等。它们系统分析了汉字字形和详细字源，能为我们深入了解汉字起源、演变及其文化内涵提供许多有效数据。此外，我们还可以增添实物史料，如刻字的兽骨或龟甲、青铜铭文、碑刻、印章、复原的图片影像等，使数据更加丰富多样。

华中师范大学数据新闻团队的作品《1657年敦煌莫高窟，在等什么?》，综合运用了各类史料，包括原始文献史料（如《西域考古记》《伯希和敦煌石窟笔记》等）、研究史料（如《敦煌学十八讲》《劫尘遗珠：敦煌遗书》《中国古籍流散与回归》等）、实物史料（如清代画家李方膺的《梅花图》、唐代彩绘女俑、妙法莲花经、高僧像等）。团队成员充分运用多手史料，尽力使数据更多元、更丰富。

四、调查报告、学术文献、年鉴类

调查报告是指对某一问题、现象或事件进行深入调查，经过分析、综合，从而揭示其本质规律的书面报告。按调查主体、对象、频率、范围，可以将调查报告划分为不同的种类，例如全国国民阅读调查报告、中国互联网络发展状况报告、高校毕业生就业报告、某省食品工业发展情况调查报告等。

学术文献以报道学术研究成果为主要内容，反映了该学科领域最新的、最前沿的发展动向。包括期刊文章、学位论文、专著等在内的学术成果通常可以在中国知网、谷歌学术等网站上查找。使用学术文献时，需要格外注意文献的级别和可信度。一般而言，中文论文的标准是CSSCI（《中文社会科学引文索引》），外文论文的标准是SCI（美国《科学引文索引》）、SSCI（美国《社会科学引文索引》）、EI（工程索引）、ISTP（《科技会议录索引》）以及A&HCI（《艺术与人文科学引文索引》）等。我们需要根据被引频次、影响因子等多种指标，选用权威、可信度较高的学术文献。

年鉴是指汇集前一年（或最近若干年）各方面（或某一方面）的情况、统计数字、资料等的工具书，分若干栏目编撰，以便检查参考，一般逐年出版。按内容性质，可以将年鉴分为综合年鉴、专业年鉴、行业年鉴；按层次，可以将年鉴分为国家级年鉴和地方年鉴。年鉴具有资料权威、编撰及时、功能齐全、连续出版等特点，属信息密集型工具书，例如《中国中医药年鉴》《中国统计年鉴》《长沙年鉴》等。

当我们面临十分专业的议题时，如医药健康、环境保护、食品安全、交通运输、气候变化、动物保护，常需要用到各类调查报告、学术文献和年鉴。这些资料通常包含着大量数据、丰富的案例和权威的专家观点，能够加深我们对议题的理解，使数据新闻报道的内容更丰富，论据更充分，专业度更强。在数据新闻作品中，这类数据常在解释议题的现状、原因和特点时使用，例如介绍我国可再生资源回收现状、解释流感疫苗接种的有效性、阐述视障人士的出行和工作情况、概述南沙新区的经济发展情况等。

在第七届中国数据新闻大赛优秀作品《视力障碍：翻越"看不见"的藩篱》中，团队成员大量使用调查报告类数据，涉及国内外许多组织和机构，如世界卫生组织发布的

《世界视觉报告》和《视障者基本信息调查》，信息无障碍研究会发布的《关于视障人士保险需求的抽样调查报告》《视障人士在线社交报告》等，使论述更全面、内容更丰富（见图4-3）。在《数说南沙——湾区新高地，扬帆正当时》中，团队成员使用了许多年鉴类数据，如《广州市统计年鉴》《广州市南沙区统计年鉴》等，也查阅了许多与南沙新区相关的学术文献。通过查阅这些年鉴和学术文献，团队成员完善了文章中的南沙新区的人口情况、经济发展情况、工业发展情况等，数据权威且可靠，内容全面且深入。

图4-3　世界卫生组织发布的《世界视觉报告》成果，
出自数据新闻作品《视力障碍：翻越"看不见"的藩篱》

五、流程、模式、机制、过程类

流程，是把工作中一系列活动做系统化、标准化呈现的产物，使得生产活动可复制化、资源集约化。流程一般可以用流程图来表示，如民事诉讼流程、非遗文化手艺陶瓷制作流程、行政管理流程、某物种人工孵化流程等。

模式，一般指可以作为范本、模本的式样，具有一般性、稳定性、结构性、可操作性等特点，如科学实验模式、经济发展模式、企业盈利模式等。例如，在谈及预制菜话题时，我们可以寻找其食品生产加工模式、冷链物流模式、商业销售模式等数据；在谈及环境污染这类议题时，我们可以寻找垃圾处理模式、污水治理模式等数据。

机制，指一个工作系统的组织或部分之间相互作用的过程和方式。机制原指机器的构造和工作原理，机制能协调各部分运行，使各部分产生1+1＞2的效果，常见的有公司管理机制、人体免疫防御机制、选人用人机制等。

过程，指事物发展所经过的程序、阶段，例如心理过程、自然过程、历史过程等。在数据新闻中，常见的有某产品（如卫生巾、智能手机）制造过程，某城市（如南沙新区）历史变迁过程、某交通工具（如高铁、飞机）技术更新过程、某工程事业（如中国载人航天事业）发展过程、某植物（如杂交水稻）育种培育过程等。

流程、模式、机制、过程类数据，往往是专家或学者高度总结后的成果，能使复杂的问题条理化、结构化、简单化，常常可以用图表展示，搭配文字说明，虽然字数少，行文简洁，却包含着巨大的信息量。我们在使用这类数据时，需要注意以下两点：第一，当我们选用已有资料中确定的流程、模式、机制、过程类数据时，应尽量选择权威的学者或专家的观点；第二，当我们需要自拟流程、模式、机制、过程类数据时，需要在高度熟练的前提下做到系统化、精准化的概括，避免过于复杂和表意错误。

在第七届中国数据新闻大赛优秀作品《又见朱鹮舞神洲：数说涅槃重生那些年》中，创作者使用了朱鹮疾病预防救治流程图（见图4-4）和朱鹮人工孵化流程图，简洁的线条、精确的关键词，使受众对内容一目了然。

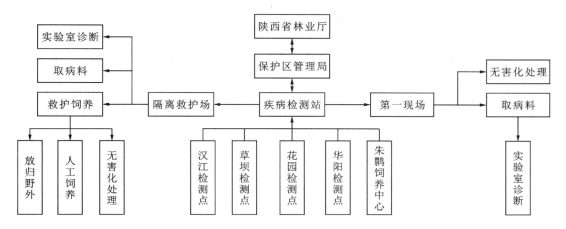

图4-4　朱鹮疾病预防救治流程图，出自数据新闻作品《又见朱鹮舞神洲：数说涅槃重生那些年》

在第七届中国数据新闻大赛优秀作品《外卖骑手：我"接单"，谁来为我"买单"?》中，创作者梳理并总结了外卖骑手周广力、饿了么（拉扎斯公司）、煜峰公司、团长葛培胜之间复杂的关系网络（见图4-5）。在后文中，创作者又附上了常见的六种外卖平台用工模式（见图4-6），依靠用工模式的复杂性来佐证劳动者维护合法权益的困难性。

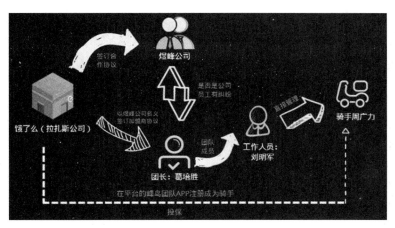

图4-5　复杂的关系网络，出自数据新闻作品《外卖骑手：我"接单"，谁来为我"买单"?》

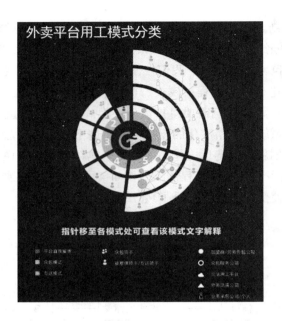

图4-6 外卖平台用工模式，出自数据新闻作品《外卖骑手：我"接单"，谁来为我"买单"？》

六、采访、个案调查、网络发言类

采访和个案调查是非常常见的数据资料，常见于各种涉及个人或人群调研的数据新闻之中。网络发言类数据是网络时代非常重要的数据来源，越来越多地出现在数据新闻之中。网络发言类数据具有便捷性、实时性、丰富性、互动性、可追溯性、低成本等优点。海量的网络发言可以跨越时空界限，是对网络议题广谱性、全面性的观点收集，某些网络发言也能在讲述个人故事的时候，靠真实的情感和丰富的细节打动人心。值得一提的是，在我们尚未启动数据收集工作之前，网络发言也能帮助我们启发思路或凝练选题。例如，一位网友在社交平台上感慨自己所在的城市里又一家实体书店倒闭，其他网友纷纷附和，讲述自己与实体书店的故事，我们就可以顺着这些发言深入挖掘，关注"实体书店的经营困境"这个议题。

相较于冷静、客观的数字，真实个体的故事往往能给受众以关怀与温情。采访、个案调查、网络发言这类数据，虽然只是寥寥几句，却能以最真实的境遇、最朴实的情感，将一个人、一群人的故事勾勒描画出来，于陈列铺垫中见社会百态。这类数据在数据新闻作品中的常见呈现方式多种多样，或在开头处展示个人采访或者个案故事，先声夺人，引人入胜；或以人物个案做线索贯穿全文，增强可读性与连贯性；或于文中需要处使用采访个案，为数据新闻作品加入情感温度和人文情怀。

第七届中国数据新闻大赛优秀作品《名校毕业后 我想成为一名选调生》，针对"选调生"这个话题，为避免叙述空洞肤浅，大而无当，团队成员深入采访多名选调生，制成人物档案袋（见图4-7）、选调生日记（见图4-8），讲述大学毕业生扎根基层的真实境况，使得新闻报道更接地气、更有人情味。此外，团队成员也别出心裁地使用了网络发言，趣味性和说服力都很强。

图4-7　人物档案袋，出自数据新闻作品《名校毕业后 我想成为一名选调生》

图4-8　选调生日记，出自数据新闻作品《名校毕业后 我想成为一名选调生》

七、视频、音频、游戏等多媒体类

在数据新闻报道中，视频、音频、游戏等多媒体类是越来越常用的数据类型，体现了数据新闻从文字、图片向更成熟、兼容更广泛、借力数字技术的融媒体报道形式发展的必然趋势。

这类数据常应用于复杂的议题，解释难以用文字说明清楚的概念、过程或场景，例如非物质文化遗产的制作流程。通过图像、视频、小游戏等多媒体数据，作品可以更加直观、生动地呈现事物的动态变化过程，使受众更容易理解和接受信息。

例如，对于普通人来说，藏文晦涩难懂，很难用文字描述清楚其造字过程。《解构藏文》就独具匠心地利用"创造藏文字"小游戏（见图4-9），让受众在游戏互动中体验藏文字的造字过程。

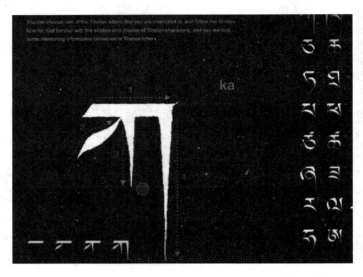

图4-9 "创造藏文字"小游戏，出自数据新闻作品《解构藏文》

这类数据能增强报道的趣味性。比起简单而朴素的文字，视频、音频、游戏等多媒体类数据更加生动、直观、有吸引力，具备很强的互动性和趣味性，能够迅速吸引受众的注意力，增强报道的可读性。

第七届中国数据新闻大赛优秀作品《又见朱鹮舞神洲：数说涅槃重生那些年》，使用了许多图片，如历史上朱鹮在全世界的分布图、中国朱鹮调查路线图和东亚地区朱鹮人工种群分布现状图，以及视频《Hello人类！朱鹮是谁？》（见图4-10），将受众带入朱鹮的世界，呈现朱鹮濒临灭绝的危险境况。

不仅如此，数据新闻在应用现代技术方面不断发展，AR（增强现实）、VR（虚拟现实）、AI（人工智能）、大数据等都在数据新闻中得到了应用。这些现代技术可以直观、清晰地展示海量数据的收集、处理、调用、分析过程，能以强大的动态模拟、高清色彩、场景还原、趋势预测等进行可视化展示，为数据新闻议题提供全新的解释和呈现方式。例如，AR技术可以将数据可视化叠加到真实世界的视图上，将城市的人口密度、空气污染水平或犯罪率等实时动态地呈现出来，受众可以通过智能手机或AR眼镜，以实时图层的形式见证这些内容；VR技术可以创建完全沉浸式的环境，如模拟一个时期的气候变化情况，受众能感受水的流动、光的强弱、风的变化，亲身体验海平面上升、飞鸟迁徙等情境。

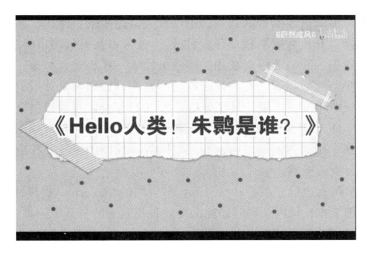

图4-10 视频《Hello 人类！朱鹮是谁？》截图，出自数据新闻作品
《又见朱鹮舞神洲：数说涅槃重生那些年》

　　数据新闻作品《"新闻传播是天坑"？769640条招聘数据告诉你是否真的如此》获第七届中国数据新闻大赛全国一等奖和最佳数据驱动奖。团队利用自然语言处理、机器学习、数据挖掘等技术，对新闻传播类相关的近百万则全样本招聘广告进行了提取和分析，最终以769640条有效数据对新闻传播专业真实的就业市场和教育认知进行分析。

第二节　公开数据的常见来源

　　本节将介绍数据新闻常见的公开数据来源。公开数据指面向公众公开，公众能够检阅或下载的数据。公开数据的优势在于出处明确，更为可信，一般需要通过标注数据来源的方式公开数据的出处。公开数据种类繁多，数据新闻中常用的公开数据来源大致分为以下六类。

一、各级政府官网与直属平台

　　各级政府由于信息公开的需要，会在官网或直属平台发布许多公开信息，这些信息面向公众，接受社会监督，因而具有较强的权威性、较高的可信度。

　　我国目前常见的政府官网和平台中，国家级的如中国政府网、国家统计局、中华人民共和国文化和旅游部等，相应的设有"政府信息公开""数据""政务公开"等栏目，下设"政府信息公开内容""政策法规""政府信息公开目录""数据解读"等子选项，数据新闻从业者从中可以下载国民经济和社会发展规划、第七次人口普查数据、国家文旅法规等相关数据。省级的政府官网和平台中也有类似的数据。例如，在杭州市数据开放平台上，依次选择"开放数据"和"开放目录"，就可以获得杭州市经济、教育、旅游、农业等多方面的数据。我们还可以在相关网站上检索一些法规、法条、公告、政策等官方数据，以及各类行业数据等。有些政府部门的官网，如国家统计局的网站，会呈现已经编制完成的某领域年度、季度、月度分析，如2023年全国规模以上文化及相关产业企业数据、2024年1月70个大中城市商品住宅销售价格变动情况统计数据等，方便公众查阅。直属平台包括中国商标网、中国裁判文书网等。我们如果需要相应的各类数据，就可以去对应的平台查询检索。

在国外，许多国家也设立了公共信息库，如美国的Data.gov。联邦政府授权机构进行数据的收集和整理工作，该网站同时还能链接到各州政府的公开数据集。

数据新闻作品《快递送来的"处方药"，靠谱吗？》通过呈现国家药品监督管理局发布的数据，反映了线上药房资质证书的取得情况（见图4-11）。

线上药房资质证书取得情况

	药品经营/零售许可	互联网药品信息服务资格证书（非经营性）	互联网药品信息服务资格证书（经营性）	互联网药品交易服务资格证书	GSP认证
益丰大药房	√	√	√	√	√
健之佳大药房	√	√	×	√	√
仁和堂	√	到期（使用中）	×	到期	到期（部分线下门店资质有效）
好药师大药房	√	√	×	到期	到期（部分线下门店资质有效）
德生堂大药房	√	到期（使用中）	√	√	√
康爱多大药房	√	√	×	到期	到期（部分线下门店资质有效）
海王星辰大药房	√	×	√	到期	√
马应龙大药房	√	到期（使用中）	×	到期	√
瑞泓万方堂大药房	√	√	√	到期	×（线下门店资质有效）
石药大药房	√	×	√	到期	到期（部分线下门店资质有效）

数据来源：根据国家药品监督管理局公开数据整理
统计日期：2021.5

图4-11 线上药房资质证书取得情况，出自数据新闻作品《快递送来的"处方药"，靠谱吗？》

二、非政府组织与社会机构平台

非政府组织是指除政府之外的其他社会公共组织。社会机构是指提供社会服务、维护社会秩序的机构。这类数据的来源可以分为两类：第一类是某领域的专业网站，如红十字国际委员会的网站上有社会救助方面的数据，世界自然基金会的网站公布了自然资源和环境保护领域的数据,世界卫生组织的网站提供了卫生健康类数据;第二类是综合网站,提供的数据较为全面,如联合国网站、世界银行网站提供的相关数据,涉及教育、医疗、健康、气候、贫富差距等多个领域。

第七届中国数据新闻大赛参赛作品《视力障碍:翻越"看不见"的藩篱》,同时采用了信息无障碍研究会发布的《关于视障人士保险需求的抽样调查报告》,以及中国残疾人联合会发布的相关数据。

三、各类图书馆与科研机构平台

这里说的"各类图书馆",指的是高校图书馆和国家图书馆。高校图书馆一般会采购多种中外数据库,供高校师生免费使用。常见的中文数据库包括中国知网(CNKI)、人民数据库(人民网自主研发的大型党政时政文化数据平台)、全国报刊索引数据库、北大法宝、皮书数据库等。常见的外文数据库包括Taylor&Francis数据库、Springer数据库、Web of Science数据库、SAGE数据库、EBSCO数据库、Gale数据库、BvD数据库等。在无法免费访问高校图书馆各类数据库的情况下,我们可以检索国家图书馆、谷歌学术等获取相关资料,这些资料包括数字古籍、学术论文等。

科研机构主要指由政府设立和资助的,从事科学研究的机构。很多科研机构都会定期发布数据,如中国互联网络信息中心(CNNIC)每半年发布一次的《中国互联网络发展状况统计报告》,是创作有关互联网使用新闻时常规的参考资料;国务院发展研究中心公布了世界经济数据库、重点行业数据库等各类统计数据库,以及文旅产业融合发展信息平台、乡村画像系统等特色数据库;中国社会科学年鉴数据库发布了各学科门类的年鉴资料及学术史研究成果。

数据新闻作品《名校毕业后 我想成为一名选调生》采用了清华大学学生职业发展指导中心发布的《清华大学2021年毕业生就业质量报告》的有关数据(见图4-12)。

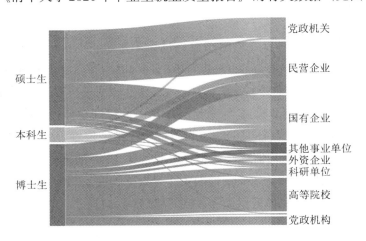

图4-12 清华大学2021年毕业生签约就业去向,出自数据新闻作品《名校毕业后 我想成为一名选调生》

四、商业数据分析平台与商业数据库

　　越来越多的第三方商业数据成为数据新闻的数据来源。各商业数据平台不仅提供有关各行各业的行业发展分析、用户分析、舆情分析等合作服务，而且为公众提供公开的行业研报、专题分析、行业趋势分析、消费观察、企业访谈等报告。

　　常见的商业数据分析平台涉及各行各业，各有侧重。艾瑞网依托大数据，发布互联网行业研究报告，洞察行业发展模式及市场趋势。阿里研究院引领数字经济和数字治理研究，关注信息经济、新商业文明、C2B商业模式、产业互联网化研究。腾讯研究院侧重于互联网法律、公共政策、互联网经济、大数据等研究方向。清博舆情分析系统重点关注网络舆情分析、预警研判和智库报告。CBNData（第一财经商业数据中心）是产业经济全景分析和行业企业洞察平台。艺恩是中国影视大数据平台，发布了与电影、电视、新媒体、娱乐营销相关的研究报告。TalkingData主要提供移动互联网行业报告。艾媒网提供了涉及新消费、新技术、新业态领域的分析发展报告，如《2024年中国饰品行业发展状况与消费行为洞察报告》《2024年中国年菜市场运行监测分析报告》等。

　　当数据新闻的内容涉及特定领域的专业数据时，使用某些专业平台的数据也是常规操作。数据新闻作品《中考"分流"后，1500万中职学生就没有未来吗?》采用了Mob研究院发布的有关资料。数据新闻作品《外卖骑手：我"接单"，谁来为我"买单"?》参考了美团2021年财报、阿里巴巴2021年度报告，以及前瞻产业研究院发布的2022年中国灵活用工行业政策汇总及解读数据。

五、搜索引擎的指数与趋势网站

　　常见的搜索引擎的指数与趋势网站有百度指数（https://index.baidu.com/v2/index.html#/）、谷歌趋势（https://trends.google.gg/trends/?geo=GG）等。以"全国两会"为关键词，在百度指数网站中进行检索，能得到"搜索指数"（互联网用户对关键词搜索关注程度及持续变化情况）及"搜索指数概览"（关键词所选时间段的总体搜索指数表现），还可以进行高级搜索，即手动设置具体时间段、设备端口、地域位置等内容，"搜索指数概览"呈现了整体日均值、移动日均值等具体数据（见图4-13）。此外，还可以得到"资讯指数"（新闻资讯在互联网上对特定关键词的关注、报道程度及持续变化）和"资讯指数概览"（关键词所选时间段的总体资讯关注表现）（见图4-14）。

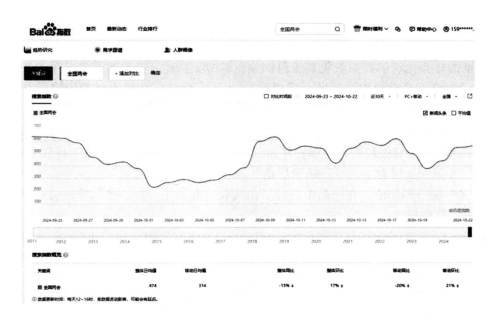

图4-13 百度指数中的"搜索指数"和"搜索指数概览"(以"全国两会"为关键词进行搜索)

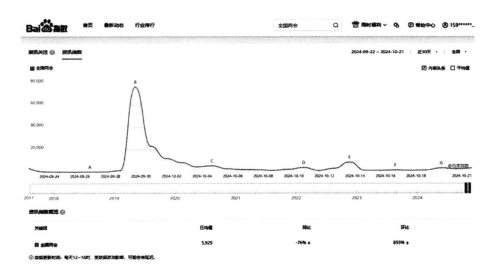

图4-14 百度指数中的"资讯指数"和"资讯指数概览"(以"全国两会"为关键词进行搜索)

六、社会化媒体

数据新闻的生产常从社会化媒体网站获取数据。社会化媒体成为公众日常获取信息的主要渠道,也是数据新闻创作者观察社会热点、确定选题、收集数据的重要来源。社会化媒体的数据具有便捷性和易得性。相比访谈或采访,社会化媒体的数据是数据新闻创作者预先了解特定对象对相关议题的观点或态度的最直接的窗口。社会化媒体汇聚了大量的观点、意见和情绪，较为全面地覆盖了各类人群，呈现的数据更具有代表性。

常见的社会化媒体数据收集渠道包括关注微博、抖音、快手等平台的评论区，或聚焦知乎、豆瓣等平台的相关话题，或考察NGA玩家社区、豆瓣小组的用户发言等。同时，社会化媒体提供的热度、排名指标可以作为重要的筛选标准，如点赞量、播放量、阅读量、转发量等。

在第八届中国数据新闻大赛参赛作品《独居青年：孤独更深处，热烈且自由的灵魂》中，创作者深入独居青年的"网络聚居地"豆瓣小组进行为期数月的参与式观察，爬取了2500多个帖子和评论，在作品中进行了包括衣、食、住、行、娱乐等社会经济文化在内的全方位数据呈现。

第七届中国数据新闻大赛参赛作品《Livehouse中的希望、爱与生存》，关注近年来备受年轻人喜爱的Livehouse，传达它们需要被看见的"希望、爱与生存"。该作品收集了许多互联网媒体网站的数据，如根据关键词词频统计、热门话题数据统计结果，在微博收集相关数据。除此之外，该作品还采集了一些直播数据，如斗鱼、哔哩哔哩、抖音、腾讯视频等平台的官方统计与报道内容。

◆ 知识拓展

数据素养

在大数据时代，我们无法躲避数据。如何正确地采集、处理和使用数据成为一个日益严峻的问题。"数据素养"（date literacy），也称"数据信息素养"（date information literacy），主要指研究者在数据的采集、组织和管理、处理和分析、共享和协同创新利用等方面的能力，以及研究者在数据的生产、管理和发布过程中的道德与新闻规范。[①]

今天，数据素养并不仅仅是社会对于数据分析师的特殊要求，而应当成为每个人都应具备的一种基本素养。数据素养能有效促进决策和问题解决，推动创新，提高工作效率，优化工作成果。因此，我们应该掌握基本的数据技能，具备数据基本知识与技能，拥有能够利用数据资源发现问题、分析问题和解决问题的能力。这要求我们提高对数据的敏感性，也就是从数据中发现问题的能力，还要学习数据收集、整理和分析的方法。当下，我们要不断提高数据素养，培养数据思维，增强辨别数据可信度、评估数据质量的能力，掌握遨游数字世界的主动权。

---

① 张静波.大数据时代的数据素养教育[J].科学，2013，65（4）：29-32.

第三节 自采数据

在数据收集的过程中，我们难免会遭遇缺乏可用的公开数据的困境，或由于选题需要，我们只能自行采集数据。一般而言，自采数据的方法大致有以下五种。

一、问卷调查

问卷调查是一种通过问卷来收集数据的调查方法，是当前最常用的社会调查方法之一。其优点为节省时间、人力和费用，可以进行大规模的量化研究和分析。问卷调查适用于创作者难以找到可信、有价值的数据，需要对议题进行全面调查和剖析，如高校公费师范生的就业问题。创作者需要进行广谱调查，深入探寻议题现状和趋势，挖掘背后的深层次、结构性原因。

采用问卷调查收集数据时，具体的操作步骤如下。

（一）设计调查问卷

问卷是调查研究中用来收集资料的常用工具，它在形式上是精心设计的题目，其用途是用来测量人们的行为、态度和社会特征。具体而言，问卷结构包括封面、指导语、问题、答案、编码等部分。[1]一般而言，问卷中的问题不宜太多，问题太多会可能导致被调查者在心理上产生厌倦或畏难情绪。

（二）确定调查样本

在完成问卷设计后，需要选择向哪些人发放调查问卷，以最大限度地保障所选取的部分人群能充分反映整体的情况。这个过程就是"抽样"，即按照特定方式从整体中选择或抽出样本的过程。[2]

抽样分为概率抽样和非概率抽样。

概率抽样就是保证整体中的每一个个体都有同等机会被抽取进入样本。[3]具体方法有简单随机抽样、系统抽样、分层抽样、整群抽样、多阶段抽样等。概率抽样能通过对样本的统计较为准确地推论整体的面貌，代表性强。

---

[1] 风笑天.社会研究方法[M].5版.北京：中国人民大学出版社，2018.
[2] 风笑天.社会研究方法[M].5版.北京：中国人民大学出版社，2018.
[3] 风笑天.社会研究方法[M].5版.北京：中国人民大学出版社，2018.

非概率抽样不是按照概率均等原则，而是根据人们的主观经验或其他条件来抽取样本。[①]一般情况下，人们会因为样本难以获取而选择非概率抽样方式，以了解一些群体的生存境况和他们对事件的情感、认知和态度。因此，在通过样本情况推论整体情况的时候，人们需要对调查结果保持谨慎的态度。非概率抽样方法包括偶遇抽样、立意抽样、配额抽样、滚雪球抽样等。

（三）收集调查数据

在确定调查对象后，下一个问题是如何让目标被调查者填答问卷并收集问卷。一般而言，主要采用两种方法。一是自填问卷，即调查员将问卷发给被调查者，由被调查者自己阅读和填答，然后再由调查员回收问卷。选择自填问卷这种方法时，调查员可以采用邮寄填答法、集体填答法、个别发送法等。现在，专门的问卷发放和数据收集平台（如问卷星等）产生了，调查员可以通过网络进行问卷发放和回收，效率较高，回收率也不错。这种方法可以节省人力、时间和财力。二是结构访谈法，即调查员依据调查问卷，向被调查者逐一提出问题，并根据被调查者的回答在问卷上选择合适答案的方法，包括当面访问法、电话访问法等。其优点是回答率高、调查资料质量较好、适用范围较广，缺点是匿名性差，且耗费较多人力、时间和成本，对调查员要求较高。

在数据收集过程中，如果我们需要通过问卷调查来采集数据，有几个要点需要明确：第一，问卷设计要紧密围绕数据新闻的选题；第二，尽量使用概率抽样，保障样本的代表性较高；第三，在收集调查数据时，尽量采取多种手段，以保证问卷具有较高的信度和效度。

第七届中国数据新闻大赛优秀作品《"寿"后服务：去世后我的社交账号何去何从？》，为了探讨年轻人对待数字遗产的态度，团队成员面向90后和00后发布了以"你想如何为自己的社交账号处理后事？"为话题的调查问卷，共回收113份有效问卷，其中男性占49.6%，女性占50.4%，重点关注年轻人对其社交账号的消除与保留问题，如是否保留、保留主体、保留信息等。

二、采访或访谈

采访或访谈，即通过研究者和被研究者交谈的方式来收集研究资料和数据的一种社会科学研究方法，广泛应用于社会科学定量和定性研究中。[②]根据访谈者对访谈工作的控制程度，可以将访谈分为结构化访谈、半结构化访谈。访谈具有真实性、深入性、灵活性、广泛性等显著优点。

一般情况下，如果数据新闻选题有需要、有条件做访谈，那么最好做访谈，原因如

---

① 风笑天.社会研究方法[M].5版.北京：中国人民大学出版社，2018.
② 孙晓娥.深度访谈研究方法的实证论析[J].西安交通大学学报（社会科学版），2012，32（3）:101-106.

下。第一，有利于前期对选题加强把控和梳理，访谈就是对议题的预调研。对相关人员的采访或访谈，能增进创作者对议题相关信息的了解，使创作者进一步明确研究方向。第二，数据新闻强调以数据为驱动，客观、中立、冷静的数据需要采访资料的个体化、细节化、人情味来调节与中和。第三，采访或访谈，是访谈者直接与被访者进行面对面的交流，访谈者能够即时获知被访者的具体想法和现实困境，感知他们内心的真实感受和真实状态。这能使访谈者获得比表面观察更深入、更丰富的信息，是对每一个鲜活而具体的个体生命过程的书写。例如，自闭症儿童家长需要的社会支持就是一个典型的适合通过访谈获取数据的新闻选题，这样的数据新闻彰显了人文关怀和现实关切，正是数据新闻报道的价值所在。

在数据收集过程中，如果我们需要通过采访或访谈来自采数据，就需要注意以下几点：第一，快速定位，找到采访对象，确保访谈对象的数量和质量；第二，善用访谈技巧，让采访对象开口，在提问与聆听中找到恰当的平衡；第三，在采访对象同意的前提下，做好录音工作和详尽的笔记，以备后续进行数据分析。

在第六届中国数据新闻大赛优秀作品《爱莫能助：无碍出行路漫漫》（见图4-15）中，团队成员通过对几位社交平台博主的访谈，表明当今无障碍设施仍然问题重重。

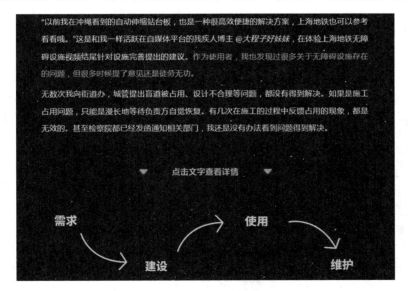

图4-15 《爱莫能助：无碍出行路漫漫》节选

三、爬虫工具抓取数据

爬虫，是指通过编写程序模拟浏览器在互联网浏览，自动按照要求去抓取数据的过程。[①]网络爬虫广泛应用于如今的数据挖掘、资料收集工作，使我们能够轻松访问、采集

---

① 古志敏，吴明珠.基于Python网络爬虫设计与实现[J].电脑编程技巧与维护，2023（9）:163-166.

网页上的数据资源。相较于问卷调查，网络爬虫可以跨越时空障碍、实时爬取，便捷地收集网络数据，不仅节省时间和人力，而且具备大规模挖掘和处理数据的能力，这使得数据呈现更全面和客观。

有编程基础的数据新闻创作者可以使用Python、C语言、C++、Java等工具编写代码框架，进行数据采集。编程基础较弱的创作者，可以接触一些操作相对简单、功能相对强大的工具，它们能够进行小规模的数据抓取任务，常用的有八爪鱼、火车头、HT-Track、Web Scraper、OutWit Hub等。

当下，中国数据新闻大赛对数据的原创性、真实性、准确性要求越来越高，提高通过爬虫采集数据的技术水平无疑越来越重要。

利用爬虫抓取数据在数据新闻最常见的应用是，抓取社交平台上的海量网络发言或评论，进而挖掘公众对某一议题的态度、情绪、意见和趋势等，例如新闻传播专业毕业生的就业问题、对预制菜的评价问题、对"双减"政策的看法等。在网络爬虫抓取数据后，我们可以进行多种分析，如情感分析、词云分析、热度分析、时间线分析、节点分析、集中趋势分析等，对数据进行充分有效的处理。

需要注意的是，在使用网络爬虫时，需要遵守相关的法律法规，确保合法合规地进行数据抓取。同时，我们也需要注意隐私保护和伦理问题，应该确保在法律和道德允许的范围内获取和处理数据，同时尊重用户的隐私权，维护信息安全，避免滥用爬虫技术。

在实操过程中，爬虫之后的数据分析和编码非常重要，有益于数据价值的展现。在第七届中国数据新闻大赛优秀作品《2795个帖子背后，网络失眠小组里"夜旅人"的挣扎与互助》中，团队抓取了2014年3月至2022年3月知乎、豆瓣平台共2795条数据，进行编码分析。首先，团队通过编码统计"为什么睡不着"问题的回答，总结出了导致人们睡不着的七大因素，分别是健康、睡眠环境、饮食、学习、工作、娱乐、其他。七大因素下又各有细分。其次，团队通过编码，归纳统计"睡不着时在做什么"的回答，统计结果显示，排名前五的是使用电子产品、听音频、学习、整理思绪及服用助眠产品。最后，团队对豆瓣小组"失眠集中营"相关帖子进行内容分析，将这些帖子分为分享帖、求助帖、互助帖、打卡等（见图4-16）。

图4-16 《2795个帖子背后，网络失眠小组里"夜旅人"的挣扎与互助》节选

四、借助自媒体发布信息、回收答复

在互联网技术日益发达的今天,数据新闻团队可以依靠网民的力量来进行数据收集。这种被称为"众包"的数据采集方法,是指团队依靠各类媒体平台,如微信公众号、微博、小红书等,或某媒体在自己的官方平台上,发布问题邀请,激发网民参与回答问题的热情,使他们成为数据的生产者和贡献者,如在知乎发布一个问题并收集回答,在微博发布一个投票并回收选择,在微信公众号发布一个访谈问题并收集后台评论等。数据新闻团队在网络空间发出邀请和回收数据,具有成本较低、操作灵活、数据量大等优势。其缺点是,为了回收足够多的答复,收集达到信息饱和度的资料,团队需要拥有一定规模的粉丝量或转发量。

《卫报》是众包新闻的创新者和实践者。英国政府为满足民众信息公开的需要,将议员的花费情况通过网络进行公布,这涉及100多万份未经整理的原始数据文件。显然,仅仅依靠报社工作人员的单薄力量很难完成文件核查任务,因此,《卫报》选择将核查权交到公众手中——《卫报》设计了一个类似游戏网站的平台,邀请大众参与调查议员的花费单据。令人惊讶的是,调查项目上线的80个小时内,就有17万份文件被大众审查完毕。这次新闻活动让人们看到了众包新闻的价值。此外,美国著名的调查报道网站ProPublica也多次通过"众包"进行新闻调查。

五、长期观察、记录并自建数据库

这种数据收集方法是指数据新闻团队对特定主题或议题进行持续观察和记录,根据这些记录构建自己的数据库。这需要自采者持续、耐心地进行数据收集、分析和整理工作。这种方法适用于选题实在难以找到可用数据或资料,但团队对议题有着强烈的兴趣,且自采具备一定的可操作性。团队需要拥有强大的内驱力和热情,长期坚持,完成数据的收集并建立数据库。

在实践中,长期观察和记录方法常常被用于研究社会现象、人类行为、生态系统和科学实验等。假设数据新闻团队想创作一篇关于鸟类行为和迁徙模式的数据新闻作品,就需要自建一个鸟类观察数据库,具体的操作步骤如下。第一,设定观察目标,即确定团队所关注的鸟类种类和行为,例如迁徙模式、食物类型、繁殖习性等。第二,选择观察地点和时间。需要选择合适的观察地点和时间,该观察地点需要有被观察的鸟类。第三,开始观察和记录。团队需要准备观察设备,如望远镜、相机和记录本。在观察地点进行观察时,需要记录每次观察到的鸟类种类、数量、行为以及其他相关信息。如果可能,尽量选择固定的观察时间。第四,整理数据,建立数据库。团队定期整理观察记录,将数据输入电子表格或专用数据库软件中。创建不同的字段,包括种类、数量、观察时间、行为描述等。确保数据的准确性和完整性。第五,进行数据分析和研究。在数据库积累了一定量的数据后,进行数据分析和研究。团队可以探索鸟类的季节迁徙模式、活动模式、种群数量的变化等方面的趋势和关联。通过长期观察、记录和自建数据库,团队能逐渐积累大量的鸟类观察数据,并利用这些数据进行相关研究,揭示鸟类的行为和种群动态。

在澎湃新闻"美数课"栏目发布的数据新闻作品《记录14天内使用的所有塑料后,我们发现了什么?》(见图4-17)中,团队将目光着眼于"限塑令"推行十多年,但塑料仍越来越多这一社会问题,开展了一个14天塑料制品使用情况记录实验。团队里的两位编辑作为实验体验员,详细记录了14天内的塑料使用情况,并对塑料使用情况进行了细致的归类,如使用频次、单次使用时长、来源、用途、收录原因等。这些记录真实、生动地向受众呈现了塑料制品的使用情况。

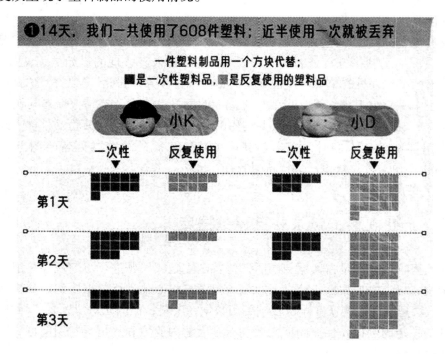

图4-17 《记录14天内使用的所有塑料后,我们发现了什么?》节选

第四节 购买数据

数据新闻作为一种适应现代技术发展的融媒体新闻业态,高度成熟的分工模式和协作流程逐渐成为常态。大体量、专业化程度高的数据收集工作可以通过向第三方购买服务完成。购买数据主要有两种方式,适合较为成熟的市场化媒体。

一、向商业数据公司和平台购买数据

许多市场化的数据新闻媒体在制作数据新闻的过程中，会选择与商业数据公司和平台合作，或购买商业数据库使用权。这类商业数据公司和平台具有专业性强、职业化和市场化程度高等优点。常见的商业数据公司和平台有阿里研究院、艾媒咨询、腾讯研究院等。从商业数据公司和平台获取数据，需要媒体方向它们购买数据抓取和分析服务或数据使用权限，具有较高门槛，一般是较为成熟的市场化媒体的选择。

二、与高校、科研机构合作获得数据

制作数据新闻时，团队可以选择与高校或科研机构等非商业机构合作，从而获取所需资料。高校和科研机构的各种研究团队关注不同的社会现象或科学问题，如果数据新闻团队确定了一个新闻选题，可了解哪些高校、科研机构此前已完成或正在进行相关调研，并与之取得联系、达成合作，最终获得目标数据。这种方式实质上是邀请专业人士帮助分析问题，关注的是高校和科研机构中的科研人员的专业能力。

第五节 数据收集注意事项

数据收集是数据分析的基础。只有数据是可信可靠的，后续的数据分析和数据可视化才能有价值。数据新闻团队在数据收集过程中需要识别以下常见的误区，并多加注意。

一、尽量使用官方、公开、权威数据

收集数据时，数据新闻团队要尽可能地对公开数据进行地毯式检索，尤其是官方公告、行业年报、历史年鉴、政策法规等内容，需要采纳和使用官方来源的数据。官方公开数据是最合适的数据来源。

二、使用二手数据时，注意核查数据来源

使用二手数据时，数据新闻团队要尽可能找到原始数据或原始出处，注重核查来源可信度，避免使用错误、失效的数据。一方面，某些二手数据存在错误、遗漏、冲突、

虚构等问题，如果不加核查就直接使用，会导致自己的数据出现问题；另一方面，不同的选题在选择数据时都会考虑适配性，因而从其他作品中获得的二手数据不一定完全适用于自身的选题。核查来源有助于搜寻更为完整的数据资料，从而对数据进行更精确的选择、处理和使用。

三、数据要有新闻价值

数据是数据新闻的基石，数据的价值直接影响数据新闻的价值。在选择数据时，要注意选择具有时效性、显著性的数据，这样才能保证数据新闻作品是有新闻价值的。

收集数据时，首先，要了解数据的产生背景，判断这些数据是否适配于数据新闻选题。其次，要思考数据质量是否达标，评判其完整性、可用性、真实性，是否对当下的社会情况具备解释力。最后，要考虑这些数据是否具有一定的独特性和趣味性，是否能对公众产生吸引力。

四、标注数据来源与参考资料

数据来源是指直接引用的报告、文献、调查资料等数据的出处，参考资料是指没有直接引用，但是在调查和分析过程中有用的资料。数据新闻作品需要标注清楚数据来源和参考资料，这既有助于体现数据的可信度，又能提升作品的严谨性。

常见的标注方式有两种：一是在数据图表某区域标注来源；二是在数据新闻作品的末尾做出说明。除了数据来源和参考资料外，相关注释也是需要标注的，如对某数据的缺失值进行说明，或说明调查时间、数据起始时间等。

在数据新闻作品《在生命列车的终点站，该如何完成一场爱与尊严的道别?》的末尾部分（见图4-18），团队既标注了故事素材来源，又对数据来源及参考文献进行了说明，提升了作品的可信度与严谨性。

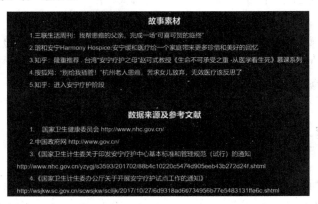

图4-18 《在生命列车的终点站，该如何完成一场爱与尊严的道别?》节选

◆ 知识拓展

数据新闻的版权问题[①]

在数据新闻的生产和传播过程中，版权风险一直存在。如今，数据新闻中的侵权行为越发突出，表现最明显的就是未经授权肆意转载他人的数据分析结论。也就是说，如果没有通过购买、合作等方式获得数据版权所有者的授权，我们就不能随意使用相关数据，否则就是侵权行为。

我国《著作权法》明确指出，"为报道新闻，在报纸、期刊、广播电台、电视台等媒体中不可避免地再现或者引用已经发表的作品"，可以不经著作权人许可，不向其支付报酬，但应当指明作者姓名或者名称、作品名称，并且不得影响该作品的正常使用，也不得不合理地损害著作权人的合法权益。需要注意的是，数据分析结论在概念上属于个人的创造性知识劳动，属于作者的独创性表达，不应作为单纯的数据结果被无偿使用。因此，在引用其他媒体机构发布的数据结论时，数据新闻媒体应获得对方同意，在双方达成一致后再使用，以避免形成侵权。

本章小结

在收集数据的过程中，数据新闻团队首先需要考虑的一点是什么类型的数据能够最大限度地为数据新闻的主题服务。数据新闻团队需要确定数据类型，然后再进行相应的数据收集工作。常见的数据收集渠道有公开数据、自采数据和购买数据。

在创作数据新闻的过程中，数据新闻团队应尽量先收集公开数据。原因有两个：一是公开数据的获取渠道较为便捷和畅通，可以为作品打好基础；二是公开数据可信度高，有助于增强数据新闻作品的说服力。如果公开数据难以满足需求，数据新闻团队就可以考虑自采数据或购买数据，但一定要注意数据的可信度。

数据是数据新闻的基础。只有保证数据可信、有效、全面、有价值，后续的分析工作才能顺利开展，数据新闻的价值才能展现出来。数据新闻团队应该正确认识数据，了解数据的特点、功能和局限性，在数据收集过程中要小心谨慎，主动识别并避免一些常见误区。此外，数据新闻团队平时还可以多关注数据新闻版权等议题，不断提升数据素养。

[①] 翟红蕾，夏铭泽，谢晓枫，等.数据新闻的版权问题及侵权规避[J].武汉理工大学学报（社会科学版），2023，36（2）：25-32.

习题

1. 有人认为，可以将"数据"理解为数字或数目；也有人认为，可以将"数据"理解为包含所需信息的资料。你怎么看？请你谈谈自己对数据的理解。
2. 查看数据新闻作品《爱莫能助：无碍出行路漫漫》，观察、分析并总结它使用了哪些类型的数据，又通过哪些方法获取了这些数据。
3. 假设你要创作一篇关于中国留学生在海外生活状况的数据新闻，请利用本章提及的数据收集方法，思考可以从哪里获取数据，以及怎样获取数据。
4. 在一篇有关城市房价趋势的数据新闻中，一些关键数据来自某家不知名的市场研究机构，且不能有效地支撑核心主题。请对此谈谈你的看法。
5. 你认为应如何提升个人的数据素养？

阅读拓展

[1] 风笑天.社会研究方法[M].5版.北京：中国人民大学出版社，2018.

[2] 艾尔·巴比.社会研究方法[M].邱泽奇，译.北京：清华大学出版社，2015.

[3] 陈向明.质的研究方法与社会科学研究[M].北京：教育科学出版社，2006.

[4] 尼基·厄舍.互动新闻：黑客、数据与代码[M].郭恩强，译.北京：中国人民大学出版社，2020.

[5] 张超.释放数据的力量：数据新闻的生产与伦理研究[M].北京：中国人民大学出版社，2020.

第五章 数据分析

◆ 学习目标

本章主要介绍数据的质量鉴别、数据的新闻价值挖掘、数据的分析与应用相关知识，使读者能够全面理解和掌握数据新闻的核心分析方法。读者的学习目标是在数据完整性、有效性、准确性、时效性、一致性、唯一性等方面具备敏锐的鉴别能力，学会在数据对比、联系和综合中发现数据的新闻价值。通过案例分析，读者将学习如何运用数据清洗、集成、变换、规约等预处理技术，熟悉常见的数据分析方法，最终能够在数据新闻实操中有效应用这些技术，提升数据新闻的质量和影响力。

◆ 本章体例

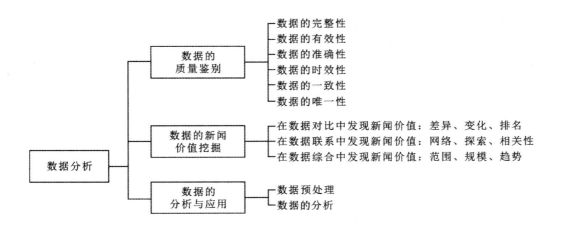

第一节 数据的质量鉴别

在数字时代的潮流中,数据无疑成为我们认识世界、理解社会的重要工具。然而,对于数据新闻从业者来说,面对海量的数据,如何判断数据的质量已经成为首要任务。接下来,笔者将深入探讨数据的质量鉴别知识,从数据的完整性、有效性、准确性、时效性、一致性和唯一性六个方面出发,揭示数据质量对于新闻报道的关键影响。[①]

首先,数据的完整性是数据质量的基石。完整的数据意味着数据集中包含我们需要的全部信息,缺失的数据会导致分析失真,因此我们需要关注数据中的缺失值和异常值,确保数据的完整性。其次,数据的有效性关乎数据是否真实反映了我们研究的对象或现象。有效的数据应该与研究主题相关,并且采集方法应该是合理、可靠的。准确性是数据分析的基础,我们需要对数据的来源和采集方法进行严格验证,确保数据的准确性。时效性是在快速变化的社会环境下尤为重要的性质,具有时效性的数据才能反映最新的社会状态和发展趋势。一致性和唯一性则是数据质量的关键性质。一致性保证了数据在不同来源或数据集之间的一致性;唯一性则保证了数据集中,不存在重复或冗余的数据。

通过本节内容的学习,读者将了解如何评估和确保数据的质量,从而提高数据分析的准确性和可信度。数据质量鉴别是数据新闻从业者的基本素养,也是保障报道质量和可信度的重要手段。

一、数据的完整性

数据的完整性是指数据集包含了所需的全部信息,涵盖了研究对象的所有方面。在数据新闻中,确保数据的完整性至关重要。完整的数据能够提供更加全面、准确的视角,增加数据新闻的准确性和可信度。数据的完整性主要包括数据字段的完整性和记录的完整性。

对于数据的完整性,我们需要从以下几个维度进行评估。

1. 数据来源

查看数据的来源和发布机构是首要步骤。权威的数据来源通常包括政府部门(如国家统计局等)、独立的研究机构(如世界品牌实验室、麦肯锡等)、知名的调查和统计机构(如尼尔森、益普索等)。它们通常拥有严格的数据收集和验证流程。

此外,还需要比较多个独立的数据源。来自多个平台的数据可能都符合要求,如果

---

① 洪霞.信息系统数据质量分析评价研究及其在劳动力市场的应用[D].杭州:浙江工商大学,2008.

不同数据来源的数据一致，自然可以增强数据的可靠性。我们也要注意不同来源的数据可能存在差异，并了解这些差异的原因。

2. 数据采集方式

需要了解数据是如何采集的。如果是调查数据，就需要查看调查的方法和样本的规模。严谨的调查方法和较大的样本规模通常意味着数据更可靠、更完整。

需要评估数据采集过程中可能存在的偏差或错误，如调查数据采集过程是否存在主观性或偏向性，是否有可能导致数据失真。

3. 数据的准确度

检查数据是否存在重复值、缺失值、异常值等问题，这也可能会影响数据的完整性。对于这些问题，可以进行数据清洗和处理，包括清除重复数据、修正错误数据、填补缺失值等。

4. 专家意见和背景调查

咨询相关领域的专家，或邀请相关机构对数据的可靠性进行评估。专家和机构的研究人员可能有更深入的了解和洞察，能够指出数据中存在的问题或潜在的偏差。

进行背景调查，了解数据背后的故事。有时，数据在特定情况下会有不同的解释，背景调查有助于我们理解数据的真实含义。

5. 探索数据本身

使用数据可视化工具和探索性分析技术，查看数据的分布、趋势和异常情况，这可以帮助我们发现数据中可能存在的问题。

运用统计分析方法（如描述性统计、相关性分析等）对数据进行分析，验证数据的一致性和合理性。

综合利用以上方法，我们可以更全面地评估数据的完整性。在数据新闻报道中，这些方法有助于确保所使用的数据是完整的、可靠的，有助于增强新闻报道的说服力。

二、数据的有效性

数据的有效性是指数据真实地反映了所要研究的对象或现象，与研究主题具有相关性。在数据新闻中，我们需要确保使用的数据是有效的，即数据能够准确地反映社会现象或事件的真实情况，避免因使用无效数据而导致的误导性结论。

对于数据的有效性，我们需要从以下几个维度进行评估。

1. 数据与研究对象的相关性

需要确保数据与我们关注的研究对象或主题相关，能够提供有关现象或事件的相关信息。如果数据与研究主题无关，那么即使是非常准确的数据，也不具备有效性。

2. 数据采集方法的合理性

了解数据的采集方法是否合理和可靠。数据的采集过程可能涉及调查、观测等工作。需要确保采集方法是符合科学标准和数据质量要求的。

3. 数据的代表性

确保数据是具有代表性的，能够反映整体情况，而不是个别或特殊情况。如果数据样本不具有代表性，那么得出的结论就可能失真。

4. 数据来源的可信度

评估数据来源的可信度和权威性。数据可能来自政府机构、权威机构、专业调查机构等。我们需要确保数据来源是可靠的。可靠的数据来源一般能保证数据的有效性。

假设我们要分析一个关于城市犯罪率的数据集，数据集中包含各地区的犯罪案件数量和类型，这与我们关注的研究对象（城市犯罪率）高度相关；我们可以从公安部门或其他法律机构获得一手数据资源，这种采集方法更可靠；数据集要覆盖城市的不同区域和不同类型的犯罪案件，具有一定的代表性，这样的数据能够更好地反映整体的犯罪情况。然而，如果我们在分析数据时发现了问题，比如某些地区的犯罪数据缺失或者数据中包含大量的未经证实的事件，那么我们就需要进一步评估数据的有效性。可能需要与公安部门核实数据，或者查找其他数据来源，来填补缺失的信息，以确保数据的有效性。

通过对数据的有效性进行评估，我们能够更科学地利用数据进行分析和报道，确保我们得出的结论和观点是基于真实、可靠的数据。有效的数据分析有利于我们提供更准确、更客观的新闻报道和分析观点。

三、数据的准确性

真实性是新闻的生命。坚持新闻真实性是新闻工作最起码的要求，也是新闻工作的第一信条。[1]数据的准确性是确保数据新闻真实性的基本要点，它直接影响着我们对事实的理解和对新闻事件的报道。在数据新闻中，数据的准确性具有重要意义，影响着新闻的可信度、影响力和公信力。

---

[1] 李良荣.新闻学概论[M].7版.上海：复旦大学出版社，2021.

对于数据的准确性,我们需要从以下几个维度进行评估。

1. 数据来源的可靠性

考虑数据的来源是否可靠和权威。数据可能来自政府机构、独立调查机构等。需要确保这些机构的数据收集和发布过程是符合标准的。

2. 数据采集方法的验证

了解数据采集的具体方法和过程,确保采集方法是合理的、可靠的。如果数据是通过调查、观察或传感器收集的,我们就需要验证这些数据采集方法的科学性和可靠性。

3. 数据的核实和对比

在使用数据之前,我们最好进行数据的核实和对比。我们可以将自己获得的数据与其他来源的数据进行对比,看是否存在差异或矛盾。同时,可以查找相关文献,验证数据的准确性。

4. 异常值的识别和处理

在数据分析过程中,需要注意识别和处理异常值。异常值可能是对真实情况进行记录时出现了差错,也有可能是随意编造的数据。

假设我们要分析一份关于城市空气质量的数据集,数据包括不同监测站点的PM2.5浓度、NO_2浓度、SO_2浓度等信息。在评估数据的准确性时,我们需要核查数据来源,这些都是城市环保部门的监测数据,数据来源比较权威;验证数据采集方法,确认监测站点是利用专业的气象设备和监测仪器进行数据采集,这些方法是符合标准的,能保证数据的准确性;在数据的核实和对比方面,可以与其他独立机构或国家环保部门发布的空气质量数据进行对比,验证数据的一致性,同时,可以查阅相关研究报告,进一步核实数据的准确性;在分析数据的过程中,如果发现某个监测站点的PM2.5浓度异常高,可能需要进一步调查是否存在设备故障或特殊污染源,对于明显错误的数据,需要进行排查和处理。

通过以上步骤,我们可以更好地评估数据的准确性,确保我们使用的数据是真实、可靠的。准确的数据能够为数据新闻报道提供有力支撑,提高新闻报道的说服力。

四、数据的时效性

数据的时效性是指数据与分析时点的相关性,即数据反映了最新的情况和变化。在数据新闻中,时效性对于准确报道和分析社会现象、事件的发展趋势至关重要。因此,我们需要确保使用的数据是最新的，以避免基于过时数据得出的结论不符合当前的实际情况。

对于数据的时效性，我们需要从以下几个维度进行评估。

1. 数据更新频率

查看数据的更新频率，了解数据是定期更新还是实时更新。某些数据，如天气数据或股市数据，对时效性要求较高，需要实时更新；对于一些社会指标或调查数据，定期更新也可以满足时效性的要求。

2. 最新数据的获取

如果数据有最新的版本或补充数据，应该优先选择使用最新数据。有时候，我们可以通过与数据提供机构联系或查看官方发布的资料来获取最新数据。

3. 比较历史数据

比较历史数据和当前数据，观察数据变化的趋势。如果数据长期没有变化或者出现急剧变化，我们就可能需要进一步了解背后的原因。

4. 事件关联性

考虑数据是否与当前的社会事件或发展趋势有关联。如果有特定的事件影响了数据的时效性，那么我们就需要在分析时进行说明。

在数据新闻报道中，数据的时效性能够提高报道的及时性和针对性，增强受众对于新闻的关注度和信任度。通过对数据的时效性进行评估，我们可以更准确地了解新闻事件的最新情况，及时向公众发布最新数据和趋势分析。

五、数据的一致性

数据的一致性是指在不同数据来源或数据集之间，同一数据字段的值应该是相同的。在数据新闻中，确保数据的一致性非常重要，不一致的数据可能会导致混淆或产生误导性的结论。

对于数据的一致性，我们需要从以下几个维度进行评估。

1. 字段定义和解释

确保所有数据字段都有明确定义和解释。不同数据来源对于字段的定义可能有所不同，因此我们需要明确每个字段的含义和使用方式。

2. 数据标准化

在整合数据之前，我们需要对数据进行标准化处理，以确保不同数据来源的数据格式、单位和命名一致，如统一日期格式、货币单位等。

3. 数据对比和验证

对不同数据来源的相同字段进行对比和验证。这可以通过创建数据一致性检查程序或者手动检查来实现。

4. 数据清洗和合并

清洗数据时，需要识别并解决数据不一致的问题，比如处理大小写不一致、拼写错误等。在合并数据时，需要确保相同字段的单位是一致的。

通过上述方法，我们可以有效地评估和确保数据的一致性，从而提高数据的可信度和分析的准确性。在数据新闻中，保持数据一致性是确保我们的报道和分析基于可靠数据的重要步骤。

六、数据的唯一性

如果数据集中存在重复或冗余的数据，就会影响数据的唯一性。在数据新闻中，保持数据的唯一性非常重要。重复或冗余的数据可能导致分析结果失真或产生误导性的结论。

对于数据的唯一性，我们需要从以下几个维度进行评估。

1. 数据去重

检查数据集中是否存在重复的数据或记录，及时进行数据去重处理。

2. 唯一标识

检查数据集中是否有唯一标识字段，如 ID 字段或主键字段，用于区分每条数据，确保这些唯一标识字段没有重复值。

3. 比较和验证

对数据集中的不同字段进行比较和验证，确保相同标识的数据在其他字段上的值一致。

4. 合并和整合

在整合不同数据源或数据集时,需要注意重复数据的合并处理,避免数据重复或者冗余。

假设我们要分析一个关于客户订单的数据集,数据包括订单号、客户信息、订单金额等字段。在评估数据的唯一性时,我们需要进行数据去重,检查订单号字段,如果发现某个订单号出现多次,就需要进行数据去重操作。例如,订单号为"20231212"的订单出现了两次,可能是数据输入错误或重复记录,确保订单号字段是唯一的标识字段,每个订单号应该只出现一次;检查订单号相同的记录在其他字段上的值是否一致,例如,订单号为"20240101"的客户信息和订单金额应该是一致的,如果有不一致的情况,就需要进一步核实;如果我们需要整合多个订单数据集,就要确保在合并时进行了合理的去重处理,避免订单数据的重复或者冗余。

通过上述方法,我们可以有效地评估和确保数据的唯一性,从而提高数据分析的准确性和可信度。

第二节 数据的新闻价值挖掘

作为一种新型的新闻报道方式,数据新闻改变了传统新闻的报道模式,以数据为核心叙事文本,但这并不代表数据新闻仅仅只是数据集的汇总和可视化呈现。实际上,数据新闻通过将数据和新闻内容有机结合,挖掘多维数据背后的新闻事实,为受众提供更深入的理解和洞察。

数据的新闻价值挖掘不仅是技术层面的操作,而且是对社会现象、事件背后深层次原因的探究和解读。我们将从数据对比、数据联系和数据综合三个角度出发,探讨如何从海量数据中找到新闻的关键,构建丰富多彩的数据新闻报道。

一、在数据对比中发现新闻价值:差异、变化、排名

在数据新闻报道中,数据对比是发现新闻价值的关键手段之一。通过对比不同数据集或时间点的数据,我们可以发现其中的差异、变化和排名情况,从而揭示社会现象的多样性和发展趋势。

(一)差异

差异指的是不同地区、不同群体或不同时间点之间的数据差异,这种差异往往蕴含

着新闻价值和潜力。发现数据差异可以引发人们对问题和现象的兴趣和关注。

数据差异本身也是新闻。在数据新闻报道中，标题通常会包含"差异""不同""对比"等相关的关键词。与差异相呼应的就是"为什么"，一旦发现数据中的差异，我们可能就需要更深入地分析"为什么"，比如为什么不同地区的数据差异如此大、为什么某一群体的数据与其他群体的数据有较大区别等。

财新网推出的《"眼镜大国"养成记》（见图5-1）新闻作品，以动态的图表为受众展示了我国城市小学、农村小学、城市中学、农村中学的学生近视率的变化。不同类别学校的学生用颜色各异的卡通小人表示。透过动态图表，受众可以显而易见地看出，随着时间的推移，不同类别学校学生的近视率也在提高。该作品能引导受众注重爱眼、护眼。另外，城市小学生与农村小学生近视情况也存在较大差异，这会引起受众对于城市小学生与农村小学生生活习惯差异的思考。

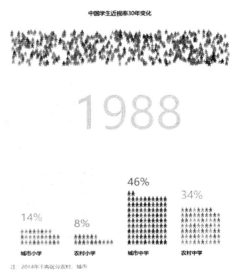

图5-1　《"眼镜大国"养成记》节选

在报道有关数据差异的新闻作品中，特别是涉及排名、区域差异等情况时，要注意明确数据的范围，这有助于受众正确理解数据的意义和背景。例如，在比较不同地区的犯罪率时，需要明确数据涉及的地区范围，比如是全国、某个省、城市或特定社区。同样地，在比较不同时间点的空气污染程度时，需要清楚数据所覆盖的时间范围，比如是近几年、某个季度或特定时间段，这能让受众更加全面地理解数据背后的故事。

（二）变化

变化指的是不同时间点或不同条件下数据的变化趋势，能反映事件的发展情况。发现数据的变化可以展示事件的发展趋势，并对未来趋势做出预测和警示。

变化本身就是新闻。在有关变化的数据新闻报道中，新闻标题通常包含"上升""暴跌""增加"等必要的动词。与变化相呼应的就是"为什么"。一旦发现数据中的某种变化，我们可能就需要更深入地去分析"为什么"，比如为什么数字会下降、会上升。除此之外，还可以增加一个次要的分析视角，去探索变化的趋势，例如哪些地方数据上升得快，哪些地方数据变动较小，这能帮助我们更有针对性地解决问题。

2021年7月25日，在福州举行的第44届世界遗产大会在线上审议"泉州：宋元中国的世界海洋商贸中心"项目。当日，该项目顺利通过审议，成功进入《世界遗产名录》，成为中国第56处世界遗产。随即，新华网发布了《守护世遗瑰宝 贡献中国力量》（见图5-2），通过视频、图表等可视化形式展示了各国及地区世界遗产数量以及对世界遗产的保护情况。报道中的详细数据展示了1978—2021年，世界各国及地区世界遗产数量的变化情况。其中，中国的世界遗产数量变化是用黄色标识展示的，能够很明显地显示我国世界遗产数量增长迅速。这有助于受众了解世界遗产的数量，引发受众对于世界遗产保护的关注及重视。

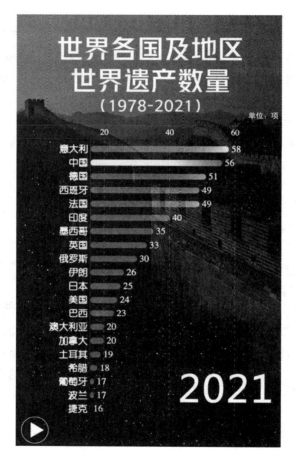

图5-2　《守护世遗瑰宝 贡献中国力量》节选

"据《纽约时报》和美联社的报道，美国2020年人口普查公布的第一批详细数据显示，美国非西班牙裔白人的人口数量从2010年的1.96亿缩减到1.91亿，人口比例从2010年的63.7%下降到2020年的57.8%，历史上首次跌破60%，这是有记录以来的最低水平。特别是在18岁以下的人口中，非白人将成为大多数。然而，目前白人人口仍然是美国最大的种族或族裔群体。"

以上为《美国加速种族多元化：人口普查数据显示白人占比首次跌破六成》数据新闻节选片段。报道呈现了美国白人、西班牙裔、黑人、亚裔人口在1990—2020年的变化趋势（见图5-3）。在这30年里，亚裔和西班牙裔人口数量显著增长，这可能与国际移民、出生率等因素有关。相比之下，白人人口的比例在下降，这反映了美国白人人口老龄化和生育率下降的趋势。美国人口普查部门估计，到2045年，美国的白人数量将降至总人口的50%以下，白人将不再是美国社会的多数族裔。另外，报道中的详细数据显示，30年间，美国总人口增长的一半以上（51.1%）来自亚裔/西班牙裔人口的增长。与之形成对比的是，非西班牙裔白人在20世纪70年代占全部人口增长的46%，在20世纪80年代占36%，在20世纪90年代占20%，但在21世纪前10年，仅占人口增长的8%，在2010—2020年，非西班牙裔白人人口增长为零。这说明，尽管亚裔和西班牙裔人口的增长速度变得缓慢，但仍比其他种族人口的增长强劲得多。该作品通过呈现白人、西班牙裔、黑人、亚裔人口30年间的变化，全面展示了美国人口构成的变化趋势和不同族裔群体的人口增长情况，同时也展现了数据新闻中数据的变化对于深入分析社会现象的重要性。

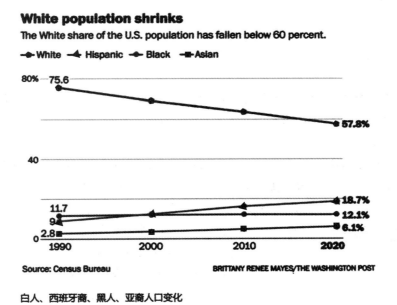

白人、西班牙裔、黑人、亚裔人口变化

图5-3 《美国加速种族多元化：人口普查数据显示白人占比首次跌破六成》节选

在报道有关数据变化的新闻时，有两个需要考虑的因素：季度性变化和误差范围。

1. 季度性变化

季度性变化通常用于衡量经济活动和数据的周期性变化。对于经济数据，特别是国内生产总值（GDP）、就业率、零售销售额等指标，通常会按季度发布。季度性数据可以帮助我们了解经济活动在不同季节或季度之间的变化趋势，从而更好地分析和预测经济走势。

季度性数据的发布对新闻报道有着重要影响。报道经济数据时，要考虑不同季度之间的差异，以及季节性因素可能造成的影响。了解数据的季度性变化有助于我们更准确地解释数据背后的含义，避免对经济状况做出错误的解读。但要注意的是，季度性变化存在一定的规律性，变化本身不具备新闻价值。

2. 误差范围

误差范围是指统计数据的不确定性范围，即数据的真实值可能在某个范围内波动。在经济数据中，误差范围通常以标准误差、置信区间等形式呈现。较大的误差范围意味着数据的准确性较低，此时数据可能受到多种因素的影响，如抽样误差、调查方法等。

在报道数据变化的新闻时，考虑误差范围至关重要。如果数据的误差范围较大，我们就不能仅依靠单一的数字来得出结论。在报道中，我们应该提及数据的误差范围，以及误差范围可能对数据解读和分析造成的影响，这有助于受众更全面地理解数据的真实性和可靠性。

（三）排名

排名指的是对不同对象或数据进行排序，反映竞争或结构的情况。排名类的数据主要关注分析对象在数据集中的表现情况或者排名的相对位置，反映了各种分析对象的地位和关系，引发人们对竞争、优劣的关注。

排名类数据是数据新闻中常用的一种数据形式，它反映了不同对象或数据在特定条件下的排序情况，从而展示现实中的竞争和结构关系。在数据新闻中，排名类数据新闻报道通常包含诸如"第一名""排名上升""排名下降"等词汇。另外，"跻身""跃居""连续第一"等词汇直接表达了排名的变化趋势，创作者可以深入分析排名变化的原因及数据最好或最差的时间点，探究背后的原因。

数据新闻作品《全球车企市值大洗牌：五新能源车企一年间跻身前20强》（见图5-4），通过2019—2020年全球车企市值变化、中国2020年前10个月新能源汽车销量与燃油车销量的对比、老牌车企的新能源汽车销量情况、2020年上半年全球新能源车企销量情况、世界各地燃油车禁售计划时间等数据，展示了在传统燃油车向新能源汽车转型的大背景下，新能源汽车相关企业越来越受到资本的青睐，以及全世界范围内车企行业的竞争情况。

在报道有关数据排名的新闻，特别是涉及犯罪、疾病、污染等社会问题的排名时，需要注意两个影响排名的因素：人口因素和特殊情况。

图5-4 《全球车企市值大洗牌：五新能源车企一年间跻身前20强》节选

1. 人口因素

如果某地区在某项指标上排名靠前,需要解释可能存在的人口密度因素。例如,高人口密度地区犯罪率或污染指数可能较高,但这些并不代表该地区本身的社会治安或环境质量差。

2. 特殊情况

说明可能的特殊情况,如某地区的经济特点、地理环境等。这些因素可能影响排名结果。需要对数据进行充分的背景调查和解读,避免误导性的排名。

通过以上分析,我们可以看到,数据对比是发现新闻价值的重要途径。在数据新闻报道中,我们可以通过发现数据的差异、变化和排名,来挖掘数据中蕴含的新闻故事的切入点,发掘隐藏在数据背后的信息,为受众呈现更加丰富和全面的新闻事实。

二、在数据联系中发现新闻价值:网络、探索、相关性

在数据新闻报道中,探索数据联系是另一个重要的挖掘新闻价值的途径。通过分析数据之间的网络、探索和相关性,我们可以揭示事件的传播范围、影响力和关联情况,从而丰富和深化新闻报道的内容。

(一)网络

网络指的是数据中展示出来的关系,如社交网络中的用户互相关注关系、产业链条中的企业关联等。网络关系展示了事件或对象之间的联系,能够帮助我们了解事件的传播路径和影响范围。在复杂的新闻事件中,往往存在不同的新闻元素,关系叙事的基本含义就是发掘并呈现这些元素之间的关系和结构。关系叙事的常见方式是对特定关系网的编织。

《西雅图时报》(*The Seattle Times*)在一篇数据新闻报道中,使用视觉化的网络图描绘西雅图艺术圈内部的人物关系(创作者通过让西雅图艺术圈的女性说出影响其职业生涯的导师、合作者和同事的名字,来绘制关系图)。整篇报道没有过多的文字和数字,通过对西雅图艺术圈内部关系进行分析,报道直观形象地揭示了人物之间的复杂关系(见图5-5)[1]。

---

[1] 从关系到排名——七种数据新闻常见的切入角度[EB/OL].[2020-09-24].https://www.thepaper.cn/newsDetail_forward_9312177.

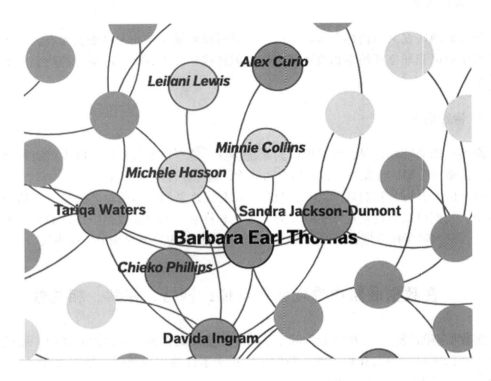

图5-5 《西雅图时报》的报道节选

分析人或事物之间的网络关系为数据新闻提供了一种新颖的讲述故事的方式,但需要注意的是,这种网络关系一定要建立在真实关系的基础上,而不是通过已有数据编造出来的关系。合理运用网络关系可以为数据新闻报道注入新的活力。

(二)探索

探索指的是对数据中的模式、趋势和异常进行深入分析和挖掘。通过对数据进行可视化、统计分析和挖掘,我们可以发现数据背后的故事和现象。

在探索类的数据新闻报道中,标题中经常会出现"探索""做了测试"等词汇,这些词汇能邀请受众参与互动,生成自己的观点。像这类互动式的数据新闻,受众拥有对页面的控制权,并且可以根据自己的习惯进行非线性的阅读。

数据新闻作品《测测你是哪种减碳星人》(见图5-6),采用交互游戏的形式,引导受众参与游戏,自主选择阅读路线,通过场景化的游戏关卡,最后生成自己的数据报告。

图 5-6　《测测你是哪种减碳星人》节选

(三) 相关性

相关性指的是不同数据之间的关联程度,即一个数据的变化是否会影响另一个数据。通过分析数据之间的相关性,我们可以揭示一些有意义的关系,理解事件或现象背后的因果关系。在数据新闻报道中,相关性分析常常用于揭示不同变量之间的关系,帮助我们深入了解事件的发展和变化趋势。

例如,针对中国城市化发展过程中凸显的大城市少婚现象,数据新闻作品《我们去了相亲角6次,收集了这874份征婚启事》(见图5-7)将上海某相亲广场作为实证研究地点,通过为期6周的实地考察,收集和分析了近千份相亲广告。在此过程中,技术设计人员不仅通过动态、交互的数据可视化方式向公众呈现了国内一线大城市婚恋市场的人口属性概况,而且依靠媒体对广告内容的敏锐观察和文本数据分析,发现人们对于房产、户口等客观条件的关注与描述程度远远高于以性格、爱好为代表的主观个体条件。当感情成为行情,对物质条件的过分追求显示以情感交流为基础的城市相亲活动逐渐变为一种商品交易行为,情感因素的缺失成为国内少婚问题的主要原因之一。该案例通过对数据相关关系的剖析,指明了造成该现象的原因。新闻内容在深度和可信度层面得以提升。

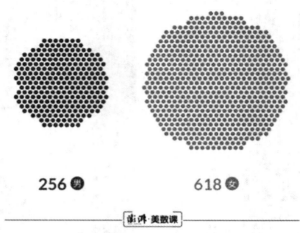

图 5-7 《我们去了相亲角 6 次，收集了这 874 份征婚启事》节选

相关性分析不仅可以帮助受众了解数据之间的关联程度，而且能够为报道提供更深层次的分析和解释。通过对数据之间的相关性进行探索，我们可以发现数据背后的故事，揭示事件的发展趋势和潜在的影响因素。

通过以上案例，我们可以看出在数据联系中发现新闻价值的重要性。网络、探索和相关性是数据联系中常见的关系，能够帮助我们从不同角度深入挖掘数据背后的故事，为新闻报道提供更加多元和全面的视角。在数据新闻实践中，善于利用数据联系，能够让我们发现更多隐藏的新闻价值，为受众呈现更加丰富和深入的信息。

三、在数据综合中发现新闻价值：范围、规模、趋势

在数据新闻报道中，数据综合是另一个关键的新闻价值挖掘方法。通过综合不同数据的范围、规模和趋势，我们可以揭示事件或现象的全局特征和发展趋势，为新闻报道提供更加深入和全面的视角。

（一）范围

范围指的是数据涉及的范围和区域，如某项政策的实施范围、事件影响的地域范围等。范围展示了事件或现象的影响面和覆盖面，能够帮助我们从全局角度了解事件的普遍性。

英国路透社的数据新闻作品《生活在难民营》（*Life in the Camps*）（见图 5-8）获得了

2018年全球数据新闻奖。2017年8月，数十万罗兴亚民众为躲避缅甸政府，选择流亡到邻近的孟加拉国，再次将缅甸若开邦罗兴亚问题推上了世界舆论的风暴口。难民聚集在孟加拉国的城市科克斯巴扎尔。从卫星地图上，我们可以看到，难民营的面积迅速扩大。难民在短时间内大范围聚集带来了卫生、用水等诸多生活问题。在作品中，创作者运用地图呈现难民营的范围变化，同时结合点图标记每个卫生间、水源、居民点的位置，探求这三者之间的关系。作品虽然数据量庞大，但是作品内容并不是数据堆砌，而是围绕着难民营的范围变化、卫生和疾病问题展开，揭示全球范围内难民的生存状态，并呼吁人们关注难民群体。

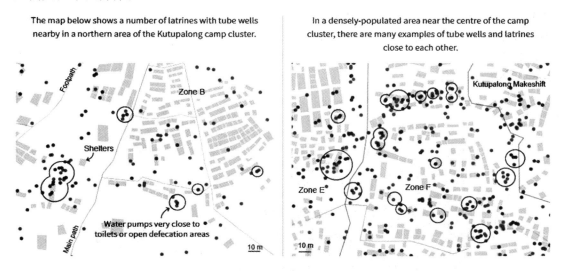

图5-8　《生活在难民营》节选

◆ 知识拓展

全球数据新闻奖

全球数据新闻奖（Data Journalism Awards）设立于2012年，由谷歌赞助，由全球编辑网络（Global Editors Network）和欧洲新闻中心联合创立。作为首个表彰数据新闻领域杰出工作的国际奖项，多年来，它已经成长为在数据新闻圈里占据重要位置的国际奖项。

（二）规模

规模指的是数据的数量和大小，如市场规模、经济产值规模等。规模展示了事件或现象的大小和重要性，能够帮助我们了解事件的影响力和社会意义。

从规模切入的数据新闻报道是最常见的数据新闻类型。一般情况下，这类报道会提供最新公布的数据，比如结婚率、死亡率、就业率等相关数据，规模的大小会呈现动态变化过程。因此，从数据规模中挖掘新闻价值时，我们通常依据数据变化或者差异来构建时间脉络，从数据中探索规模大小以及规模变化的原因。

2019年是中华人民共和国成立70周年，党和政府举行了气势恢宏、气氛热烈的庆祝活动。中央和地方媒体推出了数据新闻系列报道，通过数据的纵向、横向的综合对比，展示我国在各领域取得的巨大成就。例如，新华社推出"700字说70年"栏目（见图5-9），播发《70年，中国经济总量增长超170倍》《70年，中国人均可支配收入增长约60倍》《70年，中国孩子身高呈现"上扬曲线"》《70年，中国法律体系逐步健全》等报道，内容涵盖经济、健康、就业等诸多领域。每篇报道均将中华人民共和国成立之初和70年后的发展数据进行纵向对比。70年，中国人寿命长了，孩子们个头高了，中国经济总量增长超170倍，工业增加值增长超970倍，7亿多人摆脱贫困……单篇报道篇目在700字以内，通过具体的数据规模及变化，直观地彰显了中华人民共和国成立70年来我国各个领域发生的历史性巨变，增强了报道的时代感、说服力。

图5-9 "700字说70年"栏目页面

在使用规模类的数据进行数据新闻报道时，我们需要注意的一点是，不能过多地将"大数据"作为新闻报道的数据支撑。我们可以将具体的数据规模转换为百分比，或者通过比较和类比的方式，构建新闻的背景脉络。

（三）趋势

趋势指的是数据所显示的发展方向和变化趋势，如经济增长趋势、消费习惯变化趋势等。趋势展示了事件或现象的发展动向，能够帮助我们预测未来趋势，并做出相应的调整。

数据新闻作品《一个关键数据变化，揭示中国碳中和新趋势》（见图5-10），展示了2011—2022年，全国用电量与GDP增速的对比情况。2011—2019年，除2018年外，其余年份的用电量增速均低于GDP增速，即电力消费弹性系数小于1；2020—2022年，用电量增长幅度都高于GDP的增长幅度，这背后反映了中国碳中和的一个新趋势，在国家大力实施电气化战略的背景下，电力消费弹性系数大于1，也在一定程度上反映了终端用能电气化程度的提高。同时，根据现有用电量，我们可以预测未来用电量的变化趋势，并根据变化趋势及时做出应对策略。

图5-10　《一个关键数据变化，揭示中国碳中和新趋势》节选

2023年7月，澎湃新闻策划了一个数据新闻视频《世界人口日｜印度人口超中国？万条数据看全球生育率前世今生》（见图5-11），以"印度成为世界人口第一大国，但生育率却在58年间持续下降"为切入点，分析全球其他国家的生育率及其与经济的关系等。澎湃新闻收集了193个国家与地区近60年与生育相关的6万多条数据，把这些数据利用光标原点的形式放在坐标轴上呈现，设置了"总和生育率"坐标轴、"平均生育率"坐标轴等，通过主持人的讲解和互动，全面呈现了生育率和国家经济之间的关系，生动地将枯燥的人口数据进行"美术化"加工，将大量晦涩难懂的数据用图表展示出来，将世界各国的生育率变化趋势尽数呈现，对"世界人口的变化"这个大众关注的话题进行了深入的解析。[①]

图5-11　《世界人口日｜印度人口超中国？万条数据看全球生育率前世今生》节选

---

① 周凯.数说新闻，不仅是数据——数据赋能背景下如何让数据新闻更好看[J].全媒体探索，2023（8）：52-53.

通过以上案例，我们可以看出在数据综合中发现新闻价值的重要性。从数据的范围、规模和趋势中发现新闻价值，也是数据新闻报道的重要角度。在数据新闻的实践中，善于利用数据综合的方法报道数据新闻，能够让受众更好地把握事件的全貌和发展趋势，为受众呈现更加丰富和深刻的社会图景。

第三节　数据的分析与应用

在制作数据新闻的过程中，数据的获取只是第一步。对获取的数据进行后续的处理是至关重要的步骤。获取数据后，数据处理的质量直接影响着数据分析和新闻报道的准确性、可靠性和说服力。数据在经过处理之后，才能展现出其中蕴含的真实和有用的信息。

获取数据后，数据处理工作的重要性不言而喻。首先，现实世界中的数据往往是不完美的，可能存在着缺失值、异常值、重复值等问题。如果不经过处理，就直接进行分析和报道，容易导致结果的失真和误导，影响受众对事件的正确理解。其次，数据的质量直接关系到后续分析的可信度，只有经过严格的处理，我们才能确保分析的准确性和可靠性。最后，数据处理还可以揭示数据中隐藏的规律和趋势，为后续的分析和报道提供更深入的视角和解释。

在处理数据的过程中，我们需要使用各种技术和工具来清洗、转换和整理数据。例如，处理缺失值时，可以使用插值、平均值填充等方法；处理异常值时，可以采用剔除、平滑等方式；处理重复值时，则可以采用去重操作。此外，我们还可以进行数据的归一化、标准化、转换等操作，使得数据更符合分析和比较的需求。

接下来，笔者将带领读者探讨在数据获取完成后，如何对数据进行可行性分析，以及后续对数据进行预处理和分析的方法。通过学习本节内容，读者能了解数据处理的重要性，掌握数据处理的基本技术和方法，为后续的数据新闻制作与发布打下坚实的基础。

一、数据预处理

数据预处理是指在将数据输入到机器学习算法或模型之前，对原始数据进行清洗、转换和处理的过程。数据预处理在数据新闻中扮演着至关重要的角色。通过数据预处理，我们能使数据更加适合分析和建模，提高模型的准确性和效率。数据预处理通常包括数据清洗、数据集成、数据变换和数据规约等步骤。[1]

---

[1] 张良均，谭立云，刘名军，等.Python数据分析与挖掘实战[M].2版.北京：机械工业出版社，2019.

（一）数据清洗

数据清洗是数据预处理的一个重要步骤，主要是指对原始数据进行检查、处理和修复，以便使数据更适合用于分析、建模和可视化。数据清洗的目的是清除数据中的错误、不一致性、重复值、缺失值和异常值等问题，从而提高数据的质量和可靠性。数据清洗的主要内容包括缺失值处理、异常值处理和重复值处理等。

1. 缺失值处理

数据中存在缺失值是常见的问题，可能会导致分析的不准确性。常用的处理方法有不处理、删除记录和数据插补。最理想的情况是不处理或者通过简单的删除部分记录就能达到既定目标，这两种方法是最为便捷的缺失值处理方法。然后，这两种方法有很大的局限性，可能会造成信息丢失、样本偏差、误导分析等，进而影响模型效果。数据插补能够有效地提高数据集的完整性和准确性，减少缺失值带来的偏差，有利于我们更好地进行数据分析和建模，提高模型的性能和预测能力。常用的数据插补方法如表5-1所示。

表5-1 常用的数据插补方法

方法	描述	适用情况
均值/中位数/众数填充	用整列的均值、中位数或众数来填充缺失值	适用于数据特征分布比较均匀的情况，不会引起太大的偏差
前向填充/后向填充	适用于时间序列数据或有序数据	可以使用前一个非缺失值或后一个非缺失值填充
插值法	根据已知数据点的值，推断缺失值的合理估计值	适用于连续数据等，常用的插值方法包括线性插值、多项式插值、样条插值、拉格朗日插值和牛顿插值等
常数填充	用一个常数（如0）填充缺失值	数据集中缺失值数量较少
机器学习模型的填充	基于机器学习模型预测缺失值	适用于复杂的数据集

2. 异常值处理

异常值可能是数据输入错误或真实现象的反常表现，对于数据分析结果的准确性影响很大。预处理时，需要识别和处理异常值，采取合适的方法，如删除、将异常值视为缺失值进行处理、修正等。

3. 重复值处理

在数据收集过程中，重复数据的存在会导致错误的分析结果。通过去除重复值，我们能确保数据的唯一性和准确性。

（二）数据集成

数据新闻中需要的数据往往分布在不同的数据源中。数据集成是指将来自不同数据源的数据合并、整合为一个统一的数据集的过程，是数据预处理的一个重要步骤。

1. 实体识别

实体识别是指从不同的数据源中识别出代表相同实体的数据，以便将这些数据整合到一个统一的数据集中。实体可以是现实世界中的个人、地点、物品、事件等。在数据集成过程中，识别和整合这些实体数据是确保数据一致性和准确性的关键。实体识别包括确定实体、识别实体属性、相似性匹配、唯一标识符和实体匹配等步骤。通过实体识别，我们可以确保不同数据源中代表相同实体的数据能够被正确地整合到一个数据集中，避免了数据冗余和不一致性，为后续的数据分析和建模提供可靠的基础。

2. 数据冗余

在数据集成过程中，冗余是一个常见的问题，指的是数据集中存在重复的或者相似的信息。数据冗余主要有重复记录、冗余属性和冗余列三种表现形式。数据冗余会导致数据集变得庞大，增加了存储和处理的成本，同时也可能导致数据不一致性等风险。处理冗余问题的关键在于正确识别和理解数据集中的重复和冗余信息，常用方法有相关性分析检测等，以确保数据集整洁、一致和高效。

（三）数据变换

数据变换是指对原始数据进行规范化处理，使原始数据更好地适应后续数据分析或建模的需要。数据变换的目的是消除数据中的噪声，调整数据的分布，使数据更符合模型的假设等，从而提高建模的准确性和性能。

1. 函数变换

在数据分析中，函数变换是一种常用的数据变换方法，用于改变数据的分布性质，以满足分析的需要或提升模型的性能。在函数变换中，我们能使原始数据生成新的变换后的数据。常见的函数变换包括以下几种形式。

（1）对数变换

对数变换是一种常用的函数变换方法，适用于数据具有右偏分布的情况。通过取数据的对数，我们可以将右偏的数据转换为更加对称的形式，方便后续的分析。

（2）平方根变换

平方根变换适用于数据右偏或左偏不那么严重的情况。它能使较大的值被压缩，同时使较小的值被拉伸，使数据更接近正态分布。

（3）倒数变换

倒数变换可以用于处理数据左偏的情况，特别是处理频率或时间间隔等数据。它能够拉伸较小的值，使数据更加平滑。

（4）指数变换

指数变换适用于处理数据左偏或右偏，对称性不太好的情况。指数变换可以拉伸或压缩数据，使数据更接近正态分布。

（5）正态分位数变换

正态分位数变换（也称分位数函数变换）将原始数据的分位数映射到标准正态分布的分位数，从而将数据转换为近似正态分布。

我们可以根据数据的分布情况选择不同的函数变换方法，使数据更加符合统计分析的假设，比如线性回归的假设常要求残差为正态分布等。在使用函数变换时，需要注意选择合适的变换方法，在变换后对数据进行逆变换，以便在分析结果中解释原始数据的含义。

2. 数据规范化

数据规范化，也称数据归一化，是数据预处理的一种常见方法，用于将数据按比例缩放，使其进入一个特定的范围。规范化的目的是消除不同特征之间的量纲影响，将不同维度的特征统一到相同的尺度上，以便更好地进行比较和分析。常见的数据规范化方法包括以下几种。[1]

（1）最小-最大规范化

最小-最大规范化是最简单和最常用的方法之一，将数据线性地映射到特定的范围内。这种方法适用于数据分布已知且近似正态分布的情况。

---

[1] 张良均，谭立云，刘名军，等.Python数据分析与挖掘实战[M].2版.北京：机械工业出版社，2019.

(2) 零-均值规范化

零-均值规范化，也称中心化或标准化，是一种常见的数据规范化方法。它通过减去数据的均值，然后除以数据的标准差，将数据转换为均值为0、标准差为1的标准正态分布。这种规范化方法适用于原始数据近似正态分布的情况，能够消除不同特征之间的量纲影响，使得不同特征的数据具有可比性。同时，零-均值规范化保留了原始数据的相对关系，不改变数据之间的排序关系和分布形状。

(3) 小数定标规范化

小数定标规范化通过移动数据的小数点位置来实现数据规范化。这种方法适用于需要对多个特征同时进行规范化的情况。

我们可以根据数据的特点和分析的要求在这些数据规范化方法中选择合适的方法。规范化后的数据更有利于机器学习算法的训练和模型的建立，可以提高模型的性能和稳定性。

3. 离散化

离散化是将连续型数据转换为离散型数据的过程。在数据分析和建模中，有时候，我们需要将连续的数值型特征转换为离散的类别或区间，以便分析和处理数据。离散化可以帮助我们处理过大的数据范围、减少异常数据的影响、改善数据的稳定性和鲁棒性等。常见的离散化的方法有：等宽离散化、等频离散化、聚类离散化。[①]离散化可以使数据更易于理解和解释，同时可以降低模型对异常值的敏感性，提高模型的泛化能力。

（四）数据规约

大规模数据需要占用大量的存储空间，在处理时，需要消耗更多的计算资源和时间。数据规约可以在保证数据集的有效性和代表性的前提下，减少数据的复杂性，节约存储空间，提高数据处理和分析的效率，达到降低存储成本、简化模型、提高模型性能和可解释性的目的，对于大规模数据处理、建模和分析非常有益。

1. 属性规约

属性规约是指在数据挖掘中，通过删除或合并数据集中的冗余、不相关或不必要的属性，从而减少数据集的属性数量，提高数据挖掘的效率和模型的泛化能力的过程。属性规约的常用方法包括删除重复属性、删除常量属性、删除无关属性、合并相关属性和前向选择等。删除重复属性是指去除具有相同取值的属性；删除常量属性是指去除在所有样本中取值相同的属性；删除无关属性是指去除与目标变量关系不大的属性；合并相

---

① 张良均，谭立云，刘名军，等.Python数据分析与挖掘实战[M].2版.北京：机械工业出版社，2019.

关属性是将多个相似属性合并为一个更具代表性的属性；前向选择则是逐步添加对目标变量预测有帮助的属性，直至达到某个预设的准则。这些方法旨在简化数据集，减少噪声和冗余，使数据更加精炼和高效，从而提高数据挖掘的效率和模型的泛化能力。

2. 数值规约

数值规约是指通过某种方法将数据集中的数值属性进行简化，以减少数据量，同时保留数据的重要信息。常用的数值规约方法包括直方图、聚类、抽样、参数方法等。[①]直方图方法通过对数据进行分桶，将连续数值转换为离散形式，缩小数据的取值范围；聚类方法将相似的数据点合并为一个簇，用簇的中心代表原始数据，降低数据维度；抽样方法从数据集中抽取一部分样本代表整体数据，减少数据量，保留主要特征；参数方法通过计算统计参数，如均值、方差等，来代表一组数值，从而实现数据的简化。这些方法可以有效降低数据的复杂程度，提高数据挖掘的效率和模型的可解释性。

3. 维度规约

维度规约是指通过降低数据维度的方法来减少数据集中特征的数量，同时保留数据的重要信息的属性。常用的维度规约方法包括主成分分析、因子分析、独立成分分析等。主成分分析通过线性变换，将原始特征映射到新的正交特征空间，保留最重要的信息，消除特征之间的相关性；因子分析探索数据中的潜在因子结构，减少原始特征的数量；独立成分分析则试图将多维数据分解为独立的非高斯分布的成分，以降低数据的冗余性。这些方法有助于降低数据维度，减少存储和计算开销，提高模型的训练速度和效果。

二、数据的分析

数据新闻中的数据分析是指利用统计学、数据挖掘、机器学习等相关知识和方法，对收集到的大量相关新闻数据进行深入分析和挖掘，深入揭示事件的内涵、趋势和影响，从而为受众呈现更有深度和说服力的新闻报道。数据新闻的常用数据分析方法有基于各类统计方法的数据特征分析、算法模型分析和大数据分析。

（一）数据特征分析

数据特征分析是指对数据集中的特征（或变量）进行统计和可视化分析，以了解数据的分布、集中趋势、离散程度和相关性等信息。通过数据特征分析，我们能发现数据中的规律、趋势等。

---

① 张良均，谭立云，刘名军，等.Python数据分析与挖掘实战[M].2版.北京：机械工业出版社，2019.

1. 分布分析

分布分析能够揭示数据的中心趋势（如均值、中位数）、数据的离散程度（如方差、标准差）、数据的分布形态（如正态分布、偏态分布）等，可以帮助我们直观地了解数据的整体情况。对于定量数据，我们可以采用绘制频率分布表、频率分布直方图等进行直观性分析；对于定性数据，我们则可以使用饼图或者条形图进行分析。

2. 对比分析

对比分析是指将不同组或不同时间点的数据进行比较，从数量上展示和说明研究对象规模的大小，水平的高低，速度的快慢，以及各种关系是否协调，以揭示它们之间的差异和相似之处。对比分析可以应用于不同地区、不同群体、不同产品等的比较，尤其适用于指标间的横向和纵向比较。对比分析主要包括以下几种。[1]

（1）绝对数比较

绝对数比较就是直接对数据的绝对数值进行对比，方便我们快速了解它们之间的差异或相对大小。

（2）结构相对数

结构相对数是用来比较整体内不同部分之间的比例关系的指标，通常用百分比表示。它可以帮助我们了解各部分在整体中的相对重要程度。例如，某城市的人口结构相对数显示65%是年轻人和婴幼儿，25%是中年人，10%是老年人，这反映了该城市不同年龄段人口的分布情况。

（3）比例相对数

比例相对数是用来表示两个数量之间比例关系的指标，通常用百分比表示。它可以帮助我们了解某一部分在整体中的占比情况。例如，某公司的利润增长率是20%，意味着该公司的利润在一定时期内增长了20%。

（4）强度相对数

强度相对数是用来比较不同地区、不同群体或不同时间点之间的绝对数量的指标，通常表示为比例或指数。它可以帮助我们比较不同地区或群体在某个指标上的绝对数值大小。例如，某城市的人均GDP是5000元，而另一城市是3000元，那么前者的人均GDP强度相对数就大于后者。

---

[1] 段峰峰. 新媒体数据分析与应用[M]. 北京：人民邮电出版社，2020.

(5) 动态相对数

动态相对数是用来比较同一指标在不同时间点或不同条件下的变化情况的指标，通常表示为比例或指数。它可以帮助我们分析某一指标随着时间或条件的变化趋势，比如某地区的人均GDP在2010年是2000元，到2020年增长到3000元，那么这个地区的人均GDP动态相对数就显示出了这一增长趋势。

3. 周期性分析

周期性分析是一种用来研究时间序列数据中重复出现的周期性变化规律的方法。通过对时间序列数据进行周期性分析，我们可以揭示数据中存在的周期性变化模式。这种分析有助于我们了解数据在不同时间段内的变化趋势，从而更好地预测未来的变化情况，指导决策和规划。举例来说，季节性销售数据可能在每年同一季度呈现相似的波动模式，周期性分析可以帮助企业预测和应对这种季节性波动。

4. 贡献度分析

贡献度分析用于识别数据中各因素对整体变化所做出的贡献的程度。通过对数据进行贡献度分析，我们可以了解各因素对整体变化的影响，找出主要影响因素和关键驱动力。这种分析通常用于多因素的情况下，可以帮助我们更加精准地制定策略和措施，优化资源配置。举例来说，对于销售额的贡献度分析可以帮助企业了解哪些产品、哪些渠道、哪些地区对销售额的贡献最大，从而有针对性地调整营销策略和销售目标。

5. 相关性分析

相关性分析是一种用来衡量两个或多个变量之间关系的方法，常用于了解变量之间的线性关系强度和方向。通过相关性分析，我们可以确定变量之间是正相关、负相关还是无相关，从而了解变量之间的关系。这种分析可以帮助我们预测一个变量如何随着另一个变量的变化而变化，为决策提供依据。举例来说，对于销售额和广告投入的相关性分析可以帮助企业了解广告投入与销售额之间的关系，从而调整广告策略，以提高销售业绩。

（二）算法模型分析

前文提及的数据特征分析方法，适用于小样本研究和数据收集成本较高的情况，对数据具有较强的解释性和推断性，这是其优点。其缺点在于对数据特征和分布的假设性较强，只有数据满足一定的前提条件，我们才能应用上述方法。与上述数据特征分析方法不同，算法模型分析拥有更广泛的应用范围和更强大的处理能力，可以处理大规模和复杂的数据集，比如通过机器学习和深度学习等技术，从数据中学习并生成预测性能更高的模型。算法模型分析可以更好地处理非线性关系、高维度数据和大数据量，同时能够自动识别数据中的模式和趋势，为决策提供更准确的预测和建议。常见的算法模型分析包括监督学习算法、无监督学习算法、集成学习算法、深度学习算法、关联规则学习算法和强化学习算法等。

1. 监督学习算法

监督学习算法是一种利用带有标签的数据集来训练模型的方法。通过分析政府公开数据、调查报告等信息，监督学习算法能为新闻报道提供数据支持和深度分析，帮助受众更好地理解复杂的现实情况。常见的监督学习算法包括Logistic回归、决策树、支持向量机等，它们在分类和回归等任务中发挥着重要作用。这些算法可以用于预测选举结果、分析经济趋势、识别社会问题等。

（1）Logistic回归

Logistic回归是一种广泛应用的分类算法，用于预测二元结果（如是/否、真/假等）。虽然名字中包含"回归"，但它实际上是一种分类方法，通过将线性模型与Logistic函数结合，将输入特征映射到一个概率值，然后根据设定的阈值进行分类。这种算法常用于文本分类、情感分析等任务。

（2）决策树

决策树是一种直观且易于理解的分类和回归算法，通过一系列规则来对数据进行分割，从而生成一个树形结构。在每个节点上，算法会选择最佳特征来进行数据分割，使得子节点中的样本更加纯净。这样的分割过程不断重复，直到达到停止条件，例如节点中的样本数达到阈值或者树的深度达到限制。在数据新闻中，决策树可以帮助我们解释数据，发现数据中的模式和规律，例如预测选举结果、分析消费者行为等。由于可解释性强，决策树常被用于解释复杂数据背后的逻辑和因果关系。

（3）支持向量机

支持向量机是一种强大的监督学习算法，用于分类和回归任务。它的优势在于可以处理高维数据集和非线性数据，在样本量比较小时也能表现出色。支持向量机在数据新闻中可用于处理情感分析、文本分类、股票预测等任务，在复杂数据和处理边界不明确的情况下表现出色，在数据新闻报道中拥有强大的分类和预测能力。

2. 无监督学习算法

无监督学习算法是一种机器学习方法。它能够自动从大量数据中发现隐藏的模式和结构，帮助我们揭示数据背后的有趣信息和趋势。举例来说，无监督学习算法可以用于聚类分析，将数据点划分为不同的组别，帮助我们更好地理解社会群体、市场细分情况等。这些算法有助于我们发现新闻线索、获得新的视角，并使数据新闻报道更有深度和洞察力。常见的无监督学习算法包括聚类算法和降维算法。

（1）聚类算法

该算法的主要目的是将数据点划分为具有相似特征的组。这些组别被称为簇，每个簇内的数据点彼此相似，而不同簇之间的数据点差异较大。K均值聚类是一种常见的方法，它根据用户指定的簇数量K，通过迭代更新簇的中心来划分数据。层次聚类是一种逐步合并或分裂簇的方法，形成层次化的簇结构。密度聚类则根据数据点周围的密度来确定簇的边界。这些算法有助于揭示数据中的模式和结构，可应用于市场细分、社交网络分析、图像分割等各种领域。

（2）降维算法

降维算法用于减少数据维度，保留最重要的特征，有助于我们识别数据中的隐藏模式和结构。

3. 集成学习算法

集成学习算法能通过组合多个学习器的预测结果，获得比单个学习器更好的性能和泛化能力。这些学习器可以是同质的，也可以是异质的。常见的集成学习算法包括随机森林、梯度提升树和AdaBoost等，它们通过投票、加权平均等方式整合多个模型的预测结果，提高模型的稳定性和准确性，适用于分类和回归等任务。

（1）随机森林

随机森林是基于多个决策树构建而成的，通过随机选择数据的子集和特征的子集来建立多个决策树，然后通过投票或平均的方式进行预测，以提高模型的性能和泛化能力。

（2）梯度提升树

梯度提升树是一种迭代的决策树算法，它通过构造一组弱学习器（决策树），并把多个决策树的结果累加起来，作为最终的预测输出。梯度提升树对于处理复杂的非线性关系和高维数据具有很强的表现力和泛化能力，具有广泛的应用场景。

(3) AdaBoost

该模型按照顺序训练多个弱分类器，每个分类器的训练都会根据前一个分类器的表现进行调整，以提高模型的准确性，在处理分类问题和噪声数据方面表现优异。

4. 深度学习算法

数据新闻中的深度学习算法是一种强大的工具，通过多层神经网络的组合和学习，可以从大规模数据中自动学习特征表示，帮助我们发现数据中的复杂模式和趋势。在数据新闻中，深度学习算法可以应用于情感分析、事件预测、图像识别等任务，为新闻报道提供更深入的分析。

5. 关联规则学习算法

数据新闻中的关联规则学习算法是一种用于发现数据中项集之间关联性的方法，特别是在大规模数据集中。这种算法旨在找到频繁出现在数据中的项集，以及它们之间的关联规则，如"如果发生A，则可能发生B"。这些规则可以帮助我们发现数据中的潜在关联和趋势，例如购物篮分析、新闻事件的相互影响等，为新闻报道提供更深入的分析。

6. 强化学习算法

强化学习算法是一种基于智能体与环境交互学习的方法。智能体通过与环境的交互获得奖励，并根据奖励的反馈来调整行为，以达到最大化累积奖励的目标。强化学习算法常用于解决需要在复杂环境中做出决策的问题，例如自动驾驶、推荐系统和游戏策略等。在数据新闻中，强化学习算法多应用于模拟真实情景，预测事件结果或者了解行为背后的动机。

（三）大数据分析

普通的数据特征分析、算法模型分析适用于处理规模较小的数据集，通常在单个节点上运行，使用传统的数据分析工具和编程语言进行处理。如果数据新闻涉及的数据规模非常庞大，数据量可能达到或超过传统数据库和处理工具的处理能力范围，我们就需要采用分布式处理的方式来处理海量数据，这就是大数据分析。大数据分析在实时性和效率上更有优势，在需要实时或近实时分析的场景中应用广泛，如在线数据新闻生成、个性化推荐等。

本章小结

本章深入探讨了数据的质量鉴别、数据的新闻价值挖掘、数据的分析与应用相关知识。在数据的质量鉴别方面,我们着重考虑了数据的完整性、有效性、准确性、时效性、一致性和唯一性问题。数据的质量鉴别能为数据的预处理及分析打下基础。在数据的新闻价值挖掘方面,我们学习了在数据对比中发现新闻价值的方法,包括数据的差异、变化和排名等,这些能够显示数据中的重要变化和趋势。我们讨论了在数据联系中发现新闻价值的方法,包括网络、探索和相关性等。这些能帮助我们揭示数据之间的联系和影响。此外,在数据综合中发现新闻价值的方法也十分关键,包括从数据的范围、规模和趋势中发现新闻价值,能帮助我们从整体上揭示数据的重要特征和发展趋势。在数据的分析与应用中,我们了解了数据预处理和数据分析的过程。数据预处理是保证数据质量和准确性的关键步骤,而数据分析则是挖掘数据潜在价值和呈现数据结果的重要环节。

习题

1. 简述数据的质量鉴别指标。
2. 数据预处理的方法有哪些?
3. 数据分析的方法有哪些?

阅读拓展

[1] 美国加速种族多元化:人口普查数据显示白人占比首次跌破六成[EB/OL].[2021-08-13].https://new.qq.com/rain/a/20210813A04DF400.

[2] 从关系到排名——七种数据新闻常见的切入角度[EB/OL].[2020-09-24].https://www.thepaper.cn/newsDetail_forward_9312177.

[3] 优秀数据新闻作品推介一:如何让读者置身在世界上最大难民营[EB/OL].[2018-12-03].https://mp.weixin.qq.com/s/LDKV4nYx_unKZJdv-WRlTg.

[4] 周凯.数说新闻,不仅是数据——数据赋能背景下如何让数据新闻更好看[J].全媒体探索,2023(8):52-53.

第六章

数据新闻可视化

◆ 学习目标

本章将详细介绍数据新闻可视化的功能，运用丰富的案例展示数据新闻可视化的常见类型，讲解数据新闻可视化设计的基本原则，演示几种常用的数据可视化设计工具的基本操作。读者的学习目标是理解数据新闻可视化的作用，掌握数据新闻可视化的常见类型，并能根据数据特征选择相应的可视化设计方案，在进行数据可视化设计时遵循准确、清晰、美观等基本原则，能够使用常用工具进行可视化创作。

◆ 本章体例

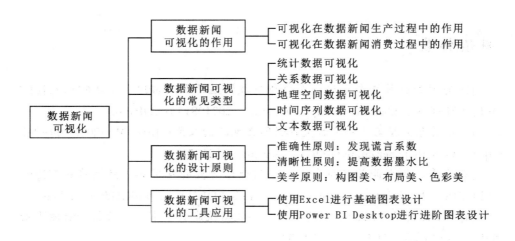

第一节　数据新闻可视化的作用

可视化（visualization）是利用计算机图形学和图像处理技术，将数据转换成图形或图像在屏幕上显示出来，并进行交互处理的理论、方法和技术。它将符号或数据转换为直观的几何图形，便于研究人员观察其模拟和计算过程。可视化作为数据新闻传播的主要形态，是数据新闻不可或缺的元素之一。[①]

数据新闻的诸多概念都确定了对数据进行可视化呈现是数据新闻生产中的关键环节。正如《数据新闻手册》指出的那样，数据可视化非常美观、能够吸引人的注意力。除此之外，它还利用了人类的一个强大的认知优势：在人类大脑中，超过80%的信息来自视觉，超过一半的大脑区域参与了对视觉信息的处理。在当前的数据新闻生产实践中，可视化呈现已经成为不可或缺的关键流程。具体说来，可视化在数据新闻的生产和消费两个环节均发挥重要作用。

一、可视化在数据新闻生产过程中的作用

（一）深化数据新闻从业者对数据的探索和理解

可视化设计能够帮助数据新闻从业者更好地理解数据，并发现其中的规律和趋势，为他们提供洞察力和决策支持。通过将数据以图表、视频等形式呈现，数据新闻从业者可以快速掌握数据的核心内容，更好地发现问题、验证假设，发现隐藏在数据中的信息和模式，进行更深入的调查和分析，挖掘数据中的有趣细节和新闻价值，为新闻报道提供更多有深度、有效的创作路径。

（二）推动故事的讲述

在数据新闻叙事中，数据是叙事语言，可视化就是将数据以更清晰的逻辑和更好的阅读体验呈现给受众。[②]可视化设计能为数据新闻提供清晰的结构和组织方式，通过布局、顺序、标注等设计手段，将数据和相关文本有机结合起来，形成一种连贯的叙事流。同时，可视化通过将文本、图表、视频等多媒体元素结合，使叙事更加丰富和有趣。

---

① 刘杰.数据新闻可视化叙事初探[J].科技传播，2013（8）：26-27.
② 许向东.转向、解构与重构：数据新闻可视化叙事研究[J].国际新闻界，2019，41（11）：142-155.

（三）强化信息传达的效率和感染力

数据可视化有助于将冗杂的数据信息以及错综复杂的关系链以形象、生动、简单的方式呈现，提升新闻的阐释效果。[①]可视化设计通过帮助数据新闻从业者将复杂的数据转化为简明易懂的图形，从而更好地向受众呈现数据结果和分析。通过合适的图表和视觉元素表达，数据新闻从业者可以对数据进行解释和说明。通过合适的可视化设计，数据新闻可以更好地激发受众的情感共鸣。例如，通过排版等元素的运用，可以创造出愿望、担忧、兴奋或同情等情感体验，使受众对故事产生更强烈的共鸣与更积极的关注。

二、可视化在数据新闻消费过程中的作用

（一）提供良好的阅读体验

数据是对现实生活的抽象表达，如果不对其进行可视化处理，很多不具备专业知识的受众会对数据望而生畏。可视化通过图表、视频等形式，将抽象的数据转化为具体的、易于理解的直观表达，受众可以借此快速捕捉到关键信息，形成对事实的快速认知。这种直观性不仅提高了受众理解数据的效率，而且增强了数据的吸引力和趣味性。数据可视化也是一种艺术表达，通过色彩、形状、布局等设计元素，将数据转化为具有美感和吸引力的视觉作品。这种艺术性提升了数据可视化的审美价值，让受众的新闻阅读体验变得轻松、愉悦。

（二）增强受众对新闻的理解和记忆

社会现实的变动是复杂的，这决定了数据新闻处理的数据通常规模庞大，内容繁杂。数据可视化有助于构建概念模型和认知图式，将数据信息与受众已有的知识和经验联系起来，从而促进受众更好地理解数据新闻。可视化技术能对数据进行多角度呈现，使受众可以更好地理解数据之间的关联、趋势和变化，形成更全面、更准确的认识，更好地理解数据的含义和背后的故事。同时，可视化通过视觉效果激活受众大脑中的感知和记忆系统，使得信息更加易于记忆。相比纯文本，可视化设计使数据新闻的内容更容易在受众脑海中留下深刻的印象。

（三）满足受众的个性化信息需求

当前的可视化技术能够实现受众与数据的互动。受众可以进行自定义查询和分析，

---

① 陈虹，秦静.数据新闻的历史、现状与发展趋势[J].编辑之友，2016（1）:69-75.

可以通过滚动、点击、缩放等操作来探索数据细节。这种互动性可以增强受众的参与感和兴趣，使其更主动地探索数据新闻，并深入了解其中的信息。更重要的是，这种交互性的可视化设计可以帮助受众按照自己的兴趣和需求来组织叙事，从而形成个性化的叙事结构。

第二节　数据新闻可视化的常见类型

　　数据新闻可视化是数据可视化技术在新闻领域里的运用。数据可视化借助不同技术实现对不同数据的处理，因而其类型因技术和数据的不同而呈现出庞杂的状态。不同学者从不同视角出发，将数据可视化划分为不同类型。陈为等学者在《数据可视化》一书中，将数据可视化分为空间标量场可视化、地理信息可视化、大规模多变量空间数据场可视化、时变数据可视化、层次和网络数据可视化、文本和文档可视化、跨媒体数据可视化、复杂高维多元数据可视化等几种类型。①任磊等学者在《大数据可视分析综述》一文中，以大数据技术的发展为背景，为目前广泛应用的主流信息可视化技术划分了类型，将其分为文本可视化（包括标签云、语义结构可视化等）、网络可视化、时空数据可视化、多维数据可视化（包括散点图、投影、平行坐标等）几类。从理论上讲，所有的可视化技术都可以应用于数据新闻生产，但就目前的数据新闻实践来说，这些类型应用于新闻生产的模式尚未全部形成。②肖赛君等学者认为，可以将数据可视化分为四类，即科学可视化、信息可视化、数据可视化和知识可视化。其中，科学可视化与知识可视化和新闻传播领域交集较少，而数据可视化和信息可视化则更接近数据新闻的呈现方式。③新闻传播学界的相关教材普遍根据业内的可视化实践，将数据新闻的可视化类型总结为信息图表、交互图表、动画视频④，或信息图表、数据地图、文字云、时间轴（时间线）等⑤，并未进行专门的类型学讨论。

　　本书综合现有数据科学和新闻传播学相关的分类方法，以及数据新闻实践的现状，将数据新闻的可视化分为统计数据可视化、关系数据可视化、地理空间数据可视化、时间序列数据可视化以及文本数据可视化等类型。⑥

---

① 陈为，沈则潜，陶煜波，等.数据可视化[M].北京：电子工业出版社，2013.
② 任磊，杜一，马帅，等.大数据可视分析综述[J].软件学报，2014，25（9）：1909-1936.
③ 肖赛君，郑雨雯.数据新闻基础教程[M].武汉：武汉大学出版社，2021.
④ 段峰峰.新媒体数据新闻[M].北京：人民邮电出版社，2021.
⑤ 王晓宁.融合新闻传播新论[M].南京：南京师范大学出版社，2020.
⑥ 肖倩，谢海涛，初晓青.数据新闻的可视化实践[M].北京：电子工业出版社，2021.

一、统计数据可视化

统计数据可视化主要是数值型数据图表的可视化方式。数值型数据是指那些可以通过数字来表示的数据,通常包括整数、小数、百分比等。在数据可视化中,数值型数据是一类最常见的数据,因为它们具有明确的数学意义和可量化性。对于数值型数据,常见的可视化方式包括以下类型。

(一)柱状图

柱状图(bar chart)用于比较不同类别数值的大小。每个柱子的高度或长度代表该类别数值的大小。柱状图又可以分为并列柱状图(grouped bar chart)和堆叠柱状图(stacked bar chart)。并列柱状图将多个数据集并列展示,便于比较不同类别或组之间的数值差异;堆叠柱状图将多个数据集堆叠在同一个柱子中,展示它们各自及总和的大小关系。

新华网推出的数据新闻作品《Z世代就业观大揭秘:他们更看重什么?》使用并列柱状图来呈现毕业生的就业方向统计数据(见图6-1)。

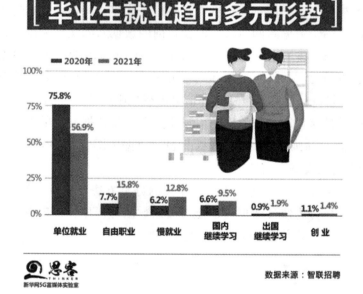

图6-1 并列柱状图示例(来自数据新闻作品《Z世代就业观大揭秘:他们更看重什么?》)

澎湃新闻推出的《喜迎二十大,奋进新征程》用一系列数据的统计分析,反映党的十八大以来中国社会发展取得的巨大成就。在呈现上海市国际标准集装箱吞吐量的相关数据时,该作品就采用了堆叠柱状图(见图6-2)。

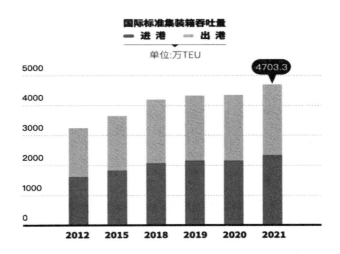

图6-2 堆叠柱状图示例（来自数据新闻作品《喜迎二十大，奋进新征程》）

（二）折线图

折线图（line chart）是用于展示数值随时间或其他连续变量的变化趋势的可视化工具。每个数据点代表坐标系中的一个特定值，线段连接各个数据点，形成折线。折线图可以清晰地展示数值在坐标系中沿着特定坐标轴的起伏和波动情况。

澎湃新闻推出的数据新闻作品《张桂梅和华坪女高的背后，有这样心酸的数据》统计2005—2020年云南省农村普通高中升学率时就使用了折线图。通过折线图，人们可以发现，2005—2010年云南省农村普通高中升学率略有降低，但2010年以后该数据便呈现出快速上升的态势（见图6-3）。

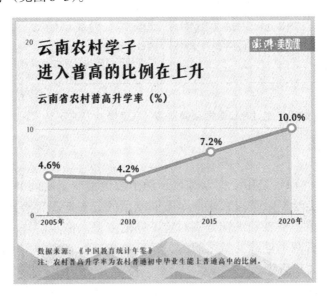

图6-3 折线图示例（来自数据新闻作品《张桂梅和华坪女高的背后，有这样心酸的数据》）

（三）饼图

饼图（pie chart）是一种广泛使用的可视化工具，它通过一个完整的圆形，来展示不同数据部分相对于整体的比例和分布。饼图使用圆形来表示整体，而每个部分则用扇形表示。这种设计使得饼图非常适合展示各部分在整体中的占比情况。

在饼图中，整个圆形通常代表数据的总和，而每个扇形则表示数据的一个特定部分。扇形的面积越大，表示该部分在整体中所占的比例越高。此外，饼图还可以通过颜色、标签等方式来进一步区分和标识不同的数据部分。

财新网的《家庭暴力 从来不是"家务事"》在分析女性遭受家庭暴力之后获得法律援助方面的困境时，就使用饼图对受害者的实际行为进行了统计和展示，反映出受害者对被侵犯羞于启齿的态度使施暴者得以轻易逃脱应得的法律制裁的现实（见图6-4）。

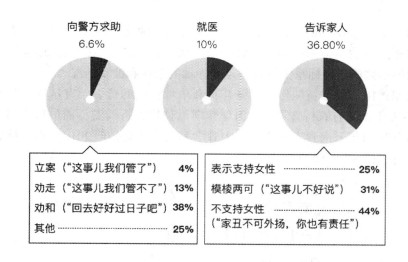

图6-4 饼图示例（来自数据新闻作品《家庭暴力 从来不是"家务事"》）

（四）散点图

散点图（scatter plot）是用于探索和展示两个数值型变量之间的关系的可视化工具。它通过在二维平面上绘制数据点，来展示不同变量的分布情况和潜在的相关性。每个数据点代表一个观测值，横轴和纵轴分别对应不同的变量。散点图是一种强大的可视化工具，用于探索和分析两个连续变量之间的关系。通过观察直观的图形展示，我们可以快速识别数据中的模式和趋势。

澎湃新闻的作品《人口志｜是什么因素导致出生人口数量速降》就将全世界165个国家和地区的15—19岁女性平均教育年限及平均每名女性生育数量画成散点图。人们可以看到两者的相关性非常强,女性受教育程度越高,生育的女子数量就越少。女性受教育程度可以解释65%的生育率差异(见图6-5)。

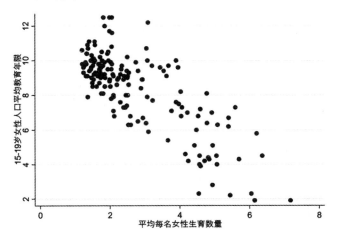

图6-5 散点图示例(来自数据新闻作品《人口志丨是什么因素导致出生人口数量速降》)

(五)雷达图

雷达图(radar chart)也称蛛网图或极坐标图,是一种对目标对象进行多维度比较的可视化工具。它以一个中心点为起点,从中心点向外延伸出多条射线,每条射线代表一个特定的变量或指标。每条射线上的点或线段表示该变量在不同维度上的取值或得分。雷达图常用于比较多个变量在不同维度上的表现,或者展示各个变量之间的相对关系。通过观察雷达图的形状和变化,人们可以直观地了解各个变量的相对重要性、差异程度和趋势。

澎湃新闻推出的数据新闻作品《QS最佳留学城市:你最向往的城市不一定是最佳留学地》从向往指数、经济可负担性、大学排名指数、学生评价、国际学生比例指数、就业指数等维度对世界各地的留学意向和评价进行了分析,发现最向往的留学目的地并不在学生们评价最高的地区(见图6-6)。

二、关系数据可视化

关系数据可视化是一种将数据之间的各种关系以图形或图像的形式展现出来的技术。它主要用于展示数据之间的联结关系、包含关系、层级关系以及分流情况等。

(一)韦恩图

韦恩图(venn diagram),也称维恩图,是一种用于展示集合关系的图形工具。在韦恩图中,每个圆或椭圆代表一个集合,面积的大小映射集合元素的个数,圆或椭圆的重

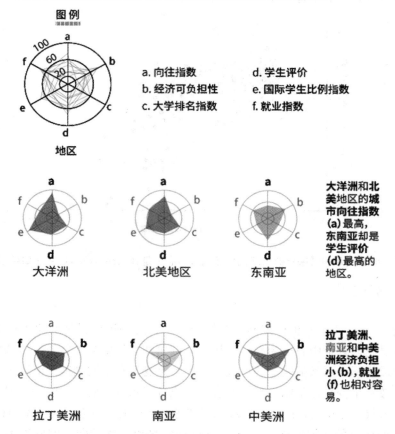

图6-6 雷达图示例（来自数据新闻作品《QS最佳留学城市：你最向往的城市不一定是最佳留学地》）

叠情况显示多个集合之间的共同元素和差异。其中，重叠的部分表示这些集合之间的共同元素，非重叠的部分则代表各个集合的独立元素（见图6-7）。韦恩图可以帮助人们直观地理解集合之间的关系，并从中得出结论。

韦恩图在数据新闻实践中的应用较为常见。《纽约时报》在一篇关注老年人常见疾病的报道中，就使用了韦恩图对住院治疗的老年人罹患的疾病类型进行了分析，发现了很多老年人同时患有多种疾病的情况。人们通过点击选择按钮，便可以了解不同类型疾病的交叉、共存情况（见图6-8）。

（二）网络图

网络图（network graph）是一种用于表示和分析网络中实体（如个人、组织或团体）之间关系的图形化工具。它将网络中的每个实体抽象为图中的节点，而节点之间的线则代表实体之间的社交关系，从而直观地展示网络的结构和特征。在网络图中，节点的数量和位置可以反映网络中实体的数量和分布，而连线的数量、粗细和颜色则可以表示关系的数量、强度和类型。

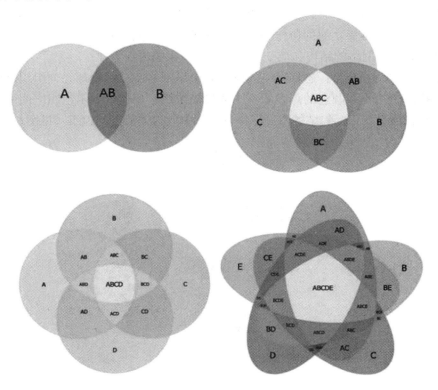

图 6-7　韦恩图的原理

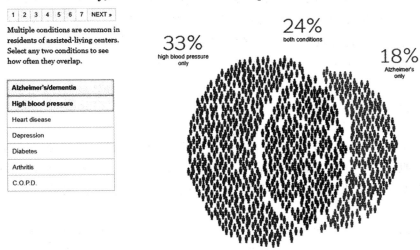

图 6-8　韦恩图示例（老年人罹患的疾病类型）

网络图的应用比较广泛，不仅可以用于个人社交网络的展示和分析，而且可以展示社区、子网络等复杂结构，帮助人们更好地理解网络的整体布局和局部特征。此外，网络图还可以用于网络社区、现实社会组织或整个社会的网络关系研究。例如，企业可以利用网络图来分析员工之间的协作关系，发现潜在的团队和领导者；社会学家可以利用网络图来研究社会网络的结构和演变，揭示社会现象的内在规律。

数据新闻作品《暗流：恐怖网络的诞生》使用网络图，对全球恐怖组织之间的关联性进行了描绘，用不同颜色的点表示不同的恐怖组织，用连线表示组织之间的联系，由此展示全球恐怖组织相互勾结的发展态势以及其中成为关节点的组织（见图6-9）。

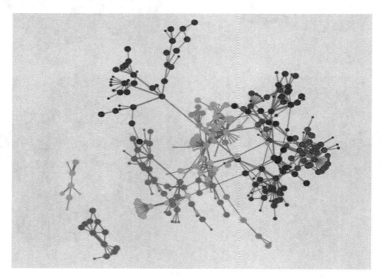

图6-9 网络图示例（来自数据新闻作品《暗流：恐怖网络的诞生》）

需要注意的是，网络图虽然具有直观性等优点，但也存在一定的局限性。例如，它可能无法完全准确地反映网络中的所有复杂关系和动态变化；同时，在分析和处理大规模网络时，需要考虑计算资源和时间成本等问题。因此，在使用网络图进行网络关系分析时，需要综合考虑其优缺点和适用范围。

（三）旭日图

旭日图（sunburst chart）是一种表现层级数据结构的工具，通过多层的圆环显示分类信息。在旭日图中，一个圆环代表一个层级的分类数据，一个环块所代表的数值可以体现该数据在同层级数据中的占比。一般情况下，内层数据是相邻的外层数据的父类别。

图6-10展示了作品分类情况。首先，所有作品被分为虚构类和非虚构类；在第二层级，虚构类可以细分为小说和其他，非虚构类可以细分为设计、社科、心理等；第三层级和第四层级展示了这些作品的评分和具体名称。

（四）桑基图

桑基图（sankey diagram），是一种用于描述一个系统或过程的能量、物质或信息的流动变化关系的可视化工具。桑基图由一系列水平或垂直的线段组成，每个线段代表一个过程或状态，线段的宽度表示流量。桑基图可以清晰地展示各个环节之间的相互关系和流量变化，广泛应用于能源、环境、交通、经济等领域内的数据可视化分析。

澎湃新闻推出的作品《宝贝回家：7万条数据解读儿童拐卖与遗弃》（见图6-11）通过爬取宝贝回家网站上的数据，用桑基图来呈现失踪儿童在各省、市、自治区的流入和流出情况，桑基图左侧为流出地，右侧为流入地。通过该图，受众可以清晰地看出从各地失踪的儿童的最终流向。

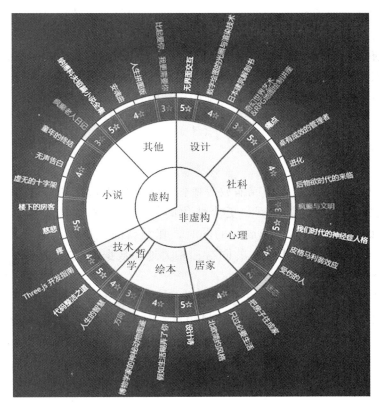

图6-10　旭日图示例

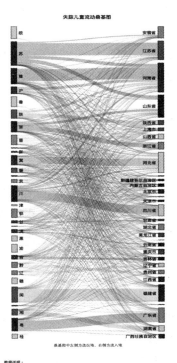

图6-11　桑基图示例（来自数据新闻作品《宝贝回家：7万条数据解读儿童拐卖与遗弃》）

三、地理空间数据可视化

地理空间数据可视化是一种利用计算机图形学、图像处理、人机交互等技术手段，将地理空间数据转换为图形、动画等视觉形式的技术和方法。它通过对地理空间数据的采集、处理、分析和可视化表达,能够更好地解释地理现象、空间分布和变化规律。在数据新闻生产中,常用的地理空间数据可视化表现形式包括数据地图、热力地图、三维空间可视化、虚拟现实等。它们可以帮助受众更直观地理解地理空间数据的分布、关系、趋势等信息。

(一)数据地图

数据地图是一种利用地理信息技术和可视化手段,将数据与地理位置相结合,以图形化的方式展示数据在地理空间上的分布和变化的可视化工具。它通过一系列符号、线条和颜色来表示地理实体、空间关系和属性信息,使受众能够直观地了解地理空间的分布和特征。在数据地图中,常见的地图元素包括点、线、面等。点用于表示地理空间中的离散位置,如城市、景点等;线用于表示地理空间中的连接关系,如公路、铁路、航线等;面则用于表示具有明确边界的地理区域,如国家、省份等。在当前的数据新闻实践中,数据地图的应用已经较为普遍,交互手段越来越丰富,大量关于经济增长、人口迁移、公共事件的报道都采用了数据地图。常用的数据地图包括两种:交互式数据地图、叠加式数据地图。

1. 交互式数据地图

交互式数据地图允许受众通过点击、拖动或缩放等操作,与地图进行互动,进一步探索数据。这种形式的地图能够提供更丰富、更个性化的数据展示和新闻阅读体验。受众在操纵地图数据(如点击、拖动、缩放)的同时,相关新闻数据做出响应;同样地,在操纵新闻数据(如筛选事件、人物)的同时,相关地图数据也会实时与之联动。

财新网的数据新闻作品《健康中国 无烟立法进行时》将中国各省、市、自治区无烟立法的相关数据与地图数据进行了整合,用黄色标识出已出台全面无烟立法的城市,用深浅不同的绿色对各省、市、自治区无烟立法的进度进行展示。受众可以通过搜索框、下拉框对相关数据进行筛选,地图随之展示相关地区的无烟立法情况。如果受众点击地图上的相关省、市、自治区,也能深入了解这些地方的无烟立法情况。

2. 叠加式数据地图

这种数据地图将新闻数据以统计图表或其他数据可视化形式进行表达,并将其与地图图层叠加在一起,以展示不同地理空间中的数据及其分布、变化规律。

澎湃新闻的作品《浦东产业地图丨30年企业数翻了近两百倍,产业发生了哪些变化?》用柱形图(变形处理为山峰)将30年来浦东企业注册资本增加情况叠加在地图上进行了呈现,清晰地向公众展示了浦东30年来不同区域的企业新增情况。

（二）热力地图

热力地图（heatmap）是一种将热力图和地图相结合的数据可视化工具，通过选择适当的颜色方案和色彩映射，可以将各种数据以直观的方式呈现在地图上，帮助受众更好地理解和分析数据。在热力地图中，颜色的深浅或色调的变化被用来展示数据的分布和密度。颜色越深或越亮，通常表示该区域的数据值越高或越低。这种可视化方式使得受众可以直观地识别数据中的模式和趋势。通过热力地图，受众可以更容易地识别数据中的热点区域，即数据值较高的区域，以及冷点区域，即数据值较低的区域。在数据新闻实践中，热力地图被广泛用于温度、人口分布、交通流量、事件发生频率、舆情演变等相关报道中。

财新网的数据新闻作品《我们有多缺水？》使用一系列热力地图，将可用水资源强度、人口密度、生活/农业/工业取水强度进行了展示，直观呈现了各地水资源承载的压力。

（三）三维空间可视化

三维空间可视化将数据以三维形式展示，使得受众能够在空间中感知数据的分布、关系和趋势。在数据新闻中，这种可视化方式适用于涉及地理空间、建筑、气象等领域的新闻报道。数据新闻从业者可以利用三维空间可视化技术展示地形地貌、城市布局等信息，将新闻数据置于立体化的场景中，帮助受众更好地理解新闻和地理环境的关联性。

澎湃新闻的作品《动画丨地图解析"安倍晋三中枪事件"》将安倍晋三遇刺现场的环境进行了立体化的呈现，便于受众理解事件发生的详细过程（见图6-12）。

图6-12　三维空间可视化示例（来自数据新闻作品《动画丨地图解析"安倍晋三中枪事件"》）

（四）虚拟现实

数据新闻作品可以利用虚拟现实（virtual reality，VR）技术，通过特殊的硬件设备，如VR头盔、手柄、传感器等，为受众创建一个跨时空的、能够自然交互的多维虚拟空间，使受众能够完全沉浸在虚拟的三维交互场景中，拥有亲临新闻现场的体验。

新华社推出的数据新闻作品《高精度复刻丨VR全景看新时代之美》运用"数字孪生"①技术，对"超级工程"场景高精度建模复刻，在数字世界重建新时代的标志性场景，并以沉浸式全景漫游技术，让受众沉浸式体验我国在新时代取得的非凡成就（见图6-13）。

图6-13　虚拟现实示例（来自数据新闻作品《高精度复刻丨VR全景看新时代之美》）

---

① "数字孪生"是一个基于数字技术的概念。它是指对于现实世界中的物理实体或系统，通过数字化的方式建立一个虚拟的、与之相对应的数字化模型，从而实现对物理实体或系统的监测、仿真、预测和优化等操作。

四、时间序列数据可视化

时间序列数据可视化是一种展示随时间变化的数据序列的可视化方法。时间序列数据（或称动态数列）是按时间顺序排列的一系列数据值，其时间维度可以是年份、季度、月份、天、小时等任何形式。时间序列数据可视化可以使用多种图形，前文提及的柱形图、折线图和散点图等都可以用于时间序列数据的分析和展示。除此之外，时间轴和日历图也是常见的工具。

（一）时间轴

时间轴是一种线性的展示方式，用于按照时间顺序展示一系列事件或数据点。时间轴上的每个点或标记都代表一个特定的时间点或时间段，通过这种方式，受众可以直观地了解事件或数据随时间的变化情况。

澎湃新闻的《百年奥运再见巴黎，澎湃与您携手踏上奥运之旅》使用时间轴，将中国参与奥运会的重要时间节点进行了梳理。通过该时间轴，作品将中国不断奋斗、成为体育强国的历程进行了展示，使受众能够快速理解中国体育发展取得的标志性成就，并对中国走向体育强国的整体进程形成清晰的认知（见图6-14）。

图6-14　时间轴示例（来自数据新闻作品《百年奥运再见巴黎，澎湃与您携手踏上奥运之旅》）

（二）日历图

日历图就是用日历直观展示时间序列数据的可视化工具，通常用于展示一年中每天（或每周、每月、每季度）的数据值，比如销售额、访问量、温度、空气质量指数等。每个日期在日历图上对应一个单元格，单元格的颜色、大小或单元格上的其他视觉元素可以用来表示该日期对应的数据值。

数据新闻作品《老百姓手里的钱去哪了？存款增速创40年来新低》使用日历图展示了我国居民存款的每月变化情况，用不同颜色来表示存款的增减。通过该日历图，受众可以对存款同比和环比变化情况一目了然（见图6-15）。

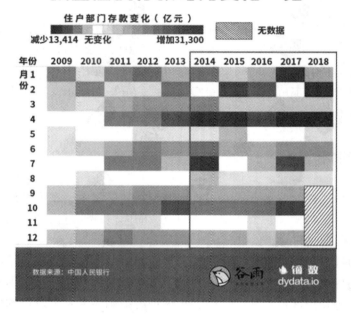

图6-15　日历图示例（来自数据新闻作品《老百姓手里的钱去哪了？存款增速创40年来新低》）

五、文本数据可视化

文本数据可视化，简单来说，就是将文本数据转化为视觉形式，便于受众更直观地理解和分析数据中的信息和模式。在数据分析和可视化领域，文本数据可视化扮演着重要角色，它可以帮助人们从大量的文本数据中提取有价值的信息，并发现其中的规律和趋势。文本数据可视化主要有以下几种类型。

（一）词云图

词云图（wordcloud）是一种常见的对文本内容进行可视化处理的方法。词云图中的词汇大小和颜色深浅通常代表该词汇在文本数据中出现的频率或重要性。通过词云图，人们可以直观地看到文本数据中的主要话题和关键词。

数据新闻作品《"你就是懒！"成年人在儿童精神科确诊多动症，背后是半生被误解的痛》在社交媒体上发起讨论，对怀疑自己有成人ADHD（注意缺陷多动障碍）[①]的相关

[①]　ADHD，英文为attention deficit hyperactivity disorder，即注意缺陷多动障碍，是一种以注意力无法持久集中、过度活跃和情绪易冲动为主要表现的神经发育障碍。ADHD常在儿童时期发病，多数在学龄前期开始出现，主要分为儿童青少年ADHD和成人ADHD两种类型。发病原因尚未明确，但学界多认为是遗传与环境等多种因素的综合影响。

表现进行了词云图分析，发现被讨论最多的表现是和注意力、情绪等有关的问题（见图6-16）。通过词云图，我们可以清晰地发现话题的焦点，找到问题的症结。

图6-16 词云图示例（来自数据新闻作品《"你就是懒！"成年人在儿童精神科确诊多动症，背后是半生被误解的痛》）

（二）主题河流

主题河流（themeriver）是对文本数据进行时序化分析的可视化工具，用河流的形式来表现特定主题随时间的变化情况。河流中的每一个彩色线条代表一个特定主题，线条的粗细表示主题的强度（可以是数量、频率、关注度等），而整体线条的粗细代表一定时间段内特定主题的强度。[①]

新华网推出的数据新闻作品《音曲繁美——1890—2010，世界流行音乐回响》使用主题河流梳理并分析了120年间流行音乐（包括世界上的10个主流音乐流派及其146个子类别）的演进路径和关键节点，生动再现了世界流行音乐的演变和发展史（见图6-17）。

---

① 赵琦，张智雄，孙坦.文本可视化及其主要技术方法研究[J].现代图书情报技术，2008（8）：24-30.

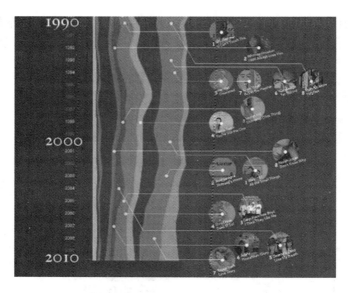

图6-17 主题河流示例（来自数据新闻作品《音曲繁美——1890—2010，世界流行音乐回响》）

（三）短语网络

短语网络（phrase net）是对文本关联信息进行处理的可视化工具，它采用节点、链接图展示文本中语义单元（通常是词）之间的关系，能够使受众直观地看到文本中具有指定关系的所有语义单元的组合。节点代表语义单元，边代表受众指定的关系，箭头指示关系的方向，边宽代表出现频率。①

《两会词云图｜22个问答向世界传递中国发展声音》对全国政协十四届一次会议新闻发布会的文本数据进行了统计。其中，最热词"发展"衍生出了"高质量发展""创新发展""平稳健康发展"等发展要求，以及"发展模式转型""发展新兴产业""发展数字经济"等发展方向和领域。通过短语网络，我们可以看出各界代表对中国经济平稳、可持续发展的信心（见图6-18）。

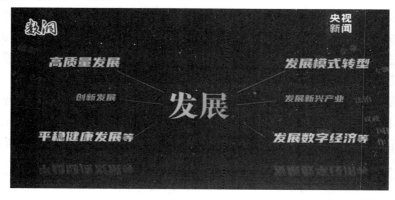

图6-18 短语网络示例（来自数据新闻作品《两会词云图｜22个问答向世界传递中国发展声音》）

---

① 马创新，陈小荷. 文本的可视化知识表示[J]. 情报科学，2017，35（3）：122-127.

在以上内容中，笔者从不同的数据类型出发，对数据新闻实践中的常见可视化方法进行了介绍。需要专门指出的是，这些可视化技术只是最为常见的典型形式。事实上，数据可视化涉及一个庞大的技术体系，并且不断创新演进、交叉融合。各种可视化的创作方法层出不穷，为我们的数据新闻生产持续注入新鲜元素，创造出科学而又美妙的视觉体验。

第三节　数据新闻可视化的设计原则

数据新闻可视化设计的核心目的是将复杂的数据转化为易于理解和分析并具有吸引力的视觉形式。遵循特定的设计原则，我们可以利用可视化设计准确、清晰、美观地传达数据信息，增强可视化的功能性和艺术性。这不仅能够帮助受众快速捕捉数据的关键特征，对新闻事实做出正确的判断，获得良好的阅读体验，而且能够提升数据的吸引力，激发受众的兴趣和好奇心，促进数据的进一步传播和应用。常见的数据新闻可视化的设计原则有如下几个。

一、准确性原则：发现谎言系数

数据新闻可视化的准确性原则是其首要原则，也是新闻生产的基本伦理。对准确性的追求当然始于数据的收集，贯穿于数据过滤和分析阶段。在这些阶段，即便数据的准确性都得到了保证，对数据进行可视化设计时也需要排除表达失真的风险。可视化的设计需要准确地反映数据，防止产生误导性的、欺骗性的视觉效果。[1]这一原则在数据新闻的生产过程中起着至关重要的作用。准确性原则要求数据新闻从业者确保所呈现的信息是对事实的真实、正确的反映，如此才能让受众正确理解和分析数据，对事实做出正确判断。

在实践中，可以使用谎言系数（lie factor）来检验可视化的准确性。谎言系数是耶鲁大学统计学教授爱德华·R.塔夫特（Edward R. Tufte）在他的经典著作《定量信息的视觉显示》（*The Visual Display of Quantitative Information*）中提出的，用以衡量可视化图形表达的效果对数据实际效果的夸张程度。塔夫特同时提出了谎言系数计算公式。当谎言系数为1时，可视化图形精准地反映了数据；如果谎言系数大于1.05或小于0.95，则表明图形严重失真。[2]

最常见的导致谎言系数升高的误导性可视化设计是在坐标轴中操纵数据的尺度。广为流传的一个案例是美国福克斯（FOX）新闻针对总统布什减税政策结束后最高税率变

---

[1] 蓝星宇.数据可视化设计指南：从数据到新知[M].北京：电子工业出版社，2023.
[2] Tufte E R. The Visual Display of Quantitative Information[M]. Cheshire，CT: Graphics Press，2001.

化制作的误导性条形图（见图6-19）。由于纵轴的原点为34%，且刻度间隔为2%，条形图传递出的信息是减税政策结束后最高税率会大幅上涨。但如果我们将纵轴的原点调整为0，按实际高度绘制，则会发现最高税率增长幅度并没有那么大（见图6-20）。

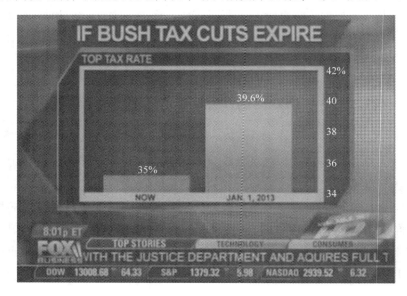

图6-19　福克斯新闻制作的税率变化条形图

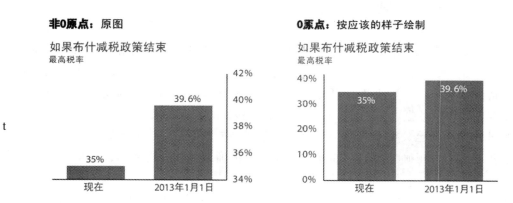

图6-20　最高税率变化条形图还原前后对比

纵轴的原点为34%时，我们可以计算出条形图的高度：

$$[(39.6-34)-(35-34)]/1=460\%$$

如果我们以0作为纵轴的原点，按实际高度绘制条形图（35和39.6），可以计算出实际视觉增长：

$$[(39.6-35)/35]\approx 13\%$$

可以使用谎言系数公式计算该条形图的谎言系数：

$$谎言系数=\frac{[(39.6-34)-(35-34)]/(35-34)}{(39.6-35)/35}\approx 35.38$$

可见该条形图谎言系数极高,说明它传递了不可信的误导性信息。[1]

二、清晰性原则:提高数据墨水比

清晰性是数据可视化设计的重要原则。可视化的主要目的便是将复杂的数据转化为易于理解和分析的视觉形式。在数据可视化的过程中,需要确保所展示的数据和信息能够使人一目了然,避免使人产生歧义或误解。精练简明的信息更容易被获取和记忆,因此,我们需要按照前期所明确的设计目的对信息进行详细的甄别与选择,去除多余的信息,用较小的信息量产生最优的目标效果,提升信息传递的效率。视觉元素的使用要符合视觉节约化原则。在满足功能需求的基础上,要使用尽量少的视觉元素进行设计和表达,形成简单明了的信息视觉形态,减轻受众的视力与脑力负荷,达到更好的信息传递效果。[2]

我们可以借助数据墨水比公式来衡量可视化设计的清晰性。数据墨水比也是塔夫特在其经典著作《定量信息的视觉显示》中提出的。

具体公式为:

$$\text{数据墨水比} = \text{图表中用于数据的墨水量} / \text{总墨水量}$$
$$= \text{图表中用于数据显示的必要墨水比例}$$
$$= 1 - \text{可被去除而不损失数据的墨水比例}$$

根据该公式,为取得最大化数据墨水比,我们可以从两方面入手:一方面,应该确保拥有必要的、能完整表达数据信息的图形元素;另一方面,应删除不表达数据的和冗余的重复表达数据的元素,如不必要或重复的标签或文字、装饰阴影、渐变效果、繁杂装饰、标尺、复杂的坐标、华丽的背景、烦琐的图例和网格线等。[3]如图6-21所示,左图中存在大量的非必要墨水,包括网格线、背景色、柱子颜色,而将这些删除后就能得到右图,能显著提升数据墨水比,也能更有效地表达销量数据的差异。

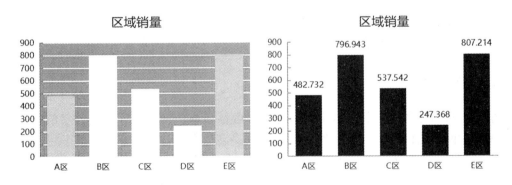

图6-21 数据墨水比示例

---

[1] 科尔·努斯鲍默·纳福利克.用数据讲故事[M].陆昊,吴梦颖,译.北京:人民邮电出版社,2022.
[2] 张毅,王立峰.信息可视化设计[M].重庆:重庆大学出版社,2021.
[3] 刘英华.数据可视化:从小白到数据工程师的成长之路[M].北京:电子工业出版社,2019.

三、美学原则：构图美、布局美、色彩美

遵循美学原则在数据可视化中的意义主要体现为可以提高可读性、增强视觉效果、确保数据新闻的可视化呈现既具有功能性，又具备艺术性和审美价值，从而更有效地传达信息，并提升受众的体验。数据可视化的美学原则主要体现在以下方面。

（一）构图美

构图是可视化设计的全局考量，它要求设计师在空间和时间上都要有全局观。在空间上，不同部分的元素，如色彩、色调、字体、样式风格等，应尽可能协调，避免过于突兀的对比。在时间上，如果设计中有界面切换或动画展示，应确保前后内容的主题、风格、色彩等能够连续、渐变，避免为受众带来过于剧烈的视觉波动。构图美的实现原则包括三个方面：简单、平衡、聚焦。[1][2]

简单原则要求数据新闻从业者避免在可视化项目中加入过多的、容易造成混乱的图形元素，避免使用过于复杂的视觉效果，实现数据信息含量和图形元素之间的平衡。

平衡原则要求可视化的设计空间被有效利用，重要元素应置于设计空间的中心或中心附近，同时确保元素在设计空间中的平衡分布。

聚焦原则通过适当的技术手段，将受众的注意力集中到可视化结果中的最重要区域，以突出关键信息。

（二）布局美

布局关注的是元素之间的排列和组合。可视化图表的布局应有序，避免过于紧凑或过于宽松，应以易于理解信息的角度进行布局设计。布局美的实现可以考虑以下方法。

1. 保持一致性

在整体布局和各元素的设计上，应保持一致性。这包括字体、颜色、线条粗细、图标样式等方面风格的统一。一致性的设计可以提高受众的认知效率，降低学习成本。数据新闻作品《快递送来的"处方药"，靠谱吗？》在布局中使用了统一的颜色及组合方式，图片的标题字体也保持了统一，为受众创造了良好的视觉体验，也让受众能够迅速识别关键数据（见图6-22）。

---

[1] 吕云翔.大数据可视化技术[M].北京：人民邮电出版社，2021.
[2] 陈为，沈则潜，陶煜波，等.数据可视化[M].北京：电子工业出版社，2013.

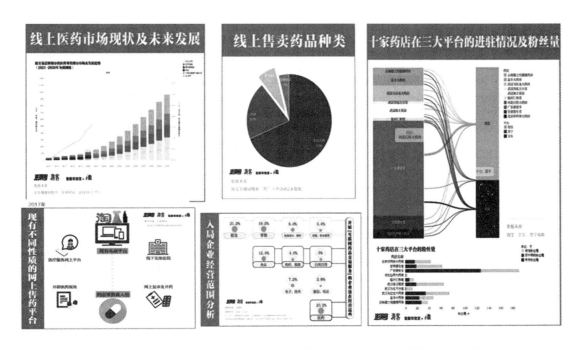

图6-22　布局示例（来自数据新闻作品《快递送来的"处方药"，靠谱吗？》）

2. 善用留白

避免布局过于复杂和拥挤，适当运用留白，即元素之间的空白区域，以增强布局的透气感和空间感，有助于突出主要信息。在一张图中，可以用留白来分隔图形，也可以用留白划分出多个图表，形成模块化布局，让可视化图表更加易于浏览和理解。[①]

3. 适当使用交互手段

在布局中适当加入动态元素和交互功能，如渐变、动画、交互按钮等，可以增强布局的趣味性和互动性。需要注意的是，不要过度使用交互手段，以免干扰受众对信息的理解。

（三）色彩美

色彩在数据可视化设计中起着至关重要的作用。在数据新闻的可视化叙事中，色彩发挥着吸引受众注意力、传达信息、激发受众情感、使受众产生联想的作用。[②]优秀的配色方案可以极大地提升可视化图表的表达效果，并调动受众的情绪。在选择配色方案时，

---

① 邱南森.数据之美：一本书学会可视化设计[M].张伸，译.北京：中国人民大学出版社，2014.
② 方洁，葛书润，邓海滢.把数据作为方法：数据叙事的理论与实践[M].北京：中国人民大学出版社，2023.

可以借鉴色彩心理学的理论，并根据需要运用隐喻技巧，以增强图表的视觉效果。色彩美的实现应遵循以下原则。

首先，色彩应该与数据或信息的内容相匹配。例如，在表示积极或正面的数据时，可以使用明亮的色彩；在表示消极或负面的数据时，则可以选择较为暗淡的色彩。这样，色彩就能直观地反映出数据的特性，帮助受众更快地理解信息。

其次，保持色彩的协调性和一致性。在设计过程中，应避免使用过多或过于杂乱的色彩，以免为受众带来视觉上的困扰。相反，应该选择一组或几组协调的色彩，并在整体设计中保持一致，以确保视觉上的统一与和谐。

再次，考虑色彩的对比度和辨识度。对于重要的信息或数据，可以使用对比度高、辨识度强的色彩来突出显示，以便吸引受众的注意力，避免使用过于相似或难以区分的色彩，以免导致混淆或误解。同时，在深色背景下，应选择明亮、对比度高的色彩，以确保可读性；而在浅色背景下，则可以选择更为柔和、细腻的色彩，来营造舒适的视觉体验。例如，澎湃新闻的作品《图解丨南方暴雨成灾，这一切是如何发生的？》使用了常用于暴雨气象预警中的蓝色为主题色，图片中的主要元素均为蓝色系，保证了视觉上的和谐。同时，用饱和度更高的深蓝色来呈现降水量大、超出警戒线水位的数据，这种突出显示有效地吸引了受众的注意力。

最后，色彩的运用还应考虑受众的视觉习惯和文化背景。不同的颜色在不同的文化和背景中可能具有不同的含义和象征意义。因此，在设计过程中，需要考虑目标受众的文化和视觉习惯，避免使用可能引起误解或不适的色彩。例如，中国国际电视台（China Global Television Network，CGTN）推出的数据新闻作品《Young Women in China Are Empowering Themselves in Frontier Roles》，在呈现和婚姻话题相关的数据时就使用了中国传统文化中被认为代表喜庆的红色作为整体色彩基调。

第四节 数据新闻可视化的工具应用

目前，数据新闻可视化的工具已经较为丰富，既有广泛使用的电子表格软件（如Excel）、专门的商业智能化产品（如Tableau、Power BI Desktop和FineBI等），也有一些编程语言库（如Python就有丰富的可视化库），还有诸多JavaScript可视化库（如D3.js和ECharts）以及在线平台（如镝数、Flourish和谷歌数据工作室"Google Data Studio"等）。这些工具各有特点，数据新闻从业者可以根据个人和团队的需求、技术水平和项目规模来选择合适的工具进行数据可视化设计。我们基于学习和使用成本最低化原则，选择Excel、Power BI Desktop进行简要介绍。

一、使用Excel进行基础图表设计

Excel是一款广泛使用的办公软件,用户基础广泛,操作界面友好。在Excel中进行可视化分析是一种常见且有效的方法,具有原因有三个。首先,Excel的操作界面直观,用户容易上手,即使没有专业的设计背景,也可以通过简单的操作制作出美观的图表。其次,Excel功能丰富,它提供了多种图表类型和格式,用户可以根据需要选择,同时还可以通过调整颜色、字体、布局等属性,对图表进行个性化设置。最后,Excel不仅可以进行数据可视化呈现,而且可以进行数据处理和计算,如使用公式进行数据清洗、计算和转换等操作,使得数据分析和可视化更加便捷。我们以2016版Excel为例,演示其主要操作过程。

(一)准备数据

在Excel工作表中输入或导入要分析的数据。确保数据已经过清洗和整理,以便准确地进行可视化设计。

如图6-23所示,我们获取了2014—2023年的中国人口统计数据,并对数据进行了结构化处理。

图6-23 Excel可视化之准备数据

(二)创建图表

根据数据的特性和分析目的,选择合适的图表类型。常见的图表类型包括柱形图、折线图、饼图、散点图等。Excel还提供了更高级的图表类型,如条形图、面积图、箱线图等,以满足不同的分析需求。选择要绘制图表的数据区域。在Excel的"插入"选项卡中,选择相应的图表类型。Excel将自动根据所选数据创建图表。

为对2014—2023年的人口变化情况进行纵向比较，我们选择使用柱形图进行可视化分析。选中相关数据，在功能区中单击"插入"按钮，在图表区域点击"二维柱形图"，选中"簇状柱形图"，如图6-24所示。此时，Excel便按默认方式生成了一个柱形图。

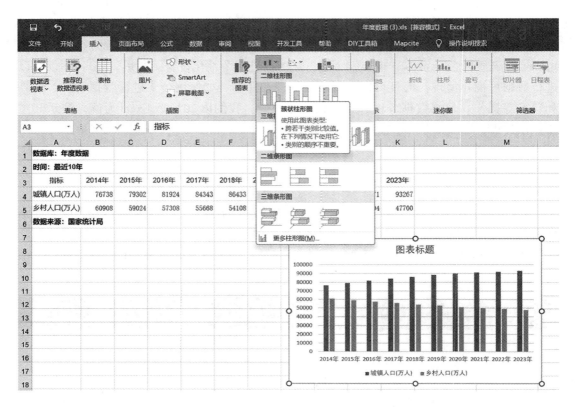

图6-24　Excel可视化之创建图表

（三）自定义图表

调整图表的标题、坐标轴标签和图例，使其更加清晰易懂。为使图表适合数据新闻作品的整体风格，可以调整图表区的背景，也可以设置自定义图表元素（如更改相关元素的颜色、字体和样式），还可以设置数据系列样式，以优化视觉效果。

1．调整图表区的背景

点击图表区，当图表周围出现白色圆点时，表示已经选中该图表。右击图表区，在弹出菜单中选择"设置图表区格式"选项。在"设置图表区格式"菜单中单击"填充与线条"按钮，在"填充"组选择"纯色填充"，选择颜色，也可选择"图片或纹理填充"，插入设计好的图片作为背景；在"边框"菜单中设置边框。我们采用纯色填充、边框无线条的方式，如图6-25所示。

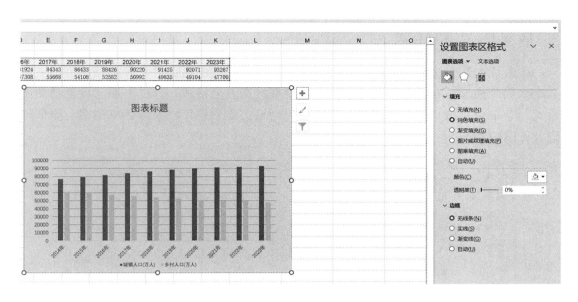

图6-25　Excel可视化之调整图表区的背景

2. 设置自定义图表元素

如图6-26所示，点击图表所在位置，选定绘图区，通过拖动四周圆点来更改绘图区的尺寸。选定图表标题，将其拖动到合适位置，编辑标题文字，并修改字体和字号。点击图表右上角的按钮"＋"，展开图表元素设置菜单，根据需要调整相关元素，通过勾选按钮控制显示或隐藏。

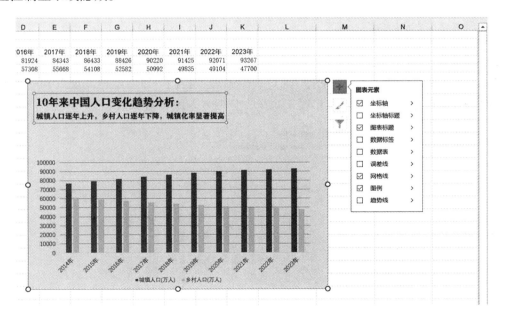

图6-26　Excel可视化之设置自定义图表元素

3. 设置数据系列样式

点击某个系列柱形,当该系列所有柱子周围都有白色圆点时,表明已选定。右击某个系列的柱形,在弹出的菜单中选择"设置数据系列格式"选项。在"设置绘图区格式"菜单中单击"填充与线条"按钮,分别根据需要设计填充颜色或图案、边框样式(见图6-27)。

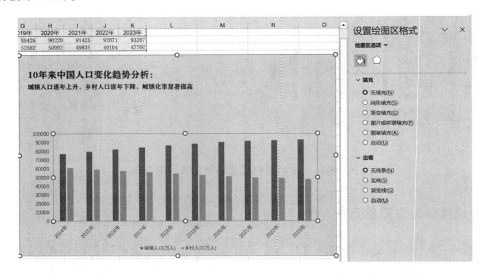

图6-27 Excel可视化之设置数据系列样式

(四) 浏览和分析图表

观察图表的形状、趋势和模式,以获取数据中的关键信息。使用Excel的数据分析工具(如数据透视表)进行更深入的分析。可以与其他图表或数据表进行比较,发现数据之间的关联和差异。如图6-28所示,通过观察图表,我们可以清楚地发现2014—2023年中国城镇人口逐年增长,乡村人口逐年减少,且两者差距日益扩大。

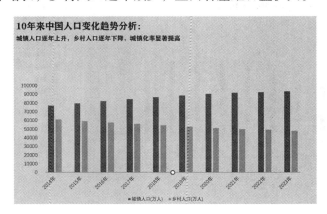

图6-28 Excel可视化之浏览和分析图表

（五）保存和分享

将图表保存为 Excel 文件，以便随时查看和修改。可以将图表复制并粘贴到其他应用程序中，或导出为图片格式进行分享。

如图 6-29 所示，除了柱形图外，Excel 还提供了折线图、饼图、条形图、面积图、散点图、股价图、曲面图、雷达图以及将其中若干类型组合使用的组合图，每种图表又有不同的样式。具体操作方法与柱形图类似。

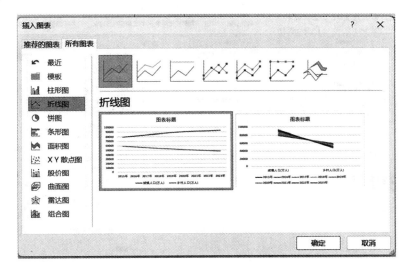

图 6-29　Excel 图表类型

二、使用 Power BI Desktop 进行进阶图表设计

Power BI 是微软推出的业务分析工具，其核心功能包括数据连接、数据转换、数据分析以及数据可视化。它可从各种数据源中获取、分析和可视化数据，从而协助使用者洞察数据并做出明智的决策。Power BI 的数据可视化功能非常丰富。它提供了多种可视化类型，如表格、矩阵、条形图、折线图、饼图、地图等，用户可以根据数据的特性和展示需求选择合适的可视化方式。同时，Power BI 还支持自定义可视化，用户可以根据自己的需求创建独特的可视化效果。Power BI 是软件服务、应用和连接器的集合，主要包括 Power BI 应用程序（包括 Power BI Desktop、Power BI Pro、Power BI Premium）、Power BI 服务（联机服务型软件，即 SaaS），以及 Power BI 移动应用。其中，Power BI Desktop 为免费版本，我们以此版本为例介绍其可视化流程。

（一）了解操作界面

Power BI Desktop 窗口顶部是功能区。除窗口外，主体区域包括左右两部分：左边是报表画布，右边是报表编辑器。报表画布左侧为三个图标，从上到下依次为"报表""数据"和"模型"。其中，"报表"是默认视图，可通过点击图标来切换视图。报表编辑器包括筛选器、可视化、数据三个窗格。其中，可视化窗格中展示了Power BI Desktop的各种可视化图表类型，包括柱状图、折线图、饼图、地图等，用户还可以通过"获得更多视觉对象"按钮使用更多类型的工具（见图6-30）。

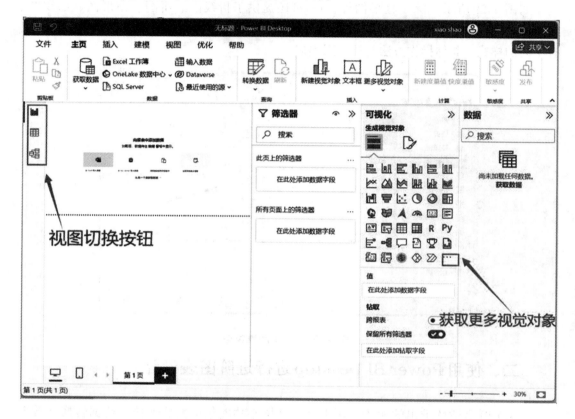

图6-30　Power BI Desktop页面

（二）连接数据源

在Power BI Desktop中，用户可以从多种数据源中选择，如数据库、Excel文件、云服务等。通过连接到所需的数据源，用户可以获取数据并开始可视化。我们以事先准备的用Excel存储的某省2022年度三公经费决算数据为例进行介绍。点击功能区"获取数据"按钮，在弹出的对话框的右侧列表里选择"Excel工作簿"，点击下方"连接"按钮，便可打开存储于本地的Excel文件。打开数据源文件后，弹出"导航器"对话框，选择存放数据的"Sheet1"，则出现数据预览页面。点击数据预览页面下方的"加载"按钮，可将数据加载到工作区，此时右侧数据栏出现数据文件中的字段（见图6-31、图6-32和图6-33）。

图6-31　Power BI Desktop连接数据源页面（1）

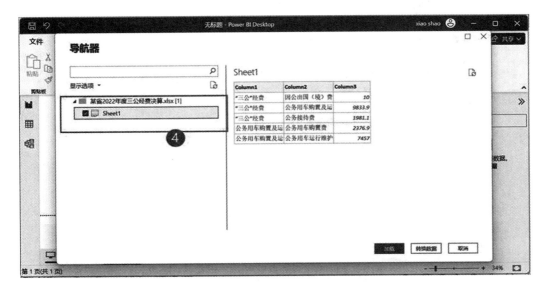

图6-32　Power BI Desktop连接数据源页面（2）

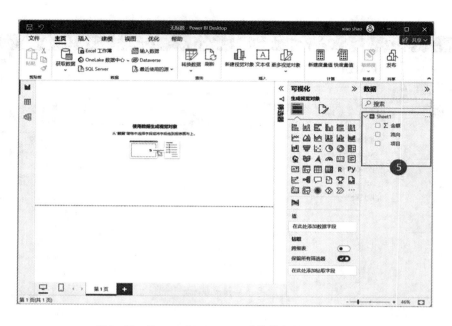

图6-33 Power BI Desktop连接数据源页面（3）

（三）转换和清洗数据

如果需要对数据进行转换和清洗，可以点击功能区"转换数据"按钮，启动 Power Query 编辑器，在 Power Query 编辑器窗口进行数据转换和清洗（见图6-34）。该工具拥有丰富的功能，如数据过滤、列重命名、行合并等，以确保数据的准确性和一致性。

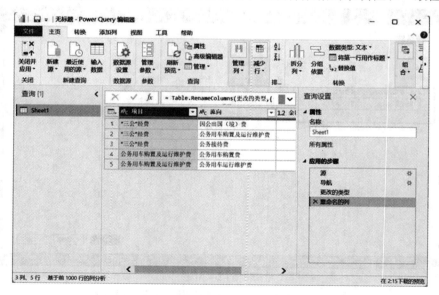

图6-34 Power BI Desktop转换和清洗数据页面

（四）创建可视化图表

我们根据分析目标和数据特征，选择使用桑基图，来进行可视化设计。点击桑基图图标后，可视化窗格下部会出现与之匹配的三个字段："源""目标""称重"。将存储"源""目标""数值"数据的字段分别拖动到"源""目标""称重"框内，绘图区内的桑基图便自动生成了（见图6-35）。

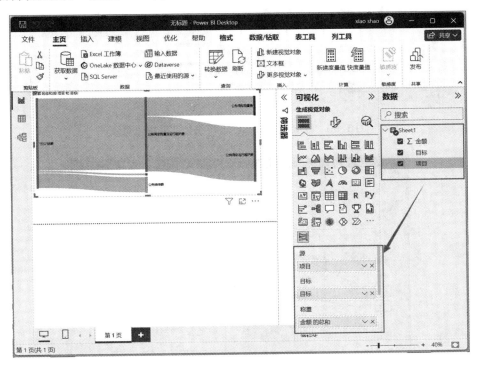

图6-35　Power BI Desktop创建可视化图表页面

（五）通过自定义设置进行图表美化

点击"设置视觉对象格式"按钮，进一步进行个性化设置，实现图表的美化（见图6-36）。

（六）保存和发布

点击"文件"，选择"导出"，将设计好的可视化作品导出为Power BI模板或PDF格式文件，并保存至本地。也可以点击"文件"后选择"发布"，将作品发布到Power BI服务平台（见图6-37）。

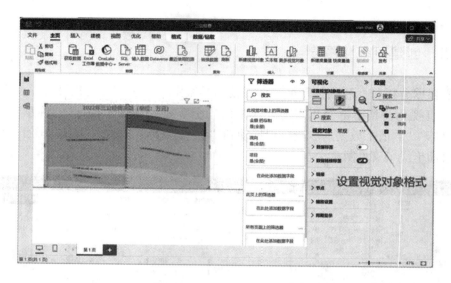

图6-36　Power BI Desktop可视化图表美化页面

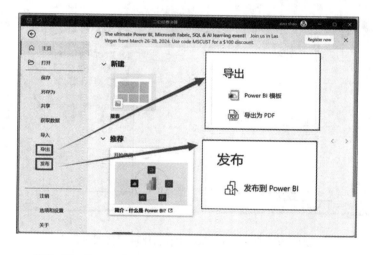

图6-37　Power BI Desktop可视化图表的保存和发布页面

本章小结

在本章，笔者首先对数据新闻中可视化的作用进行了分析。可视化在数据新闻的生产和消费两个环节均发挥重要作用。在数据新闻生产环节中，可视化可以深化数据新闻从业者对数据的探索和理解，推动故事的讲述，强化信息传达的效率和感染力。在数据新闻消费环节中，可视化能够提供良好的阅读体验，增强受众对新闻的理解和记忆，满足受众的个性化信息需求。

其次，笔者分析了数据新闻可视化的常见类型，即统计数据可视化、关系数据可视化、地理空间数据可视化、时间序列数据可视化以及文本数据可视化，并对数据新闻实践中这些类型的案例进行了介绍。

再次，笔者从准确性原则、清晰性原则和美学原则三个方面，对数据新闻可视化的设计原则进行了介绍。

最后，笔者介绍了两种常用的可视化工具，即 Excel 和 Power BI Desktop，并结合实例对这两种工具的基本操作技巧进行了解析。

习题

1. 举例说明数据新闻可视化在数据新闻传播过程中发挥的作用。
2. 如果对历年政府工作报告进行分析，应该选择哪种可视化类型？请说明理由，并完成分析。
3. 使用恰当的图形和相应的工具，对我国城乡人口流动情况进行分析。

阅读拓展

[1] 陈为，沈则潜，陶煜波，等.数据可视化[M].北京：电子工业出版社，2013.

[2] 黄慧敏.最简单的图形与最复杂的信息[M].杭州：浙江人民出版社，2019.

[3] 邱南森.数据之美：一本书学会可视化设计[M].张伸，译.北京：中国人民大学出版社，2014.

[4] 邱南森.鲜活的数据：数据可视化指南[M].北京：人民邮电出版社，2012.

[5] 张毅，王立峰.信息可视化设计[M].重庆：重庆大学出版社，2021.

第七章

数据新闻的制作与发布

◆ 学习目标

本章将详细阐述数据新闻文本制作的相关内容，介绍如何选择合适的平台进行数据新闻的传播，以及数据新闻发布程序、评估方式。读者的学习目标是学会在数据分析和可视化的基础上制作数据新闻的文本，掌握选择传播平台的原则，了解数据新闻的发布和评估程序。

◆ 本章体例

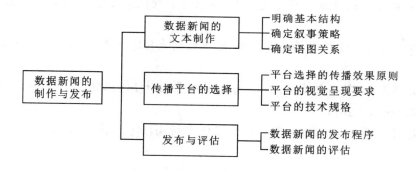

第一节 数据新闻的文本制作

数据新闻的文本和传统的新闻文本既具有共通之处，又存在显著差异。作为新闻文本，数据新闻的文本同样应表现出客观中立、翔实准确、简洁明了、结构清晰等基本特征。数据新闻以数据分析为核心，数据进入新闻叙事的核心环节，去文本化的可视化设计是主要叙事手段。这就使其拥有区别于传统新闻文本的特征，如叙事形式的动态性和交互性、叙事元素的融合性等。数据新闻文本的制作便是在遵循新闻文本制作的基本规则的前提下追求数据叙事的独特性。

一、明确基本结构

数据新闻和传统新闻的基本结构具有相同之处，同样由标题、导语、主体、背景和结尾等要件构成（当然，并非每篇新闻文本都具备所有要件）。由于数据是驱动数据新闻的核心力量，在具体的写作方式上，数据新闻又表现出了与传统新闻文本的显著差异。

（一）标题

数据新闻的标题通常简洁有力，包含关键数据或统计结果，能够吸引受众的注意力。在标题的写作中，常见的做法有以下几种。

一是突出关键数据，即直接展示关键数据，如《3亿农民工何去何从：平均工资4432元，均龄41.7岁》。

二是利用数字对比，即通过对比突出数据的差异或变化，如《从24%到56%：民办幼儿园数据简史》。

三是采用故事化方式，即将数据融入一个有趣或引人入胜的故事中，如《数说马拉松"破2"：他跑这42公里的速度，可能比你骑车快》。

四是强调影响，即突出数据背后的影响或意义，如《全球武装冲突丨32年，超300万人丧生》。

五是设置悬念，即在标题中设置悬念，激发受众的好奇心，如《520特别调查，年轻人真的不想谈恋爱了吗？》。

（二）导语

数据新闻的导语部分应能迅速吸引受众的注意力，简要介绍新闻故事的主题，也可以说明关键数据或设置叙述背景。值得一提的是，数据新闻的导语可以是文字，也可以是概要、总览式的数据图表及视频，或者由其相互配合完成。常见的数据新闻导语的写作（制作）方法有以下几种。

1. 直接点明数据

在导语中直接提出或展示关键数据，有助于受众快速了解新闻的主题和重要性，如"相比去年的'报复出行热'，今年五一的出游热度依然不减。据文化和旅游部，2024年

'五一'假期国内旅游出游2.95亿人次，总花费1668.9亿元，分别同比增长7.6%、12.7%"①。

2. 设置悬念

可以在导语中设置一些悬念或疑问，以吸引受众继续阅读，如"中国居民都如何安排自己一天的生活？……十年后中国居民睡得更多了吗？"②。

3. 提示数据背后的故事

数据新闻不仅仅是数据的堆砌，更重要的是通过数据揭示背后的故事或趋势。在导语中，可以简要提及这些数据背后的意义或影响，如"3月13日，联合国开发计划署（UNDP）发布了最新一版的《人类发展报告》（以下简称报告）及反映国民生活质量的'人类发展指数'（HDI）。……全球整体指数，在2022年开始止跌回涨，但区域间的差距开始由缩小转为扩大。中国排名第75位，属于人类发展水平高的国家"③。

（三）主体

数据新闻的主体部分是整篇新闻的核心，它需要将数据转化为有深度、有洞察力的故事。数据新闻主体部分应该包含以下内容。

1. 阐明背景

简要介绍新闻的背景和主题，将数据置于特定的背景下，建立与受众的联系，这样才能为受众提供完整的认知框架，使受众明白为什么数据及其驱动的故事是重要的，从而引发受众的阅读兴趣。

2. 介绍数据

清楚地说明数据的来源、时间跨度和采集方法，确保受众对数据的可靠性和准确性有信心。在必要的情况下，还应提供数据收集的详细步骤和局限性。

---

① 摘自数据新闻作品《数说｜五一成绩单出炉，县域旅游真火了？》（https://www.thepaper.cn/newsDetail_forward_27273201）。

② 摘自数据新闻作品《时间都去哪儿了：十年间，中国居民时间分配有哪些大变化？》（https://www.thepaper.cn/newsDetail_forward_2898714）。

③ 摘自数据新闻作品《联合国最新〈人类发展报告〉发布，全球发展不均衡现象加剧》（https://www.thepaper.cn/newsDetail_forward_26479404）。

3. 数据分析及可视化

对数据进行分析，揭示数据背后蕴藏的趋势、变化规律。在这一过程中，需要选择恰当的可视化工具对数据进行呈现，力求全面、直观、形象地展示数据信息，带领受众理解数据背后的意义。在解读数据时，应遵循科学的方法，保持客观和中立态度，避免过度解读或偏见。

4. 融入故事元素

将数据与具体的人物、事件或场景结合起来，使数据新闻更加生动和引人入胜，让受众能够轻松地跟上创作者的思路。通过提供案例，将数据和现实生活中的具体情境相结合，帮助受众更好地了解数据如何反映问题。

（四）背景

背景部分对于提升整篇报道的完整性和深度至关重要。它提供了关于新闻事件或现象的历史、社会、经济等方面的信息，帮助受众更好地理解新闻的核心内容。数据新闻背景部分应该包含以下内容。

1. 说明特定情境

为揭示主题涉及的数据背后的意义，常常需要将主题置于社会发展的特定情境中。因此，在创作数据新闻的过程中，需要说明与报道主题相关的环境、关系、事件及相应数据。

2. 阐明专门知识

数据新闻往往涉及特定的专业领域，因此，创作者需要借助相关理论，对报道对象涉及的专门知识进行阐释。

3. 提供相关链接

创作者需要提供指向数据原始来源、相关研究报告或之前相关新闻报道的链接，拓展文本的容量，提供丰富的相关性数据、资料，为受众深入了解核心数据提供背景信息。

4. 引用专家观点

援引专家学者或业界人士对数据的分析与解释，能够增强受众对数据意义的理解，增加报道的权威性和深度。

（五）结尾

数据新闻的结尾部分承担着为整篇报道画上句号，为受众留下深刻印象，激发受众深入思考的作用。在写作结尾时，可以采用以下做法。

1. 提供结论或启示

结尾部分可以概括、回顾新闻的主要数据和关键观点，增进受众对报道的核心内容的记忆。总结报道的主要发现，提供对未来趋势的预测或社会现象的洞察，给出可能的解释。如果报道涉及的问题具有解决的可能性，可以在结尾部分提出具体的解决方案或建议。

2. 强调影响或意义

强调数据所揭示的趋势、问题或影响，帮助受众理解这些数据对于现实世界的意义。

3. 展望未来

基于现有数据和分析，对未来的可能出现的情况进行预测或展望。这不仅可以增强报道的时效性和前瞻性，而且能激发受众的好奇心和兴趣，激发受众对于新闻主题的进一步思考。

4. 呼吁行动

对于涉及社会公共利益的主题，可以向公众发出行动呼吁，鼓励受众基于数据新闻得出的见解采取行动。

二、确定叙事策略

新闻叙事是指通过文字、图像等媒介，对新闻事实进行有层次、有条理地建构的过程。它是新闻具象化的重要手段，能够让受众更加清晰、直观地了解新闻事件。尽管有学者将数据新闻视为一种科学论证，否认其叙事性，但更多学者认为数据新闻生产以"新闻故事概念"发端，数据的处理、分析和视觉化呈现都围绕"故事化"这一主线进行，数据新闻实质上仍是"新闻故事"的呈现。[1]数据新闻不等同于在新闻报道中直接引入数据分析方法或可视化技术，其核心仍是新闻叙事。[2]叙事可以提升数据新闻的可读性

---

[1] 于淼.数据新闻实践：流程再造与模式创新[J].编辑之友，2015（9）：69-72.
[2] 章戈浩.作为开放新闻的数据新闻——英国《卫报》的数据新闻实践[J].新闻记者，2013（6）：7-13.

和吸引力，将复杂的数据转化为具有意义和影响力的故事，提升受众对数据的认知和理解。数据新闻应该借助数据来讲新闻故事，或者在数据中寻找新闻故事。[1]

（一）明确叙事维度

数据新闻叙事的主要维度大致可以总结为时间维度、空间维度、关系维度等。[2]

1. 时间维度

时间与事件相伴而生，时间为事件提供了基础性的认知语言，而事件总是在时间的脉络和结构中获得意义。时间叙事符合公众认知的基本逻辑，是新闻表达的常见结构。[3]

时间维度在数据新闻中的使用主要表现为通过时间线来展示数据变化，让受众能够清晰地看到事件发展的轨迹。数据新闻通过构建时间线，凸显构成新闻事件的子事件的时间顺序，包括不同子事件之间的内在逻辑和因果关系，使受众了解不同时间段的主要新闻事件，同时获悉不同子事件之间的关系，达到将新闻事件的时间线与各子事件有序、有机交织的效果。

2. 空间维度

空间在故事中以两种方式存在：一是作为叙事背景、故事容器而存在，扮演着"行为的地点"的角色；二是作为叙事内容而存在，作为描述的对象而进入故事结构、参与情节叙事，意味着"行动着的地点"。[4]

数据新闻中，空间维度的叙事最典型的形式是数据地图。通过数据地图，创作者可以在数据与地理位置之间建立联系，并且可以将个体故事和宏大主题相结合，将宏观叙事和微观叙事相结合，实现叙事空间的多维展示。例如，英国《卫报》推出的作品《维基百科伊拉克战争日志：每一次死亡地图》将伊拉克战争的人员伤亡情况标注在地图中，每一个红点代表一次伤亡，受众将鼠标移至不同红点上，即可了解详细信息，如地区名称、伤亡人数、伤亡情况等，从而在空间意义上揭示了伊拉克战争带来的伤害。[5]

3. 关系维度

在复杂的新闻事件中，往往存在不同的新闻元素，关系叙事的基本含义就是发掘并

---

[1] Howard A B. The Art and Science of Data-driven Jouralism[EB/OL]. https://internews.org/wp-content/uploads/legacy/resources/Tow-Center-Data-Driven-Journalism.pdf.
[2] 张超.数据新闻复杂叙事的四个维度[J].电视研究，2018（2）：38-40.
[3] 刘涛，杨烁燏.融合新闻叙事：语言、结构与互动[J].新闻与写作，2019（9）：67-73.
[4] 刘涛，杨烁燏.融合新闻叙事：语言、结构与互动[J].新闻与写作，2019（9）：67-73.
[5] 刘涛，杨烁燏.融合新闻叙事：语言、结构与互动[J].新闻与写作，2019（9）：67-73.

呈现这些元素之间的关系和结构。关系叙事的常见方式是对特定关系网的编织。[①]例如，澎湃新闻于2021年9月推出的数据新闻作品《全球反恐20年丨600条数据追踪恐怖组织关系网》选择关系维度，以恐怖组织之间的关系特征与金钱输送为线索，清晰地梳理出主要恐怖组织之间错综复杂的关系及其演变过程。

（二）选择叙事模式

学者们通过对国内外数据新闻实践进行梳理，尝试总结常见的数据新闻的叙事模式，归纳出了线性叙事、组合叙事、交互叙事三种模式。[②]在数据新闻实践中，很多创作者常常以这三种叙事模式中的一种为主体构建文本框架，也有在文本第一层使用一种叙事模式，在文本第二层使用其他叙事模式的情况存在，这就是混合叙事模式。

1. 线性叙事

数据新闻的线性叙事围绕时间顺序和因果关系展开，将数据点连接起来，形成一个连贯而有序的故事。线性叙事以清晰、连贯的方式呈现数据和信息，有助于受众快速地理解和跟踪新闻事件，了解事件的真相。

数据新闻的线性叙事模式要求创作者拥有清晰、有条理的逻辑线索，确保受众能够轻松理解新闻的主题和要点。这通常意味着创作者需要从一个明确的起点开始，逐步展开，最终得到明确的结论。数据新闻的线性叙事模式就像一棵树，在数据新闻中，简单的线性叙事只有一根树干，叙事随着"树"的生长止于一点。较为复杂的线性叙事包含"树枝"和"树叶"。[③]

新华网的数据新闻作品《一个家庭65年的变迁》便采用了线性叙事模式，以时间为线索，以虚拟人物"王解放"的成长经历，串联起国家的重要事件及相关数据，使用数据可视化的方式展示了个人、家庭和国家65年的变迁（见图7-1）。

2. 组合叙事

组合叙事表现出模块化的报道结构，新闻由若干相对完整的故事模块组合而成。叙事过程中，各叙事模块不是简单地依时间顺序展开叙事，而是围绕主题展开叙事，彼此间或是并列关系，或是补充关系，每一个模块都能够独立完成对主题的部分解读。这种模块化的设计使得受众可以根据自己的兴趣和需求选择阅读的内容，提高了阅读的自主性和选择性，体现了选择性阅读的新闻生产理念。[④]

---

① 刘涛，杨烁熔.融合新闻叙事：语言、结构与互动[J].新闻与写作，2019（9）：67-73.
② 许向东.转向、解构与重构：数据新闻可视化叙事研究[J].国际新闻界，2019，41（11）：142-155.
③ 张超.释放数据的力量：数据新闻生产与伦理研究[M].北京：中国人民大学出版社，2020.
④ 许向东.转向、解构与重构：数据新闻可视化叙事研究[J].国际新闻界，2019，41（11）：142-155.

图7-1 线性叙事示例（来自数据新闻作品《一个家庭65年的变迁》）

中国国际电视台的《The Numbers of a Decade: A Journey through China's Modernization》在党的二十大闭幕之际，回顾了中国从2012—2021年的发展历程，总结了中国在经济、政治、文化、社会和环境方面取得的成就。受众可以任意选择五个类别中的一个类别，来探索中国在这个方向上所走的道路，了解相应的关键事实和数据（见图7-2）。

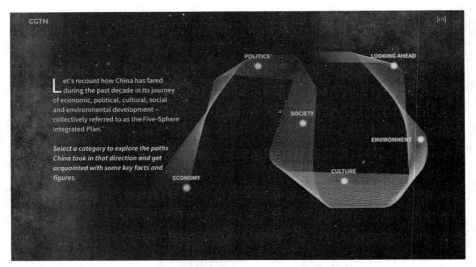

图7-2　组合叙事示例（来自数据新闻作品《The Numbers of a Decade: A Journey through China's Modernization》）

3. 交互叙事

交互叙事是指运用交互技术手段进行的叙事行为。这种叙事方式打破了传统的线性叙事模式，使受众成为新闻叙事的一部分，而不再是被动的信息接收者。数据新闻通过交互技术手段，使受众在深入地参与叙事的过程中，获得更丰富、更个性化的阅读体验。不过，尽管从表面上看，受众在获取信息的过程中有着较大的自主性、选择权，但实际上，创作者已经将传播意图以程序或规则的方式巧妙地隐藏在叙事作品中。①

数据新闻对交互叙事的应用可以分为两类：一类是基于数据库的探索叙事；另一类是基于游戏的体验叙事。②

前者如ProPublica推出的数据新闻作品《Workers' Compensation Benefits：How Much Is a Limb Worth?》。该新闻收集了美国各州对在工作中遭受永久性伤害的赔偿金额数据，并通过可视化的方式进行了展示。受众可以通过点击身体图形中的不同身体部位，来获得各州相应的赔偿金额。在浏览过程中，受众通过自己的选择推动叙事，发现不同州对同一身体部位的赔偿存在的差异（见图7-3）。

后者如英国《金融时报》（*Financial Times*）在零工经济的背景下推出的一款体验做优步（Uber）司机的游戏。该作品是基于真实的报道，包括对数十名优步司机的采访获得的数据制作而成。受众以玩家身份进入游戏，体验优步司机的生活，经历种种困难，完成各种任务，从而了解优步司机这个群体的生存状态（见图7-4）。

---

① 许向东.转向、解构与重构：数据新闻可视化叙事研究[J].国际新闻界，2019，41（11）：142-155.
② 张超.数据新闻的交互叙事初探[J].新闻界，2017（8）：10-15+45.

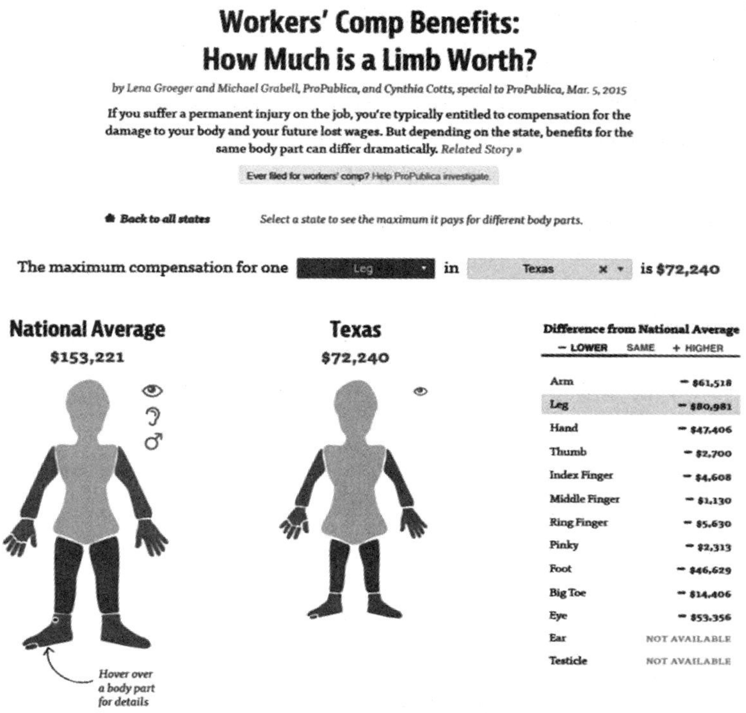

图7-3 交互叙事示例之一（来自数据新闻作品《Workers' Compensation Benefits: How Much Is a Limb Worth?》）

图7-4 交互叙事示例之二（来自英国《金融时报》的一款游戏）

三、确定语图关系

在传统的新闻报道中，文字是叙事的主要元素，新技术的应用推动"图像转向"的到来，视觉符号成为数据新闻内容呈现的核心要素；"图像转向"过程中的数据新闻，突破了传统新闻以文字叙事为主的模式,图像叙事开始成为与文字叙事同等重要的新闻叙事方式。[1]数据新闻将可视化图表引入报道,让文字与图表相互配合传递信息,体现出语图交互、共同表意的特征,以文字、图表为两大基础成分,形成对现实世界的数据提炼和视觉表征。[2]在数据新闻的文本中,正是文字和图表这两个核心叙事载体相互配合、相互补充,共同完成新闻叙事,形成完整且富有深度的报道。因此,设定数据新闻中的图文关系便成为数据新闻制作中的一项重要内容。

(一)图文各自的功能

基于作用于人类认知的机制不同,图表和文字在数据新闻中各自承担着不同但互补的功能。

1. 图表的功能

图表有以下三个功能。

一是直观展示信息。图表可以简化大量数据信息,使得重要的数据和结论一目了然。数据新闻作品通过将复杂的数据信息通过图形化手段展示出来,使得受众可以更直观地理解数据背后的情况,快速发现数据之间的关系、趋势和模式。

二是增强感知和记忆。色彩、形状和动态效果等视觉元素可以吸引受众的注意力,激发受众的阅读兴趣。图表信息比文本信息更易于记忆,使用图表可以帮助受众更好地记住数据新闻的重点。

三是提供审美价值。图表在色彩运用、图形构成、版式设计等方面都体现着创作者的艺术表现能力,因此,图表具有独特的审美价值。一个设计精良的图表不仅可以有效地传递信息,而且可以为受众带来美的体验。

2. 文字的功能

文字也有三个功能。

一是说明语境。文字可以通过叙述提供数据的背景知识、来源和解释,帮助受众更准确地理解数据的含义,为故事提供背景、情境和故事线索,引导受众进入新闻主题,为后续的数据和图表解读打下基础。

二是进行分析和阐释。文字可以呈现图表无法展现的具体细节和数据之间的复杂关系,帮助受众理解数据如何与新闻故事相联系,提供对数据的深入洞察和专业解释。

三是表达观点和态度。文字能够传递创作者的观点和态度,为数据新闻赋予个人或媒体的独特声音。

---

[1] 谢帅光,朱爱敏."图像转向"视域下数据新闻的叙事逻辑分析[J].梧州学院学报,2023,33(1):61-69.
[2] 刘涛.理解数据新闻的观念:可视化实践批评与数据新闻的人文观念反思[J].新闻与写作,2019(4):65-71.

（二）语图关系模式

数据新闻的语图关系主要涉及文字和图表之间的相互配合与呈现。从认知心理学角度来看，语言和图像实际上对应着不同的接受心理，不同的语图组合方式又对应着不同的信息加工机制，这在数据新闻领域便引发了对文字与图表关系产生的传播效果问题的讨论。这种关系在数据新闻中尤为重要，因为它直接影响信息的传达效果和受众的理解程度。综合学者们对语图关系的讨论，我们可以将数据新闻实践中的语图关系总结为五种模式。[①]

1. 图表统摄模式

在这种模式下，图表占据主导地位，文字则起辅助说明的作用。关键新闻信息主要由图表承担，图表通过直观的数据展示，帮助受众快速把握整体趋势和关键信息，而文字仅提供必要的背景知识介绍，或发挥逻辑串联的作用。

2. 文字统摄模式

与图表统摄模式相反，在文字统摄模式下，文字是主角，图表则作为文字的辅助。文字详细叙述新闻事件或数据背后的故事，图表用于使某些关键数据或概念具象化，增强文字叙述的说服力。

3. 语图重合模式

在这种模式下，文字和图表在内容上有较大的重叠。图表展示的数据和信息与文字描述的内容基本一致，两者相互印证，共同构建完整的新闻故事。

4. 语图对话模式

在此模式下，文字和图表各自承担不同的叙述任务，但又相互关联，互为补充。文字可能提供宏观的背景分析和评论，而图表则展示具体的数据变化和趋势，两者共同形成一个完整的新闻故事。

5. 语图协商模式

在这种模式下，文字和图表之间既不是简单的重合，也不是完全的独立，而是处于一种动态的协商关系。文字和图表各自从不同的角度呈现信息，通过相互协商来共同构建新闻的多元视角。

[①] 惠一葦，方洁，董晨宇．"解读"抑或"留白"：数据新闻语图结构的认知效果研究[J]．传媒观察，2024（2）：72-82．

这些模式并不是相互排斥的。一篇数据新闻可能同时包含多种语图关系模式。实践中，创作者应根据新闻内容、受众需求和传播目的来灵活选择和组合这些模式，以获得最佳的传播效果。

（三）语图配合原则

1. 保持一致

这要求两者在内容、风格和主题上相互协调，避免出现信息不一致或相互矛盾的情况。首先，应明确新闻主题和核心观点，在开始写作和设计图表之前，必须对数据新闻的主题和核心观点有清晰的认识，这将有助于确保文字和图表都围绕同一主题展开，传递相同的核心信息。其次，图表中的数据和文字措述应保持一致，避免出现数据差异或解释不清的情况。最后，文字和图表的风格也应保持一致，以营造整体统一的视觉效果和专业感。例如，如果文字采用了轻松幽默的口吻，那么图表的设计也应避免过于严肃和刻板；反之亦然。

2. 避免冗余

避免用文字直译图表。在文字描述中，避免完全重复图表中的信息，即便要使图表和文字相互印证，也要通过不同角度来表达信息。例如，如果图表已经显示了某个变量随时间的增长趋势，文字就不需要再赘述这一趋势，而应该概括这一趋势的持续时长、增长幅度等。

3. 注重节奏

图表与文字在排版布局上也应相互呼应，形成和谐的视觉效果。文字和图表的位置安排，应该符合阅读逻辑和数据叙事的流程。图表与相关文字的配合应当顺序连贯，避免让受众在作品中前后跳跃，去寻找对应的解释。例如，可以将文字置于图表的上方或下方，以便受众在阅读文字时能够自然地看到相关的图表；或者将文字与图表交替排列，形成错落有致的版面效果。

第二节 传播平台的选择

数据新闻文本制作完成后，数据新闻生产完成，数据新闻实践将进入传播环节。数据新闻的核心是数据和信息，而传播则是将这些数据和信息传递给受众的过程。没有有效的传播，数据新闻的价值将无法体现。通过传播，数据新闻能够触及更广泛的受众，实现其社会价值和影响力，而传播的关键则是选择合适的平台。在当前的融媒体环境中，数据新闻传播的渠道多种多样，可选择的平台也较为丰富。除了数据新闻生产主体自办的平台外，还应利用更多平台进行传播，如网络新闻媒体、社交媒体、移动新闻应用、专业数据新闻网站和应用等，如此才有可能实现数据新闻作品的价值最大化。

网络新闻媒体包括各大新闻网站、门户网站新闻频道等。它们通过互联网实时发布和传播数据新闻，受众可以随时随地获取最新的数据新闻信息。这些媒体通常具有丰富的互动功能，允许受众进行评论、分享和转发。

社交媒体在融媒体时代扮演着重要角色。社交媒体，如微博、微信等，通过分享、转发、评论等功能，使得数据新闻能够迅速在社交媒体上裂变传播，吸引更多受众的关注和参与。

随着智能手机的普及，移动新闻应用成为数据新闻传播的重要渠道。这些应用通常提供个性化的新闻推荐，使受众能够根据自己的兴趣获取相关数据新闻。

一些专业数据新闻网站和应用也致力于发布和传播数据新闻。它们通过数据可视化、交互式设计等方式，提供深入的数据解读和分析，满足受众对数据新闻的深层次需求。

这些平台各具特色，共同构成了融媒体环境下数据新闻传播的多元格局。只有选择合适的平台进行传播，才能保证数据新闻的传播效率和影响力。

一、平台选择的传播效果原则

数据新闻想要获得好的传播效果，需选对平台。理想的平台应既能够承载数据新闻特有的图表、动态交互的表现形式，又具有愿意进行深入阅读和理性思考的用户基础。[①]为保证数据新闻的传播效果，在选择平台时，应从目标受众匹配度、社会影响力、社会责任履行水平等方面进行考虑。

（一）目标受众匹配度

在传播数据新闻时，需要明确目标受众，并选择那些能够覆盖这些目标受众的平台。这是因为，当数据新闻内容与受众的兴趣、需求高度匹配时，信息在传播过程中就会衰减得少，更快速地触达感兴趣的人群。对于和自己需求匹配度较高的新闻，受众更可能主动分享和传播，从而扩大新闻的影响力和传播范围。匹配度高的新闻供给也能够增强受众的阅读兴趣和满意度，进而提升他们对相应媒体的忠诚度，他们更有可能成为该媒体的忠实用户，持续关注该媒体并积极参与互动。

---

① 胡灵舒.数据新闻在微博平台中的传播效果研究[J].编辑之友，2016（2）：70-74.

1. 用户画像重合度

数据新闻从业者可以通过对比平台用户的基本信息（如年龄、性别、地域、职业等）与目标受众的预设特征，计算二者的重合度。例如，若平台用户中25—35岁的都市白领占比高达70%，而目标受众正是这一群体，则说明匹配度较高。

2. 内容偏好一致性

分析平台用户喜欢的内容类型、风格和主题，将其与目标受众的内容偏好进行对比。如果两者高度一致，则说明匹配度高。例如，若平台用户偏好时尚、旅游类内容，而目标受众也对此类内容感兴趣，则表明内容偏好一致。

3. 兴趣标签对齐率

平台通常会为用户提供兴趣标签选择，可以通过对比用户的兴趣标签和目标受众的兴趣标签，来计算标签的对齐率。对齐率越高，说明目标受众与平台用户的兴趣越契合。

（二）社会影响力

评估各平台的影响力，包括其用户基数、活跃度以及用户对新闻的分享和讨论习惯，选择具有广泛影响力和覆盖范围的发布平台，有助于数据新闻触达更多的潜在受众。可以通过考察平台的用户规模、用户忠诚度、话题引领度等指标来评估其影响力。

1. 用户规模

用户规模是指平台拥有的用户数量。用户规模是衡量社交媒体平台影响力的基础指标。拥有大量用户的平台往往具有更大的影响力。可以使用日活跃用户（daily active user，DAU）和月活跃用户（monthly active user，MAU）两个指标进行测量。日活跃用户即每天使用该平台的活跃用户数量。月活跃用户即一个月内至少使用一次该平台的活跃用户数量。在考察平台现有用户规模的同时，还应注重用户增长趋势，这是因为用户增长趋势反映了平台吸引新用户、维持用户规模的能力。

2. 用户忠诚度

用户忠诚度是指用户对平台的持续使用、偏好和信任程度。忠诚度对于平台的长期稳定发展、平台对用户产生持续的影响力具有重要作用。用户忠诚度体现在持续使用（经常性地访问和使用，形成稳定的使用习惯）、偏好选择（在平台中，用户更倾向于选择他们忠诚的平台，而不是轻易尝试其他新的平台）、信任与依赖（对忠诚的平台上的信息和功能更加信任，并依赖平台来满足他们的需求）等方面。

3. 话题引领度

话题引领度是指平台对社会话题引领的程度，反映其对大众舆论和社会事件传播热度的影响能力。具体衡量时，应考察平台是否是重大事件的首发平台，平台是否经常成为热点话题的讨论地，或者是否能够引发广泛的社会关注，以及在重大事件或新闻中该平台用户的活跃程度和影响力。

（三）社会责任履行水平

互联网平台已经成为信息社会中一种社会基础性要素，兼具私有性和公共性[1]，因而互联网平台应当承担起超出私人企业责任的公共责任已经逐渐成为社会各界的共识。平台的社会责任履行水平事关其美誉度和公信力。社会责任履行水平高的平台传播的内容更能赢得用户信任。因此，为使我们的数据新闻取得良好的传播效果，应注重选择社会责任履行水平较高的平台。可以从以下几个方面来衡量平台的社会责任履行水平。

1. 公信力

媒体公信力是媒体影响力的体现，是媒体传播力、影响力的源泉。[2]尽管现有的平台并不都是专业的新闻媒体平台，但它们都因具有超级平台的公共性特征而具备了媒体属性，应当承担起相应的公共责任。权威性和可信任程度是媒体公信力的两大主要构成因素，因此我们可从这两个方面考察平台的公信力，通过收集用户评价信息来做出分析和评判。[3]

2. 透明度

透明度被认为可以弥补媒体可信度和信任的缺失，被诸多学者认为是新闻业的核心标准之一。[4]平台的透明度涉及算法、数据使用、用户隐私等多方面的内容。我们可以通过平台是否公开分享其服务条款、数据使用政策和隐私规定，是否定期发布透明度报告等对平台的透明度进行评估。

---

[1] 李良荣，辛艳艳.论互联网平台公司的双重属性[J].新闻大学，2021（10）：1-15+117.
[2] 强月新，徐迪.我国主流媒体的公信力现状考察——基于2015年问卷调查的实证研究[J].新闻记者，2016（8）：50-58.
[3] 詹骞，周莉，吴梦.我国社交媒体公信力测评量表设计研究[J].当代传播，2018（6）：41-44.
[4] 王娟.智能媒体责任伦理建构探究[D].合肥：中国科学技术大学，2021.

3. 合法合规性

符合法律法规、行业准则要求和社会普遍道德规范，遵守国际标准和准则等，是平台社会责任履行的底线要求。一旦突破底线，平台将会陷入生存危机，也必然会导致用户流失。平台除自身行为应遵循相应规范外，还应承担起主体责任，健全平台内部监管机制，对平台内各主体生产的内容有严格的审核标准和完善的发布流程。此外，平台还应有快速响应和纠正错误信息的流程和机制。

二、平台的视觉呈现要求

如前文所述，可视化是数据新闻的典型特征，是数据新闻叙事的主要手段。可视化在数据新闻中的价值主要体现在提升新闻的易读性和可理解性、增强新闻的深度和科学性，以及提高新闻报道的质量和影响力等方面。这使得可视化成为数据新闻报道中不可或缺的重要工具。因此，在选择传播平台时，为充分体现可视化的价值，我们必然需要考虑视觉呈现的要求。

（一）布局和设计功能

良好的布局和设计是数据新闻作品产生吸引力的基本视觉要素。因此，我们应选择那些界面简单直观，便于使用者快速上手，布局、设计工具完备，视觉元素丰富的平台。

1. 页面布局的直观性

良好的页面布局是数据新闻文本美观性的基础性要求，因此，我们在选择平台时，应考虑其页面布局工具是否方便快捷，是否允许多种图文排版选项，以适应不同的叙事方式和内容需求。研究平台是否具备模块化功能，能方便地添加、删除或修改内容，提供的工具能否高效地实现新闻标题、图像（视频）和文案的大小、位置、顺序的调整，能否灵活实现页面边距、行距、分割线、装饰图案等元素的设置。较理想的工具应该是所见即所得式的、具备实时预览的功能，即用户在进行拖动、插入、删除等操作时，可以实时查看页面布局的变化。一些流行的H5平台基本都提供了此类页面布局工具。

2. 样式定制的灵活度

丰富的样式库和自定义视觉样式功能是实现数据新闻作品设计的必要工具，因此，我们也应从该角度考察平台功能。其中，字体选项的丰富程度是重要指标，应了解平台是否支持现代、干净且专业的字体样式，是否支持引入自定义字体。此外，色彩工具的便捷性也是关键指标，我们需要分析平台是否有方便的颜色设置功能，如取色器、调色板等工具的操作便捷性如何。另外，为高效地完成数据新闻的风格设计，平台是否具备自定义样式模板的保存、一键应用等功能也是值得我们考虑的因素。

3. 视觉元素的兼容性

平台尽可能支持多种视觉元素，以增强新闻的表现力。因此，我们应考察平台是否支持插入音频、视频、图片等多元化视觉元素。为提升数据的展示和分析效果，我们还应尽可能选择支持视觉交互功能（如选择、拖动、缩放）的平台。另外，在数据新闻文本写作过程中，我们在必要时需引入外部视觉元素，这对平台的跨域兼容性也提出了要求。

（二）数据可视化图表生成支持度

数据新闻的发布平台对生成数据可视化图表的支持程度是我们需要考虑的关键因素。遗憾的是，现有诸多综合性的网络平台和H5平台均不具备直接的数据可视化图表生成功能，我们需要使用专门的可视化设计工具制作并导出图片或视频，再将其应用于平台的内容制作。一些专门的数据可视化平台提供了图表生成功能，对其进行选择时，我们可以从以下方面进行评估。

1. 可视化类型

如前文所述，不同类型的数据需要不同的可视化表达。因此，我们选择发布平台时，应尽量选择数据可视化类型丰富的平台。一方面，需要考察平台自身内置的可视化图表工具是否多样，能否能够满足我们绘制常用可视化图表的需要。另一方面，需要了解其是否支持外部平台的可视化图表，尤其是交互式图表。

2. 数据处理能力

使用平台提供的可视化工具进行图表制作需要耗费平台服务器的算力，因此，为保证服务器的稳定，平台对数据处理规模会有所限制。在选择平台时，我们需要选择数据处理能力更强的平台。这一方面可以保证数据新闻生成过程中数据使用的规模，另一方面，可以避免因平台服务器超负荷而出现的宕机、速度变慢为新闻受众带来的不良体验。

3. 数据更新功能

数据新闻文本制作完成后，如果数据可以不断更新甚至实时更新，其生命力就会不断增强，新闻也会因数据积累而不断提升影响力和传播效果。因此，平台是否支持数据的更新就是我们选择时需要考虑的因素。相对于只能手动更新数据的平台，能够和数据库连接，并实现数据自动更新甚至实时更新的平台显然更具有吸引力。

（三）适配和响应能力

进行可视化设计时，应考虑不同设备的显示效果，确保数据新闻在台式电脑、平板电脑和手机等设备上都能拥有良好的可读性并提供良好的用户体验。因此，应尽量选择支持适配不同设备和屏幕尺寸的平台，以提供一致且优质的用户体验。

1. 跨终端适应

为保证良好的用户体验，平台发布的内容应能适应不同终端，并实现一致的显示效果。受众使用不同品牌和型号的手机、平板电脑和台式电脑，使用不同的操作系统，如Windows、iOS、Android等，均不会影响数据新闻的阅读体验。

2. 全分辨率适配

平台生成的页面应能适应不同的屏幕分辨率，能够根据不同终端的屏幕大小自动调整布局方式和页面元素，以保证布局的美观性。这需要平台生成内容时使用流式布局、百分比宽度和弹性盒子布局等技术。

3. 多浏览器兼容

为保证良好的用户体验，平台需要保证发布的内容在所有主流浏览器上都能正确显示和运行。不同浏览器可能对CSS和JavaScript的解释有所不同，应考察平台在开发时是否考虑了现有主流浏览器的技术规范，保证生成的页面能够被各种主流浏览器正确渲染，产生良好的视觉效果。

三、平台的技术规格

在发布数据新闻时，为确保及时准确、持续稳定地传达新闻内容，确保受众拥有良好的阅读体验，需要对平台的技术规格进行评估，保证选择的发布平台稳定、可靠、易用，这关系到数据新闻发布的效率、数据安全和用户体验。

（一）稳定性与可靠性

平台应具备高度的稳定性和可靠性，能够应对大量用户同时访问的情况，确保数据新闻的顺畅传播，能够防范系统遭遇攻击和损坏带来的数据安全性威胁。应选择有良好服务器架构和稳定性的平台，以避免在高峰时段出现服务器崩溃或加载缓慢的情况。

1. 持续可用

一个稳定的平台应能够持续可访问，保证不会因宕机或服务中断导致数据新闻不能正常发布，也不会因此导致数据新闻的受众不能顺利阅读新闻内容。在新闻传播中，时效性至关重要，服务中断必然会影响信息的及时传播。同时，经常性的服务中断也会导致用户质疑数据新闻发布者的权威性和专业性，进而对其丧失兴趣和信任，最终不再关注数据新闻账号。可以使用历史数据来预测用户行为和系统负载，以便提前做好准备。一个稳定的平台应该有完善的性能监控设计、负载均衡设计、容错设计、冗余设计等手段，以保证超长的持续运行时间。

2. 数据完整和安全

数据的完整性和安全性也是平台稳定与可靠的关键指标。对于数据新闻发布平台来说，数据的完整性和安全性是其生命线。一个不稳定的系统容易受到外部攻击，或因内部故障而导致数据丢失或损坏。

首先，平台应该建立强大的数据保护机制，防止网络攻击，定期进行安全检查和漏洞扫描，以维护数据完整和安全。其次，平台应有灾难恢复计划，制定在严重故障或灾难情况下的应对措施。最后，平台还应提供定期数据备份功能，确保在发生数据损失时可以迅速恢复。

3. 性能优化

性能不断优化是平台持续保证安全、稳定运行的必要举措。一个稳定可靠的平台应根据硬件和软件技术的发展及时进行更新维护，定期升级设备，更新系统，调整和完善网络架构（包括服务器的布局、数据的存储和传输方式等），这样才能保证平台性能不断优化。平台应有定期维护和更新的计划，以及便捷的开发流程，包括快速迭代和持续集成，能够高效地修补问题。平台还应设计好扩展接口，方便后续不断进行功能添加和性能提升。

（二）易用性与用户友好性

平台的操作界面应简洁明了，易于上手和使用。提供详细的用户指南和帮助文档，以便用户在使用过程中遇到问题时能够快速找到解决方案。平台应具备良好的多终端兼容性和流畅清晰的阅览界面，确保数据新闻便于阅读、交互。

1. 界面友好

友好的界面无论是对于数据新闻发布者，还是对数据新闻受众来说，都有助于提升使用体验。对于数据新闻发布者来说，平台应界面简洁，提供直观易用的工具栏，以便发布者轻松地使用平台提供的工具进行编辑和发布操作。对于数据新闻受众来说，平台应布局清晰，提供层次清晰的导航栏、方便易用的搜索引擎，以方便受众迅速找到相应的内容。平台还应提供个性化的设置选项，让受众能够根据自己的偏好调整界面和功能。

2. 响应速度快

平台前端页面和数据内容应传输迅速，快速响应用户的操作，减少加载和等待时间，让用户在使用过程中有流畅的体验。为实现快速响应，平台应能够采取优化文本资源、减少HTTP请求、动态内容静态化、优化数据库性能、使用负载均衡技术、增加服务器带宽、优化程序代码等手段，不断提升平台性能。

3. 用户支持度高

平台应以优化用户体验为中心，提供用户支持和反馈渠道。一方面，平台应为数据新闻发布者提供完备的帮助与支持：使用教学材料（视频、PPT等），帮助数据新闻发布者学习和理解平台的功能和使用方法；提供详尽的帮助文档和在线技术支持工具，帮助数据新闻发布者解决在使用过程中遇到的问题；建立社区，为数据新闻发布者交流在数据新闻发布过程中碰到的技术难题提供相互交流的渠道。另一方面，平台也应为数据新闻受众提供方便的反馈渠道：开展用户满意度调查，了解用户满意度，及时收集并处理用户的意见和建议；设置在线互动工具，如腾讯QQ、微信等，实时获取用户反馈。

（三）数据分析工具的可用性

数据新闻发布者应选择提供详细数据分析工具的平台，以便跟踪和分析数据新闻的受众参与度、观看时长等关键指标，并利用这些数据来优化未来的数据新闻制作策略，提升视觉呈现效果和用户参与度。

1. 用户画像数据

平台应能够提供用户画像数据，包括用户的人口学特征、用户行为、用户反馈等方面的内容，为数据新闻发布者提升内容传播效果提供决策参考。例如，通过分析后台数据中的用户人口学特征，包括年龄、性别、兴趣等信息，可以更精准地定位目标受众群体，并根据其特点，制作更符合他们需求的内容，从而提高内容的吸引力和传播率；通过后台数据观察用户在平台上的活跃时间段，选择在用户最活跃的时间段发布数据新闻，这样就能增加新闻被看到和分享的机会。

2. 内容访问数据

平台应为数据新闻作品提供详尽的访问数据，如点击率或播放量、完播率或跳出率、互动率（点赞量、分享量、评论量）等。数据新闻发布者可以根据相应的数据调整选题方向、作品类型、内容结构等，优化内容生产策略。例如，平台可以分析哪种类型的内容（如图文、视频、直播等）更受用户欢迎，点击率或播放量有助于平台了解哪些数据新闻作品获得了更多关注，跳出率有助于平台分析用户通常在哪个时间点停止浏览、观看，发现哪些内容更吸引人。

3. 热门话题趋势数据

数据新闻发布者应选择提供热门话题和关键词的变化趋势数据的平台。利用平台的这些后台数据，数据新闻发布者能够及时捕捉用户当前关注的热点，结合热门话题进行内容创作，使用相关的热门标签来提高内容的可见性。这有利于增加数据新闻作品的曝光度，使数据新闻作品产生更广泛的影响力。

第三节 发布与评估

一、数据新闻的发布程序

在完成数据收集、清洗、分析和可视化呈现之后，数据新闻作品基本成型，但在正式发布之前，仍须经过相关审核，之后便应选择恰当的时机进行发布。发布之后，还应注重收集反馈信息，以便于对数据新闻生产过程和结果进行评估。

（一）内容审核

内容审核不仅是确保新闻质量的必备环节，而且是维持媒体机构声誉的关键因素。在最终发布数据新闻之前，需要对内容进行认真审核，从新闻事实及其表达、数据来源及其分析、可视化呈现、法律和伦理的合规性等角度进行审视、核查，确保新闻的准确性、合法性，这有助于数据新闻生产者规避法律风险，维护公信力。

1. 新闻性审核

数据新闻的新闻性审核是指对数据新闻报道的事实、价值和立场进行评估，以确定其是否准确反映现实，是否具有新闻价值，是否满足公众需要。新闻性审核的目的是确保数据新闻报道不仅基于可靠的事实、数据和分析,而且能够为公众提供价值,符合社会需求。首先,需要对新闻事实的真实性展开核实,确保新闻报道中提到的所有事实准确无误。其次,应审核数据新闻是否具备新闻价值,包括时效性、重要性、显著性、接近性、人情味等。再次,应审核数据新闻是否对事件进行了客观、中立的报道,是否存在主观、有偏见的表述。最后,应审视报道是否具有深刻性,是否深入挖掘了事件背后的原因、影响或未来趋势,是否涉及公共利益,是否能够促进公共参与。

2. 数据质量审核

数据新闻的核心在于使用数据来讲述故事、分析现象或揭示趋势。对数据进行审核是保证报道准确性、公正性和可靠性,确保新闻质量的基础,也是数据新闻机构提升公信力和影响力的必要手段。首先,需要对数据来源的可靠性和合法性进行审核,确保数据来自可信的渠道,且得到了必要的授权或许可,或通过合法渠道获得。其次,需要检查数据的准确性和完整性,包括各项数据指标、统计数字等是否有误,利用数据审核工具和算法检测数据中的异常、错误或潜在问题,审视数据是否涵盖了需要分析的所有相关方面。最后,对数据表达的准确性进行审核也是必要内容,要确保可视化图表能够正确反映数据,能够帮助受众更好地理解新闻内容。

3. 法律和伦理审核

遵守国家法律法规,符合社会和行业伦理规范是数据新闻的基本准则,事关数据新闻机构的存亡。首先,应审核数据新闻是否符合国家法律法规,符合党和国家的路线方针政策,不得有危害国家安全、泄露国家秘密、损害国家荣誉和利益的内容。其次,在处理涉及个人信息的数据时,应严格遵守相关规定,确保个人信息不被非法收集、使用、泄露或篡改。最后,数据新闻应确保报道内容符合公共利益,对社会有积极的影响,不传播低俗信息。

(二) 新闻发布

数据新闻的发布环节是整个制作流程中的最后阶段。选择合理的发布策略,可以保证数据新闻的传播效果,提升数据新闻的影响力。

1. 确定发布渠道

应根据数据新闻机构的目标受众和市场定位,具体作品的文本形式和传播目的,以及机构拥有的资源来选择合适的传播平台。需要从新闻效果、视觉呈现要求和技术规范等方面来选择发布平台,同时也可以在多个平台同时发布新闻,形成传播矩阵。为此,应针对所选平台的特性和受众喜好,对数据新闻的视觉设计进行有针对性的调整和优化,确保图表、视频等视觉元素清晰、美观,且易于理解。

2. 确定发布时间

根据目标受众的活跃时间和平台的流量高峰时段，选择合适的发布时间。确保数据新闻在最佳时间与受众见面，获得最大的曝光率和影响力。另外，还应评估数据新闻内容的即时性，分析社会热点新闻、事件和话题，选择与之相关的时机进行发布，以增加曝光度和关注度。如果新闻主题和大型公共假期、重要纪念日或全国性重大活动相关，就可以及时发布，以增强关注度；否则，应回避这些时间段，以免新闻被相关气氛淹没。

3. 正式发布与推广

在选定的平台上正式发布数据新闻，同时应利用社交媒体、合作伙伴和其他渠道进行数据新闻的推广，扩大其传播范围。还可以对新闻内容进行搜索引擎优化（search engine optimization，SEO），提高内容在网络上的可见性。

（三）传播监控

数据新闻发布后，传播监控也是不可忽视的重要环节，它能帮助数据新闻机构追踪新闻的传播效果、受众反应，从而决定是否需要调整推广策略，并为优化后续的数据新闻内容生产和发布提供参考信息。

1. 实时监测

利用网站分析工具（如Google Analytics、百度统计）追踪访问量、点击量和用户参与度。利用专业的舆情系统工具进行实时监测，追踪数据新闻在网络上的传播情况，关注传播渠道、路径、层级、范围和热度等指标，并自动生成相关数据图表以供分析。

2. 搜索引擎表现分析

通过搜索引擎定期检索与数据新闻相关的关键词，观察新闻在各大平台上的传播情况。跟踪内容在搜索引擎上的排名情况，注意搜索结果的排名和展示情况，以评估新闻的可见度和影响力。

3. 社交媒体监控

在社交媒体平台上设立监控机制，追踪用户对数据新闻的分享、评论和点赞等互动行为，分析用户情绪、观点和讨论的热点，以了解受众对数据新闻的反应和态度。监控关键意见领袖（key opinion leader，KOL）对内容的分享和评论，评估这些分享和评论的影响力。

二、数据新闻的评估

数据新闻的评估是对数据新闻报道的质量、效果和影响进行全面的评价和衡量。数据新闻的评估涉及多个维度，如新闻的内容质量、传播覆盖度、社会影响力等。在评估过程中，需要通过不同渠道收集反馈信息。通过全面、客观地对数据新闻进行评估，我们可以不断提升数据新闻的制作水平和传播效果。

（一）内容质量评估

内容质量的高低从根本上决定了数据新闻的传播效果，因而内容质量评估是数据新闻评估的核心内容。数据新闻的内容质量评估主要基于数据深度与广度、新闻价值、数据分析与呈现来展开。

1. 数据深度与广度

数据新闻使用数据的深度与广度对内容质量产生着重要影响。其中，深度是指数据新闻使用数据的质量和详尽程度，包括数据的准确性和可信度、数据来源的可靠性；广度是指数据新闻使用的数据是否全面和多样，涵盖了和事实相关的各个维度，以便做出全面、准确的分析。

2. 新闻价值

数据新闻是新闻的一种类型，自然应遵循新闻价值原则，因此，应对数据新闻的新闻价值进行评估。应检查数据新闻的选题是否符合新闻价值原则，新闻文本是否以清晰、简洁的方式呈现信息，评估数据新闻是否揭示了重要的社会问题、趋势或现象，是否满足了公众了解真相的需求。

3. 数据分析与呈现

数据分析与呈现是将数据运用于新闻故事讲述的过程和结果，最终决定着内容质量。数据应经过甄别、过滤、清洗和分析，以使其背后的新闻价值清晰直观地显现出来。数据新闻应通过多样化的图表来准确、生动、美观地呈现数据，提供必要的交互功能，促进受众参与。优质的数据新闻作品应提供对数据的正确分析、优美的可视化呈现，并结合相关领域的背景知识，对数据背后的趋势和含义进行分析。

（二）传播覆盖度评估

数据新闻通过各种渠道传播出去之后，是否实现了大范围的传播，是否真正触达目标受众，是决定其价值和影响力的关键一环。因此，对传播覆盖度进行监测、统计、分析是必不可少的。

1. 曝光度

曝光度指的是数据新闻发布后被受众看到的程度，可以通过访问量、浏览量等指标来量化。发布平台提供的转发、评论、点赞数量统计也是反映曝光度的重要指标。如果发布平台提供用户画像数据，还能进一步分析新闻覆盖的地理区域和社会群体的广泛程度。

2. 用户参与度

应衡量用户与数据新闻的互动程度。转发、评论、分享、点赞等互动次数是关键指标，反映了用户对内容的关注和满意程度。除此之外，用户阅读/观看完成率，即用户阅读到文章末尾或观看完整视频的比例，也从侧面反映了新闻内容的深度。

3. 搜索引擎和平台推荐度

搜索引擎和平台榜单的推荐对数据新闻广泛传播起着重要的推动作用。可以通过检查搜索引擎对数据新闻的收录情况，以及数据新闻在搜索结果页面的排名情况，来评估搜索引擎对数据新闻的推荐度。在社交媒体平台中，话题推荐、热搜榜单则能反映平台对数据新闻的推荐程度。

（三）社会影响力评估

数据新闻的社会影响力是指数据新闻对公众在社会认知、社会舆论、社会进步等方面形成影响、产生作用和效果的能力，是数据新闻传播效果的体现。

1. 影响社会舆论

观察数据新闻发布后，其他媒体是否对数据新闻进行了报道或引用，以及报道的数量和质量，检查相关社会话题的讨论热度和持续时间，以评估其对社会舆论的影响。

2. 促成社会行动

可以分析数据新闻揭示的社会问题是否激发了公众的共鸣，是否有效引导公众采取行动来解决问题；分析政策制定者是否对数据新闻中反映的问题或建议做出了回应，以判断数据新闻对决策的影响。

3. 引导公众认知的变化

在发布数据新闻时，应鼓励用户评论，分享他们的看法和意见，在社交媒体上监测用户讨论，通过数据挖掘的方式分析用户对事件的看法是否改变。也可结合线上线下用户访谈、问卷调查等方法，了解用户对数据新闻的感受和评价，分析数据新闻对新闻事件的分析是否改变了公众的认知。

本章小结

在本章，笔者介绍了数据新闻的制作与发布相关知识。

笔者对数据新闻的文本制作工作进行了阐述。在制作数据新闻文本时，应该明确数据新闻文本的基本结构，选择相应的叙事策略，进而确定语图关系，以这三个方面为指导完成数据新闻文本的制作。

在完成文本制作后，需要选择合适的平台来发布数据新闻。在选择平台时，应该遵循传播效果原则，考虑平台的目标受众匹配度、社会影响力、社会责任履行水平。同时，还应考虑平台是否能满足视觉呈现要求，研究平台的布局和设计功能、数据可视化图表生成支持度、适配和响应能力。另外，还需要从技术规格的角度分析平台的稳定性与可靠性、易用性与用户友好性、数据分析工具的可用性。

数据新闻的发布程序包括三个环节，即从新闻性、数据质量、合法性和合乎伦理性等角度进行内容审核，按照确定发布渠道、确定发布时间、正式发布与推广等流程完成新闻发布工作。发布之后，用实时监测、搜索引擎表现分析、社交媒体监控等手段进行传播监控。数据新闻的评估涉及三个方面的内容，即内容质量评估、传播覆盖度评估评估、社会影响力评估。

习题

1. 举例说明数据新闻的叙事模式有哪些。
2. 常见的数据新闻传播平台有哪些？说明其优缺点。
3. 制作一个收集用户反馈的方案。

阅读拓展

[1] 张超.释放数据的力量：数据新闻生产与伦理研究[M].北京：中国人民大学出版社，2020.

[2] 方洁，葛书润，邓海滢，等.把数据作为方法：数据叙事的理论与实践[M].北京：中国人民大学出版社，2023.

[3] 科尔·努斯鲍默·纳福利克.用数据讲故事[M].陆昊，吴梦颖，译.北京：人民邮电出版社，2022.

[4] 朱润萍，侯巍，陈泽庆，等.数据新闻传播效果影响因素探究——以"网易数读"和"RUC新闻坊"微信公众号为例[J].当代传播，2024（2）：77-82.

第八章

数据新闻的未来

◆ 学习目标

本章通过案例，让读者清晰地了解数据新闻面临的挑战。数据新闻的创新需求与价值，以及在智能媒体时代背景下的数据新闻创新的多维度价值和实践。读者的学习目标是认识数据新闻领域的最新发展方向，洞察数据新闻面临的主要挑战及创新需求，并深刻理解智能媒体技术在数据新闻中的应用和价值，从而在未来更好地适应和引领数据新闻的发展趋势。

◆ 本章体例

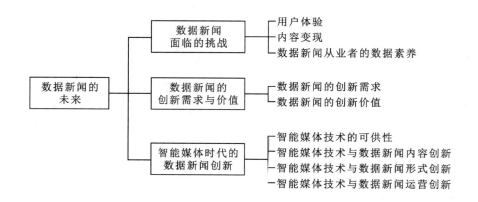

第一节　数据新闻面临的挑战

在大数据时代，随着信息传播理念的变迁和传媒技术的深度革新，媒体机构和数据新闻生产者面临着一系列涉及技术资源、用户关系、运营模式和职业素养等多个层面的重大挑战。这使得数据新闻的生产和传播成为一项复杂的任务。数据新闻从业者需要秉承守正创新的基本理念，厘清当下面临的相关问题和挑战，才能进一步设立发展目标，制定创新策略，把握新时代的发展机遇，更好地适应不断变革的传媒生态体系。接下来，笔者将从用户体验、内容变现、数据新闻从业者的数据素养这三个方面，对数据新闻领域面临的一系列现实挑战展开介绍。

一、用户体验

从某种意义上来说，科技日新月异的进步重新塑造了新闻业的格局。在新闻编辑室里，新闻生产的所有方面和新闻信息的呈现环节都历经了多重变革和创新。从宏观角度来看，传统的信息传播模式也已经经历了显著的转变。例如，在传统媒体时代，"受众"一词被用来指代大众传播媒体的接收者，反映了公众在获取新闻信息时的被动地位。这并不难以理解：在传统媒体格局下，媒体的生态环境主要构成为报纸、电视、广播等传统大众媒体；在新闻信息的传播中，传播角色和接收角色分工明确，信息流动方向是单向的、线性的；大众作为信息的接收者，在新闻的生产和传播过程中缺乏主动权、选择权。而在当下的新媒体环境中，新闻信息的生产、传播以及接收等环节逐步多元化且去中心化，传播者不再局限于传统媒体，公众的角色也不再仅仅是信息的接收方，公众能够参与创造和传播新闻信息。这一传播格局的重塑和传播角色的转变，同时催生了一系列呼应变化的概念和术语，其中便包含"用户"一词。

事实上，"媒体用户"一词早在新媒体兴起时就在新闻实践领域和传播学界得到了讨论和研究。有学者总结，"媒体用户"指的是通过媒体资源中的多种设备进行各种实践的个体或群体，这其中就包括观看、阅读或收听等信息接收的实践环节，也包括分享、交流和发布内容等富有信息创造性和互动性的过程。不难发现，在新媒体时代，随着"用户"一词逐渐取代"受众"，受传者的地位由被动变为主动，其在传播过程所扮演的角色也日渐重要。在数据新闻领域，用户更是成为数据新闻生产传播流程的关键参与者，也是数据新闻未来发展中不可忽视的决定性因素。当下的数据新闻业在用户体验的提升方面取得了显著的进步，然而，还是有少数数据新闻从业者仍受困于固化的思维模式，尚未认识到用户在数据新闻实践过程中的重要性。总体而言，数据新闻生产和传播在用户体验层面存在的问题主要呈现在以下几个方面。

（一）用户的参与度与互动性有待深化

随着数据新闻不断发展，其选题范围日渐拓宽，其作品表现形式和传播平台也越发呈现多样化和多元性趋势。就作品表现形式而言，数据新闻领域的从业者们倾向于使用图形化的表达手段来实现信息的设计和可视化表达，以形象、直观的方式向用户传递新闻信息。在过去十余年间，数据新闻实践快速发展，诚然，在其传播过程中，用户的参与程度以及数据新闻呈现出的交互性是传统媒体无法企及的。但值得注意的是，在我国新闻业目前的数据新闻实践中，作品的可视化处理多拘泥于静态信息图表呈现，这在很大程度上限制了数据新闻的互动性。有国内学者曾以新华网"数据新闻"栏目和澎湃新闻"美数课"栏目于2020年1月至2022年12月推出的具有互动性的数据新闻作品为样本进行研究，发现国内数据新闻主要交互设备为智能手机，主要交互形式仍集中表现为低级交互（即可操作的数据图表）和中级交互（定制化的测算服务），其中，以低级交互为主要呈现方式。[1]这样的数据新闻生产难以满足用户在阅读或观看作品时获得良好体验的要求，更无法有效调动其参与度与互动性。整体而言，交互性的整合尚待提高，如何将处于技术前沿和更富有创意的交互性手段有机地和新闻内容相融合，是数据新闻领域面临的一大挑战。

数据新闻的核心价值和必然趋势是交互叙事。提高新闻叙事中的交互性，为用户提供更丰富的信息呈现和新闻体验，将用户的互动参与程度当作数据新闻传播过程乃至生产过程中的另一个重要维度，是数据新闻未来的必定走向。

（二）在内容定向与个性化定制层面存在进步空间

当下，我们处在大数据和算法主导的数字化时代，将新闻信息定向化、个性化，可以高效地将内容推送给对其感兴趣的用户，极大地提升用户体验，同时也可以增强用户对数据新闻内容的参与度和互动性。例如，《纽约时报》曾利用多种算法，通过考察用户在其网址和应用上的阅读历史、订阅的内容、关注的专栏作家、用户地理位置等生成定向推荐内容，旨在优化每一位用户的数字阅读体验。数据新闻个性化可以建立起宏观叙事和个人生活的关系，让用户在庞大的新闻背景中找到对自己有重要意义的信息，从而提升用户体验，使用户理解更为深刻复杂的新闻议题和社会事件。

例如，在数据新闻领域屡屡斩获奖项的独立新闻调查机构ProPublica曾推出一篇作品《医生收入调查》（*Dollars for Docs*）（见图8-1）。用户在界面上输入医生或医院的姓名和所在城市信息，就能看到相关医生或医院接收的资金详情，以及资金的来源和目的。

---

[1] 陆炫冰，李霞.国内数据新闻交互现状及提升策略研究——以新华网和澎湃新闻为例[J].互联网周刊，2023（6）：51-53.

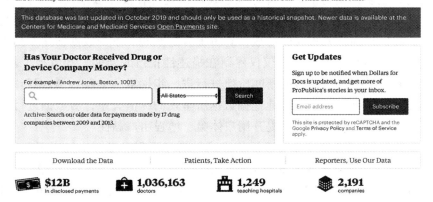

图8-1 《医生收入调查》节选

目前，多数媒体普遍认识到了对新闻内容进行定制化生产的重要性，但在具体实践的过程中，受限于传统的思维方式以及技术和资源的不足，很多媒体无法在提供个性化的信息服务方面进行有效的完善和创新。这其中的主要原因可以归纳为两点。第一，在当下的信息环境中，用户的信息需求日渐多样化，不同的用户群体的媒体消费偏好和习惯具有差异性，甚至同一用户的需求也会因为受到各类因素的影响而产生变化。很多媒体从业者并没有认识到用户需求的多样性和复杂性，其对定制化新闻的探索也浅尝辄止，缺乏创新深度。因此，如何利用有效的反馈机制和技术接入手段来实时、准确、高效地识别用户的个性化需求，是一项具有挑战性的任务。第二，媒体机构在技术和资源方面非常匮乏。新闻内容的高度定制化需要大数据分析以及人工智能技术等多种前沿技术的支持，用户信息的获取、处理和个性化推荐系统的搭建都对投资成本有一定要求，但大部分媒体都不具备开展自主研发工作的资源和实力。

在通过提高内容个性化程度来改善用户体验的过程中，媒体机构和生产者也要面对用户数据安全性方面的相关挑战。个性化数据的处理往往会涉及用户的个人数据和用户权利，因此，如何在重视和尊重用户隐私的基本前提下，为用户提供个性化数字阅读体验，不断优化用户的使用体验，是生产者在以用户为导向的信息传播时代中必须要面对的挑战和克服的难关。

（三）数据的挖掘深度急需提高

美国政治科学家、计算机科学家赫伯特·西蒙（Herbert Simon）早在20世纪70年代便提出，在一个信息量丰富的社会里，信息接收者的注意力被消耗殆尽，呈匮乏趋势。

随着信息的不断发展，有价值的是注意力，而非信息本身。在大数据的时代浪潮下，公众面对着规模巨大、呈碎片化的信息量。使公众洞察数据背后的逻辑与结构，在接收信息、理解信息的基础上进一步将信息建构为富有参考价值的知识，从而极大地提升用户的数据新闻体验，便成了数据新闻的核心使命之一。

纵观国内数据新闻走过的几十年，众多媒体机构都在设立数据新闻栏目和板块、生产可视化作品等方面取得了显著的成就，但不可忽视的事实是，在数据新闻内容生产和可视化方面，我们仍面临着重大的挑战，有可提升的空间。不少数据新闻作品本末倒置，过度关注数据的可视化方面，或者仅仅停留在描述性报道的层面，却忽视了对数据进行深入发掘，没有对数据背后的核心新闻价值进行进一步探索和呈现。[①]数据新闻的本质仍为"新闻"二字，做到高效、充分地挖掘数据所呈现的纵横关系，对数据进行深度解读，才能最大限度地吸引用户的关注，提升用户体验，增强用户黏性。

另一种增加新闻报道深度和准确性的方式是新闻预测思维，也是当下不少数据新闻生产者所缺乏的。大数据技术的发展为新闻信息的生产创造了另一种可能性，那便是利用海量数据和先进的算法模型对未来事件的走向或者趋势进行预测性报道，这具有前瞻性。例如，《经济学人》（*The Economist*）以其全球化的视角和深入分析的新闻报道闻名，为用户提供关于未来趋势的预测性洞见。2024年，该杂志以将于2025年1月举行的英国大选为主题，在约10万英国人的观点数据的基础上开发了预测模型，用来分析英国选民的投票行为趋势。在报道页面上，用户可以创造一个虚拟选民，结合不同变量（如所在地区、年龄、性别、种族背景、受教育程度、职业、有无房产等）对该虚拟形象进行塑造，并预测其投票倾向（见图8-2）。这篇报道既体现了充分的交互性，调动了用户对一个宏观严肃的政治性议题的阅读兴趣和参与积极度，又从时间维度对未来的大事件进行了科学的趋势预测，多维度优化了用户的阅读体验。

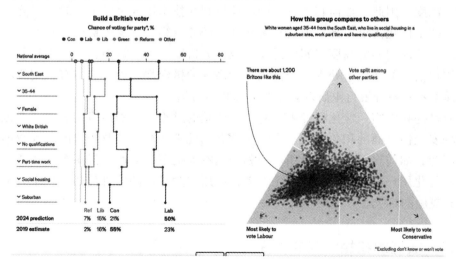

图8-2 《经济学人》分析英国选民投票行为趋势的报道页面

---

① 谢帅光，朱爱敏.大数据时代新华网数据新闻的可视化路径探析[J].视听，2022（6）：143-145.

数据新闻需要通过数据来实现的目标主要有以下三个：使用户发现与他们息息相关的信息；为用户呈现之前鲜有报道的、具有深度的新闻故事；帮助用户更好地理解复杂的问题。这三个目标展示了用户体验在数据新闻生产和传播过程中扮演的至关重要的角色，也对应了数据新闻生产者在用户层面需要解决的三个问题：如何通过提高信息设计的可理解性和可互动性来吸引用户的兴趣，改善其阅读体验；如何通过对新闻信息的定制化和定向化推荐来协助用户从宏观视角定位与自身相关的叙事线，提升用户的理解度和参与度；如何通过深入发掘数据背后的故事，呈现具有深刻的叙事视角和富有前瞻性的预测报道，满足用户对信息的深层次解读需求，帮助用户预见未来趋势，做出更明智和更理性的决策。

二、内容变现

通常情况下，新闻业需要大量资源，以保障其进行新闻信息的生产传播以及企业机构的管理运营。从广义角度，我们可以将新闻业的资源分为两种：政府补贴和自行盈利。国家会为官方媒体和提供公共服务的媒体机构提供公共补贴，以确保其能生产出内容质量有保障的、可服务于社会的新闻内容。其他媒体机构则主要依赖自行盈利模式，通过广告收入、订阅费等多种盈利方式来确保机构的正常运营。后者在市场经济因素的影响下，通常会注重内容的多样性以及市场需求。在不同的国家和地区，受到政治环境、技术发展因素和社会文化背景的影响，以上提及的二元分类也不能够穷尽所有的资源模式。在一些国家和地区，除了公共补贴资源和自行盈利获得的资源以外，和媒体有紧密联系的政党、相关利益群体、社会组织机构乃至宗教团体也是一些新闻机构的资源来源。很多公共服务媒体机构除了接受政府的财政资助，也会通过各种商业活动来实现盈利。例如，英国广播公司（British Broadcasting Corporation，BBC）就有多个商业分支来进行节目制作、生产和分销，在全球范围创造利润。

纵观国内外，在新媒体大环境的影响下，数据新闻领域借助迅速发展的数据媒体技术，在较短时间内经历了快速的发展，但其商业模式并未发展到成熟的阶段。《中国数据新闻发展报告（2020～2021）》对国内的媒体进行了调查，多数媒体仍不具备成熟的、可持续发展的商业架构，而是基本延续了传统媒体的盈利模式，例如广告创收等。与此同时，国内外仍有不少新闻媒体机构孜孜不倦地做出了努力和探索，也为我们提供了经典的案例和可以借鉴的宝贵经验。为了认识数据新闻所面临的变现难题，我们首先要探讨当下的数据新闻生产机构常采用的商业模式。

（一）免费商业模式

免费商业模式指的是用户不需要付费便可以访问媒体内容，通常来讲，采用免费商业模式的新闻机构有着其他类型的资金来源，如政府补贴、赞助资金、广告收入等。提供公共服务的媒体机构一般采用免费商业模式来向用户传递新闻内容,其数据来源通常为政府部门或其他权威机构发布的报告等,报道题材也集中在可服务公众的政治、经济和社会议题上。采用免费商业模式的媒体往往会因其对公众广泛开放的新闻内容而吸引大量用户,但同时也不免面临着商业模式优化或转型的挑战,例如,如何通过提高内容质量、改善用户体验,来增强用户黏性,或者如何在免费商业模式和盈利需求之间找到平衡点等。采取免费商业模式的媒体机构并不意味着无盈利。新闻机构可以通过生产出质量优秀的数据新闻作品,吸引稳定的访问量和用户群体,从而获得广告商和赞助商的青睐,达到创收目的。我国的腾讯新闻、澎湃新闻等媒体便是通过免费为公众提供高质量的数据新闻作品,利用其网站和社交网络平台的高访问量来实现盈利的。

(二)付费商业模式

付费商业模式,即用户需要支付一定费用来获取媒体机构提供的数据新闻信息。付费商业模式强调以独特的角度、深度的分析、独家数据为特征的优质内容来吸引用户,并确保用户愿意为之付费。采用这种模式的新闻机构往往可以拥有稳定的收入,产出高水准的新闻内容,在用户群体中建立较高的品牌忠诚度,并可以通过品牌效应源源不断地吸引新的用户。

我们可以将付费商业模式进一步细分为两种类型:内容付费型模式和增值服务付费型模式。

内容付费型模式意味着用户需要为访问数据新闻内容支付订阅费,目前拥有数据新闻板块的大部分主流西方媒体基本都采用该模式。以《纽约时报》为例,该媒体以其商业模式转型的成功和创新性而闻名,在内容付费方面,《纽约时报》主要采用的是免费增值的商业策略,即允许用户免费阅读一定数量的文章,超出后则需要付费购买。在此基础上,《纽约时报》为用户提供了多种订阅模式(印刷版本订阅、数字订阅、组合订阅和团体机构订阅),以确保其用户群体可以选择最适合的订阅方式,来满足个人或者团体的需求。根据2022年的统计数据,《纽约时报》的数字订阅用户超过800万,印刷版本的订阅者则超过70万,这也彰显出了该媒体数字新闻板块在整体运营布局中的重要性。2023年,《纽约时报》的订阅创收在总利润中占比高达68%。其中,数字订阅占总订阅收入的63%。

另一家位于行业前列的媒体机构是《经济学人》集团下的经济学人智库(Economist Intelligence Unit),它是应用增值服务付费型模式的成功案例。经济学人智库拥有数百位专业记者,通过数据的研究和分析工作,为用户定制咨询服务和数据报告,提供有科学预测性的、具有参考性的信息和洞见,以帮助用户做出相关决策。在我国数据新闻领域,也不乏这类型的成功案例。早在2015年,第一财经商业数据中心(CBNData)便踏上了大数据商业化的探索之路,利用其庞大的数据资源和强大的分析整合能力,为用户提供包括但不限于调查报告、深度分析、数据追踪服务,业务领域横跨商业投资、政策制定、学术研究等多个范畴。

建立成功的数据新闻商业模式，是媒体机构能够实现内容变现、持续输出高质量新闻内容、建立品牌知名度的关键因素。然而，在现如今的数据新闻实践领域，真正能够利用成功的商业模式，从而解决变现难题的机构仅仅是少数，国内大部分新闻媒体仍处在探索阶段。限制数据新闻媒体成功在商业模式方面实现转型的原因存在于多个层面：第一，在生产者层面，数据新闻作品质量欠佳、选题同质化等问题导致媒体不具备市场竞争力，用户能够从其他免费渠道获得类似的新闻阅读体验，自然不愿意接受付费订阅；第二，从用户角度来看，自互联网普及以来，社会大众已对网络上随处可得的免费新闻资讯产生了惯性心理，并不认为"媒体消费"也是一种货真价实的消费行为，故而对付费模式有一定的不适应性[①]；第三，由于互联网时代涌现出了各类社交媒体、自媒体等媒体形态，新闻媒体机构的广告份额受到挤压，广告商也往往更倾向于在更有娱乐性、交互性更强的社交媒体平台上投放广告。除了以上因素，由于法律法规的不健全以及大众思维方式的固化，知识产权保护意识较为薄弱，未获得转载授权便肆意"搬运"新闻作品的现象屡见不鲜。

正如一些学者所提出的那样，媒体行业正在经历一场深远的变革，而这场变革还尚未完成，我们还处在转型之中。国内数据新闻媒体应当放眼国内外，既汲取国际数据新闻业务的实践经验，也借鉴国内成功的商业模式案例，在结合我国国情的前提下，发展具备创新性的新闻产品及服务，探索多元化的变现模式。

三、数据新闻从业者的数据素养

（一）数据素养的概念和内涵

在传统媒体时代，新闻从业者的职业实践主要集中在与新闻采编相关的技能上，要成为合格甚至优秀的新闻内容生产者，就需要具备敏锐的新闻嗅觉、较高水平的调查分析技能以及有水准的、符合新闻写作规范的文字表达能力。大数据时代的到来以及移动设备的普及重塑了媒体行业的方方面面，而仍处在变革过程中的新闻实践领域对其从业者提出了以数据素养为核心的新职业要求。总体而言，数据素养是指对数据的理解和分析能力，以及运用数据进行沟通、传播的技能。对于数据新闻从业者而言，我们可以将广义的数据素养映射到数据新闻生产和传播流程的环节中：对数据的查找和获得能力，对数据质量的评估能力，对数据的诠释和信息整合能力，在新闻叙事中对数据的呈现能力，以及运用多元媒体实现跨平台传播的能力。在数据新闻从业者的数据素养中，以上提及的一系列数字技能至关重要，但与此同时，每一位媒体人都应当牢记职业道德规范，时刻保持责任意识。故而，数据新闻从业者只有从以下方面全面提升能力、强化意识，方能多维度地提升自身的数据素养。

---

① 陆蓓.新闻付费模式的缘起、困境与变革[J].传媒，2020（2）：94-96.

1. 核心数字技能

核心数字技能包括数据意识和数据处理能力。数据意识指的是对数据信息的敏感性，对数据的真伪识别能力和批判性思维，以及主动发现数据、利用数据的积极态度。有学者认为，在媒体工作者的数据素养中，最为重要的是对数据的亲切感和直觉。具备数据敏感性的数据新闻从业者能够凭借感知数据、挖掘数据和掌控数据，从而更加深入地洞察和阐释现实世界的各种现象。同时，具有辨别数据真伪、以批判的眼光审视数据的能力则意味着数据新闻从业者能以理性和思辨的态度对待数据，既要认识到数据是新闻生产中重要信息源，也要做到不盲目相信数据，始终保持审慎客观的态度。数据新闻从业者同样应当对数据持有主动积极的态度，具备在工作和生活中捕捉有价值数据的能力。

核心数字技能的另一项重要内容便是数据处理能力。在本书中，笔者已经系统性地从数据收集、数据分析和可视化呈现等多个维度介绍了数据新闻从业者应当掌握的数据处理能力。在大数据时代，数据体量空前增长，这也为数据处理增添了难度。如何高效地获取有价值的数据，运用合适的数据处理工具对其进行深度分析与整合，并最终以清晰、实用且美观的方式对其进行可视化呈现，是数据新闻从业者当下必需思考的问题。

2. 智能媒体技术的运用能力和多介质平台的传播意识

传媒技术日新月异，各类新兴媒体不断涌现，改变了我们获取和传播信息的方式和途径。一方面，大数据、人工智能、增强现实、虚拟现实、云计算等新技术的崛起和迭代不断深入传媒行业，促进了新闻生产和传播流程的改革与创新。数据新闻从业者必须紧跟时代潮流和行业创新的步伐，主动学习智能媒体技术，更新自己的技能，积极探索新媒体大环境下的内容生产和传播模式。另一方面，在全媒体背景下，数据新闻从业者已经告别了为某家报纸或电视台提供单一服务的职业模式，而是需要通过多元化方式，在多介质平台上工作。这也意味着数据新闻从业者需要对各种媒体平台的特征和传播效果有深入的了解，能在电脑端、手机端和各类社交媒体上对新闻作品进行全方位传播，提升多媒体、跨平台的传播能力。

3. 数字时代的职业道德规范

在传统媒体时代，媒体机构和新闻从业者就需遵循一系列职业道德规范，其中包括坚持信息的真实性与客观性，以及承担相应的义务和责任。数字媒体时代的到来，改变了新闻传播生产实践流程的方方面面，也为当下的媒体人提出了新的问题：在新的传媒环境下，哪些前数字时代的职业原则应当被保留、被坚持？又有哪些实践规范需要根据时代特点和行业变革进行创新？

和传统媒体时代相比，当下的数据新闻从业者在工作中接触的数据量更为庞大，数据特性更为复杂，因此，在数字时代，数据新闻从业者要恪守的职业道德规范中也涉及数据的收集、处理和发布中的一些问题。在数据收集阶段，要确保数据源的权威性、可靠性和合法性，如果涉及用户个人的隐私数据，要严格遵守相关的数据保护法规，不得违规使用个人数据；在数据的处理阶段，应当确保数据分析的透明性和客观性，对数据进行准确无误、富有深度的解读，避免在不当的操作下歪曲数据的真实内涵；在数据的发布阶段，要确保新闻报道不侵犯个人或团体的合法权益，起到正确引导舆论、服务社会的积极作用，同时要符合与知识产权保护相关的法律法规的规定，切不可突破基本的法律和道德底线。

2019年修订的《中国新闻工作者职业道德准则》为我国的新闻从业者提出了更为丰富和细致的职业要求：全心全意为人民服务；坚持正确舆论导向；坚持新闻真实性原则；发扬优良作风；坚持改进创新；遵守法律纪律；对外展示良好形象。在新媒体时代，我国新闻从业者应该坚持正确的政治导向，把为人民服务作为最重要的职业道德要求，遵守我国法律法规，客观地、真实地从事新闻报道工作；与此同时，新闻从业者应当与时俱进，积极应对新媒体环境下分众化、差异化的传播需求，深入研究不同受众群体的特性，强化互联网传播思维，运用新兴技术手段，提高网络传播效率。数据新闻从业者除了要掌握各种数字技能，善于运用多元化技术手段和媒体平台，也应当时刻遵守相关职业道德规范，全方位、多维度地提升自身的数据素养，更好地服务社会，创作出高质量的新闻作品。

（二）数据新闻工作者面对的数据素养挑战

1. 思维模式挑战

诚然，不少数据新闻从业者已经深刻认识到了数据和技术对于数据新闻领域是至关重要的，也纷纷积极实践，学习如何用多种技术手段对数据进行处理和呈现。然而，他们中的很多人只知道如何对数据进行管理和运用，却忽略了思维模式的转变，仍用传统媒体思维方式来生产和传播内容，所谓的创新只是浮于表层的革新罢了。例如，在新闻线索的获取方面，有学者认为，在传统媒体时代，数据新闻从业者需具备的新闻敏感性已逐渐被数据的运用能力所取代，某种程度上，这降低了新闻从业者的职业门槛。对那些依赖传统思维方式进行新闻制作的从业者而言，要完成一篇质量上乘的独家报道，仅仅在新闻线索的搜寻方面就要付出大量的时间成本和经济成本；而利用大数据，则可以迅速地以较低成本获得具有新闻价值的信息，因此，在实效性上，在传统的新闻思维下创造的作品便失去了竞争力。在这种情况下，数据新闻从业者只有全方位强化自身的数据思维模式，方能保证作品有深度且具备时效性，保持高水准，同时能尽可能地节约时间、金钱等资源。

2. 技术手段挑战

我们已经探讨了数据新闻从业者在数据新闻生产和传播过程中熟悉各种技术手段和传播渠道的重要性。需要强调的是，科技的发展和社会的进步将催生更为丰富、更为复杂、更符合用户需求的技术手段和传播介质，这也意味着数据新闻从业者切不可满足于现阶段所掌握的专业能力，也不能止步不前。未来的数据新闻领域必将在广度和深度上进一步发展，将对从业者的知识储备和技能水平提出新的挑战。在实践中，我们不难发现，数据新闻从业者常用来进行数据处理和呈现的工具和平台更新迭代的速度非常快。例如，Python编程语言中的Pandas软件库，具有强大、灵活且易于上手的数据处理和分析能力。该工具的技术更新速度非常快，通常每隔几个月就会推出新版本。在新版本中，一般包括对现有功能的改进，对全新功能的添加以及对错误的修复等。再如，在可视化方面，Tableau会在一年里进行几次软件更新，以达到性能更优化、操作更高效等目的。这些软件和平台的更新和优化响应了技术领域的进步，同时也对数据新闻从业者提出了不断学习其新功能、利用新技术来制作内容的要求。

3. 跨学科知识挑战

一名新时代的新闻工作者时常要面对角色转换问题：既要是报纸、电视等传统媒体的从业者，也要是网络媒体人；既要会制作适用于电脑端的新闻作品，也要善于利用手机等其他移动设备的传播优势；既是具备敏锐新闻直觉的记者，又是掌握各类数据处理技术的信息工作人员，同时还要具有信息可视化设计师的职业素养，并具有相应的审美能力。对于不少文科背景的新闻工作者和传媒专业的学生而言，他们更要突破学科界限，打破文理偏见，强化自身的数据思维，并提升数据技能。在数字时代，要成为一名成功的数据新闻从业者，需要具备跨领域的知识储备和多元化发展的能力，并且随着数据新闻领域进一步的发展与变革，不断调整自身应掌握的技能和思维方式，以更好地适应未来的趋势，迎接更多的挑战。

4. 数字时代的新闻伦理挑战

从辩证的角度来看，大数据为数据新闻从业者提供了前所未有的海量信息，为其寻找具有新闻价值的数据提供了便利，从技术上有力地支持数据新闻从业者进行数据分析和可视化。与此同时，信息滥用和技术滥用也逐步演变为业内屡见不鲜的突出问题。在新的传播环境下，信息碎片化等因素导致新闻用户本能性地渴望更新鲜的内容和更丰富的信息，而一些媒体和从业者不在具有深度的内容和具有正向引导的传播效果上下功夫，而是为了博眼球、蹭流量，在不经过数据核查和筛选的情况下就使用和发布一些新闻作品，产出了一篇篇质量低劣、引发不良社会影响的新闻作品。

除此以外，还存在技术滥用的问题，例如利用人工智能炮制所谓的"机器新闻"，这样的作品呈现出高度机械化的特征，缺乏创造性、新闻深度和人性温度；少数数据新闻从业者只顾进行"炫技"，不顾作品叙事特征和用户体验，将不同的数据处理方式和可视化呈现技巧堆叠起来，忽略了一篇优秀的数据新闻作品应该具有的内核价值。最后，需要注意的是，对用户个人隐私数据的保护，以及对版权和知识产权法律法规的尊重，也是数据新闻从业者需要面对的职业伦理挑战。

第二节　数据新闻的创新需求与价值

一、数据新闻的创新需求

宣传思想文化工作事关党的前途命运，事关国家长治久安，事关民族凝聚力和向心力，是一项极端重要的工作。党的十八大以来，党中央从全局和战略高度，对宣传思想文化工作做出系统谋划和部署，推动新时代宣传思想文化事业取得历史性成就，意识形态领域形势发生全局性、根本性转变，全党全国各族人民文化自信明显增强、精神面貌更加奋发昂扬。党的十八大以来，以习近平同志为核心的党中央把宣传思想文化工作摆在国家全局发展战略的重要地位。在新形势下，习近平同志做出了"守正创新"的鲜明指示。"守正"是坚持，代表着要坚定不移地保持正确的政治方向和价值导向，开展正面宣传；"创新"是发展，就是适应新态势、解决新问题、迎接新挑战。由此，在新闻工作中，发扬创新精神的重要性不言而喻。在数据新闻生产和传播中，创新需要体现在各个环节，多种层面。

（一）技术驱动的创新需求

随着智能时代的来临，大数据、人工智能、互联网、深度学习、5G等新技术的崛起和进一步发展对媒体行业的格局进行了重塑，并且在未来还将持续不断地改写媒体生态，为之注入新的活力。在工业和信息化部新闻宣传中心举办的技术驱动下媒体融合的转型升级专家研讨会上，来自媒体单位、高等院校、科研院所、协会组织及企事业单位的专家共同围绕科技赋能媒体产业发展深度探讨，为中国媒体融合高质量发展出谋划策。多位专家纷纷指出技术驱动创新、科技赋能媒体的重要性。专家在会上指出，人工智能等技术在内容采编和传播上能提升数据新闻从业者的工作效率，增强新闻的可读性；大数据技术则可以全方位协助数据新闻从业者在海量数据中搜索有价值的新闻线索，全面优化内容分发和用户体验；云计算技术为媒体机构提供了强大的数据存储和数据处理能力，确保了数据处理的高效率、灵活性。以上仅仅只是新兴技术中的几个突出例子，它们被广泛地应用于社会的各行各业，覆盖了不同领域，在人类社会发展和进步中发挥的作用日益重要。新闻媒体领域不应被动地面对技术发展的趋势，接受被裹挟着进行变革的命运，而应当积极主动地介入相关的科技领域，并在技术创新中发挥自身的影响力。

（二）生产机制的创新需求

新华出版社出版的图书《智能时代：媒体重塑》对数字智能时代的传统媒体体制和机制进行了调研。其研究成果表明，在面对时代变革时，传统组织架构和生产流程具有不适应性，具体体现在新闻内容生产模式、生产流程、成本制约、人才建设等多个方面。例如，人工智能等技术手段的确被多家主流媒体采用，应用在其内容生产中，然而却并未形成规模化、常态化的生产机制。该书同时发现，也有部分媒体在生产机制的创新上进行了积极的探索，例如对编辑部的工作空间和办公模式进行改造，但尚停留在空间意义上，缺乏进一步的深化改革，没有在真正意义上实现新闻生产机制的重构。媒体机构的生产机制创新并非一蹴而就的，需要各级与各部门人员结合本机构的特性进行协同探索、规划和试验，踊跃运用创新思维，发挥改革精神，全面重组生产流程和重塑生产体制。

（三）新闻叙事的创新需求

传统传媒时代的新闻叙事往往呈现线性结构、单向叙述、视角单一等特征。新闻叙事的创新可以从以下几个层面展开。

1. 对线性的叙事结构进行创新

线性叙事是指将故事按照时间线展开，向受众依次呈现故事的开端、发展、高潮、结局、影响。在线性结构中，叙事环节具有固定的顺序，环节和环节之间有承接和关联，这体现了事件的逻辑顺序和发展脉络，但不足之处是，受众也许需要沿着时间线读到最后，才能获悉故事的核心内容和结局。在信息呈现碎片化、快速消费文化（fast consumption culture）盛行的社会，受众的注意力很难长时间集中在某个单一的信息源上，传统的线性叙事模式面临重大挑战。随着媒体技术的发展和公众文化消费习惯的变迁，新闻实践中出现了倒金字塔结构、蜂巢形结构、菱形结构和钻石形结构等更适用于新媒体传播语境的叙事结构。数据新闻从业者需要根据数据新闻内容的特点，结合受众的媒体消费习惯，对故事呈现的结构进行创新和探索。

2. 对单向的叙事模式进行创新

传统新闻叙事中，信息流动的方向单一，即从生产传播者流向接收者，后者处于被动获取信息的地位。随着数据新闻的兴起和发展，广大数据新闻从业者逐渐意识到双向和多向互动的重要性，致力于提高新闻叙事的交互性。[1]

---

[1] 邢佳佳.融媒体时代新媒体新闻叙事的创新路径[J].记者摇篮，2022（3）：82-84.

交互性叙事一般体现在两个方面：一是互动性视觉设计，以提高受众接收信息时的主动性和自由度；二是受众直接参与数据新闻的生产流程，向媒体提供反馈信息数据。互动性视觉设计在国内数据新闻实践中得到了广泛的应用，一定程度上激发了受众的阅读兴趣，优化了受众的阅读体验，但不少新闻作品的交互水平停留在较低级层，仍需深化创新。交互性叙事的一个表现方式，即受众直接参与数据新闻生产过程，在我国数据新闻界并未得到普遍应用。目前，较为常见的实现方式包括受众提交个人故事、在线提交调查问卷等。如何多角度开辟与受众的互动渠道，有效利用新兴传媒技术增强受众的体验感，引导受众积极参与互动，是数据新闻叙事创新的另一个重要维度。

3. 对新闻的叙事视角进行创新

传统新闻叙事往往侧重于对事件主角的描写和对重要细节的刻画，这样的微观叙事视角限制了新闻报道对事件的宏观呈现。在信息体量庞大并呈碎片化特点的时代，受众有着从更广阔的视角来观察事件发展、洞察故事全貌的需求。例如，《卫报》于2022年10月发布的数据新闻作品《追踪伊朗动乱：玛莎·阿米尼之死如何引发全国抗议》（*Mapping Iran's Unrest: How Mahsa Amini's Death Led to Nationwide Protests*），结合了微观和宏观的叙事视角，从22岁伊朗女孩玛莎·阿米尼因涉嫌违反伊斯兰女性着装规定而被捕并在监禁中死亡这一事件出发，对在伊朗全国各地爆发的大规模抗议进行了描写。该报道基于时间线，采用了动态地图、视频和实地拍摄素材等元素，受众在下滑浏览内容的过程中，位于页面右侧的地图会自动缩放和定位；页面左侧的文字、视频和图片信息则清晰地展示着伊朗各地公众的抗议时间、地点和具体情况。微观和宏观叙事视角的结合，使受众得以用更广阔、更清晰的视角洞察伊朗全国动乱的演变过程。在叙事视角上的创新，可以极大地扩大叙事的广度和深度，是打造成功数据新闻作品的重要创新需求。

（四）分发平台与传播方式的创新需求

技术的不断进步催生了种类多样、定位多元的传播平台，深度改变了公众消费信息的方式。党的二十大报告指出，要加强全媒体传播体系建设，塑造主流舆论新格局，巩固壮大奋进新时代的主流思想舆论。这一重大论断和战略部署，既为加强和改进教育新闻舆论工作指明了方向，同时也为新形势下推动媒体融合向纵深发展、建设一流新型教育主流媒体提供了指引。新闻机构需要在内容传播渠道的多元化上做出创新。我们可以将数据新闻的内容分发平台划分为以下几类。

1. 社交平台

与传统媒体时代相比，如今，人们获取资讯的方式发生了巨大的变化。路透社发布的《2023年数据新闻报告》（*Digital News Report 2023*）发现，社交媒体和移动聚合应用等途径已成为多数受访者的重要新闻信息来源①，其中，以年轻一代为代表的群体更倾向于通过社交媒体平台来搜索和了解新闻内容，以往的"读新闻"，演变成了在微博等社交媒体上"刷新闻"。面对这一趋势，大部分的主流媒体已将社交媒体作为分发新闻内容的重要平台之一，以应对新媒体产业对传统媒体的冲击。以微博和微信为例，前者2022年的日均活跃用户量达2.52亿，成为公众接收、发布和分享信息的重要平台，而截至2022年第三季度，微信的全球用户超过13亿，成为当之无愧的主流社交软件，其APP内嵌的朋友圈和视频号等功能也成了数据新闻内容传播的重要渠道。

2. 视频分享平台

这类平台同样具有社交属性，但以视频生产和传播为核心业务。根据路透社《2023年数据新闻报告》，在全球范围内，TikTok已成为新闻业的重要玩家，尤其在亚洲、非洲、拉丁美洲和东欧国家坐拥庞大数量的用户，发展劲头正盛。该报告也针对主流媒体记者在社交媒体上的活跃程度和受关注程度进行了调研，得出的结论是，主流媒体记者在TikTok等新兴社交平台上很难受到关注，这从侧面反映了主流新闻信息在该类视频平台上的传播模式需要进行进一步的探索与创新。值得一提的是，不少国内外主流媒体已经在此类平台上取得了令人瞩目的阶段性成就。放眼国外，一些主流媒体机构已经在视频分享平台上拥有了一定规模的用户。例如，《华盛顿邮报》（*The Washington Post*）于2020年在TikTok上创建了账号，次年就收获了约65万用户，如今，用户数量已经超过100万，账号获赞总数超过8000万次。而在我国的头部视频分享平台抖音上，截至2024年11月，新华社官方账号粉丝数量超过6900万，新华网官方账号粉丝数量超过5700万。可以说，以新华社和新华网为代表的主流媒体在新闻内容传播平台的创新上做出了积极的、富有成果的探索，引领了新媒体环境下数据新闻传播渠道的创新化进程。

3. 在线新闻门户平台

如今，互联网是公众获取新闻信息的主要渠道，因此，新闻媒体机构对其在线新闻门户平台的建设、优化以及创新成为高效传播新闻内容、扩大用户体量和建立媒体品牌影响力的重要举措。我国媒体的在线新闻网站的发展之路可以追溯到20世纪90年代，以新华社为例，早在1997年11月7日，在新华社成立66周年之际，新华社与中国电信合作建立了新华社网站，这是新华社主办的综合新闻信息服务门户网站。二十余载中，新华社在线新闻门户在时代发展和科技进步的推动下，在网站界面布局、内容主题分布、多媒体资源应用、新型栏目开发、互动设计等方面都进行了符合时代潮流、响应用户需求的革新。然而，仍存在不少新闻机构，要么在网站门户的进一步创新上故步自封，要么并未有效地结合在线新闻门户的传播特性对其进行改进。当今，信息传播平台种类丰富，传播渠道日渐多样化，但一家媒体机构的在线新闻门户网站是其在互联网上最具权威性

---

① Digital News Report 2023[EB/OL].https://reutersinstitute.politics.ox.ac.uk/digital-news-report/2023.

和代表性的平台，并且在特定的用户群体中，也是其偏好的信息获得渠道，其重要性不可被忽视。对新闻门户平台进行有效创新，一方面可以树立和稳固媒体的品牌度，提高用户忠诚度，另一方面，也可以更大程度地运用多媒体资源和高新可视化技术手段，为用户提供更良好的数据新闻阅读体验。

4. 移动应用平台

全球多家主流媒体机构对其新闻移动应用客户端的开发较早，例如，《纽约时报》、英国广播公司等都在2010年前后推出了移动设备客户端。在我国，《南方周末》也早在2009年就推出了适用于苹果iOS系统的APP，成为国内新闻媒体机构在移动应用平台构建领域的先驱。然而，新闻移动客户端的进一步发展也面临社交媒体平台和资讯聚合应用等新兴媒体产物的挑战[1]，出现了很多因经营不善而停滞不前甚至关停的情况。因此，对于数据新闻生产者和传播者来说，需要研究数据新闻在移动应用平台上的传播规律，探索新闻信息APP的主要性能优势，推出符合客户端用户的资讯获取习惯的高质量作品。

（五）人才培养模式的创新需求

数据新闻在制作、设计和传播等流程中，都对其从业者提出了不同类型的能力要求。对于传统新闻传播人才培养系统下输出的新闻从业者而言，处理数据和可视化操作的整体能力还尚有不足，有待提高。有学者指出，国内数据新闻的迅速发展和迭代导致不少媒体严重缺乏数据新闻记者，在高水准的数据新闻内容制作上心有余而力不足。[2]面对这样的困境，在数据新闻人才培养机制上的创新发展则显得尤为重要。总体而言，在数据新闻人才培养模式的创新方面，我们可以从以下几个方面进行探索和实践。

1. 高校课程设置的创新

我国学者陈积银在《融合新闻：数据新闻操作理论与实务》一书中指出，高校在数据新闻相关的课程设置上缺乏系统性，尚需进一步的完善。大部分高校在进行新闻类课程的设置时，仍以传统新闻人才培养模式的思路为主，忽略了当前的新闻实践已经不仅对从业者的新闻理论知识、采编能力和策划能力做出了要求，而且需要从业者具备数据的处理能力、整合能力、可视化能力，这是数据新闻从业者必不可少的技能。在课程的设置方面，应当整合包括新闻学、统计学、计算机科学等多个学科的知识，打造跨学科、跨领域的综合性课程体系。

---

[1] 常江，杨惠涵.从创新实践到价值标本：全球新闻客户端观察[J].南方传媒研究，2023（3）：19-28.
[2] 陈积银.融合新闻：数据新闻操作理论与实务[M].西安：西安交通大学出版社，2023.

2. 课程资源的汇聚与整合

如果数据新闻人才培养仅仅依托高校的课堂来实现，则具有局限性。只有整合线上和线下资源，汇聚跨学院、跨学校乃至跨国界的优质资源，才能最大限度地拓宽学生的视野，使其在第一时间了解数据新闻领域的最新进展和发展趋势。全国乃至全球许多高校、机构和企业都提供优质的课程培训项目；在数据新闻领域，也有很多媒体机构、专家和记者拥有丰富的数据新闻实践经验，将这些经验通过研讨会和讲座的方式传授给数据新闻专业的学生，对他们而言将大有裨益。

3. 培养方式的创新

国内大部分高校开设的数据新闻课程都采用了"理论+实践"的培养方式，使学生在理论知识方面夯实基础，又能结合自己学习的数据处理和可视化技能开展实践。然而，这样的模式仍然有创新的必要性。在数据新闻人才的培养中，还需要有业界实践的环节，以确保学生全面地、切实地了解数据新闻实践流程中的每一个细节，认识并熟悉数据新闻业的真实状态。目前，大部分新闻院校没有建立和数据新闻媒体机构的实践对接机制，使学生缺乏行业实践的机会。高校在教学工作和人才培养模式的改革和创新方面都面临新的要求。

二、数据新闻的创新价值

党的二十大报告指明，必须坚持科技是第一生产力、人才是第一资源、创新是第一动力，深入实施科教兴国战略、人才强国战略、创新驱动发展战略，开辟发展新领域新赛道，不断塑造发展新动能新优势。创新在我国全局发展战略部署中占据了核心地位，是各行各业克服挑战、释放巨大潜能的驱动力，是推动社会各领域稳步向前发展的基础保障。我们身处大数据时代。数据新闻作为强有力的工具，可以帮助数据新闻从业者利用海量数据和技术支持讲好新闻故事，也使得公众能够更好地理解社会现象，并对事件背后的深层次因素做出洞察，进行思考。数据新闻的诞生、兴起和稳步发展为我国乃至全球的新闻传播领域都带来了关键性变革，甚至被一些学者和业界人士作为新闻的未来，具有重大的创新价值。

（一）提升新闻媒体的社会责任感和服务意识，提高时政类新闻的传播效果

2019年1月，习近平总书记在主持中共中央政治局第十二次集体学习时发表重要讲话，指出新闻媒体要旗帜鲜明坚持正确的政治方向、舆论导向、价值取向，通过理念、内容、形式、方法、手段等创新，使正面宣传质量和水平都实现明显提高。数据新闻以

数据为基础，这就要求数据新闻从业者既要扮演信息传播者的角色，又要肩负起分析数据和解释数据的责任。数据新闻通过对大量数据进行处理，用科学的方式向公众传递资讯，这促使数据新闻从业者在进行新闻制作时更加注重事实性、客观性和透明性，使新闻媒体的社会责任感和服务公众的意识得以提升。对于公众而言，与时俱进的高质量数据新闻作品可以提升其对重要新闻议题的关注度和理解深度。

2017年12月，新华社在成都发布中国第一个媒体人工智能平台——"媒体大脑"（Media Brain），为海内外媒体提供服务，探索大数据时代媒体形态和传播方式的未来。"媒体大脑"是我国主流媒体将新闻生产与人工智能、大数据、云计算等高新技术进行有机结合的一次令人瞩目的创新性举动，提高了新闻采编和分发过程中的效率和准确性，并具有反馈监测功能，可以帮助媒体记者高效识别趋势，了解公众意见。2018年3月，新华社记者团队利用"媒体大脑"制作了视频型数据新闻《"媒体大脑"想陪你聊聊"两高"这五年》（见图8-3），向公众呈现了"两高"报告（最高人民法院工作报告和最高人民检察院工作报告）中的高频词汇、新表述、热点案例及历年词汇变化，对报告做出了易于理解却不失深度的解读，平衡了公众观念的人情味和法律知识的专业性。该数据新闻作品一经发布，就在新闻业界、学界和社会公众中引发了热议，数据新闻的创新价值得到了来自多方的肯定。数据新闻提高了时政类信息的传递质量和传递效率，提高了公众对该类严肃新闻议题的兴趣度和关注度，进而提高了社会治理的参与度。

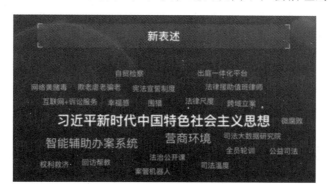

图8-3 《"媒体大脑"想陪你聊聊"两高"这五年》节选

（二）在突发性事件中发挥重要的社会作用，维护社会稳定，营造健康的舆论环境

数据新闻依托对海量数据的迅速收集、整合和处理，可以促使公众对突发事件做出全面、正确和深刻的理解，进而减少相关信息的不确定性对社会大众可能造成的不良影响。

例如，2023年12月18日深夜，在甘肃省临夏回族自治州积石山保安族东乡族撒拉族自治县发生了6.2级地震，造成了严重的人员伤亡和损失。次日，澎湃新闻发布了《5组数据看甘肃积石山地震，为何致上百人遇难？》（见图8-4），以信息图的可视化呈现方式，从6.2级地震的威力，浅源地震的破坏力，震中离居民区的距离，当地建筑设计的抗震能力等几个方面进行了数据分析，以科学的方式向公众展示了为何这次地震会造成百余人遇难。在突发性事件的报道中，引入一系列创新性技术支持手段，可以有效提高报道的实时性、准确性和互动性，如将大数据和人工智能技术应用到采编环节，利用卫星图像和无人机拍摄的实地素材为报道提供准确的现场信息，利用实时数据分析软件和舆情监控软件来跟踪公众对事件的反应等。

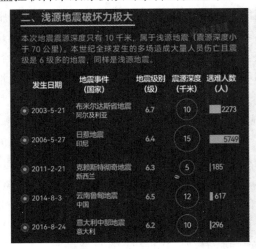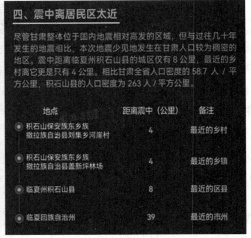

图8-4 《5组数据看甘肃积石山地震，为何致上百人遇难?》节选

（三）推动高新科技的创新和应用，促进科技成果转化和跨学科合作建设

高新技术的发展迭代是推动新闻传媒领域变革的原动力，为数据新闻生成了一个又一个需要适应的新环境，也为其创造着一个又一个创新契机。但这样的赋能关系并不是单向的：新闻传媒行业的发展和改革也推动着科技的进一步创新，使二者之间形成了互相助力、互相促进的良性循环关系。纵观人类科学技术发展历史，不难发现，在处理实际问题的过程中，往往会诞生新的技术需求，进而促使科技领域进行更深入、更细化的研究，获得更符合行业需求的创新性成果。以实时数据分析工具的发展为例。早期的数据分析受限于技术和资源，主要通过离线的方式实现。随着大数据计算能力的提升，大数据处理框架的出现和实时流处理等技术的创新，使实时数据分析技术得到了发展。而随着社交网络和新型数字媒体的兴起与发展，即时数据量日渐庞大，这对实时数据分析工具有了更多的创新需求，进一步推动其不断完善功能，以适用于更多元化的场景。

从某种程度上来说，数据新闻本身就是一个具有跨学科意义的领域，涉及新闻传播学、统计学、计算机科学等多个领域，随着技术的不断发展以及数据新闻的进一步革新，还有可能涉及其他学科领域。数据新闻的创新可以促进跨学科和多领域知识建设，推动不同学科之间的交流与合作，汇聚多个领域的学科优势，共同开发新理论、新技术，完善整个社会的知识体系。从人才建设的角度出发，对数据新闻人才培养计划做出创新，能够培育出兼具新闻素养和数据素养，具有互联网思维和批判性思考模式的新闻从业者。

这样的人才具备跨学科技术能力和知识储备，可以满足当下乃至未来的新闻媒体行业的需求。

（四）增强我国媒体产业的国际竞争力，助力构建对外传播话语系统

2019年1月25日，中共中央政治局在人民日报社就全媒体时代和媒体融合发展举行第十二次集体学习。中共中央总书记习近平在讲话中指出："我们要把握国际传播领域移动化、社交化、可视化的趋势，在构建对外传播话语体系上下功夫，在乐于接受和易于理解上下功夫，让更多国外受众听得懂、听得进、听得明白，不断提升对外传播效果。现在，国际上理性客观看待中国的人越来越多，为中国点赞的人也越来越多。我们走的是正路、行的是大道，这是主流媒体的历史机遇，必须增强底气、鼓起士气，坚持不懈讲好中国故事，形成同我国综合国力相适应的国际话语权。"数据新闻的创新价值还体现为我国新闻媒体机构国际竞争力的提高，在国际舞台上更全面、更客观地展示中国声音。一方面，数据新闻具有客观性，能够真实呈现中国形象；另一方面，其良好的视觉呈现效果可以增强作品的吸引力和互动性，促进国际理解和文化交流。

例如，中国国际电视台在党的二十大期间生产的数据交互可视化作品《The Numbers of a Decade: A Journey through China's Modernization》（见图8-5），利用人工智能处理了上万条来自我国权威部门的数据，并使用游戏开发引擎来打造可视化编程。该作品在蕴含了巨大数据量的同时，其呈现方式又十分友好，对海外用户而言十分易懂；而其中的众多技术手段的创新应用，更是使作品呈现出了未来感和科技感，具有高级交互性，为用户提供了沉浸式的阅读体验。《数字里的现代化之路》上线仅一周，就收获全平台超千万的阅读量，产生了巨大的影响力。

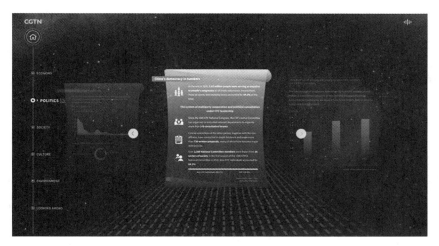

图8-5 《The Numbers of a Decade: A Journey through China's Modernization》节选

在任何一个领域，创新都是推动行业进步、引领社会发展的原动力。在数据新闻领域，创新在技术应用方面、内容形式方面、传播方式和途径方面都发挥着举足轻重的作

用。从媒体机构层面来讲，发挥创新精神可以提升内容生产传播效率，增强媒体在国内外的竞争力，树立品牌，增强用户忠诚度，并拓展收入来源；从用户层面来看，不断进行创新和优化的数据新闻作品，能够使其直观和深入地了解资讯，提升其对重要新闻议题的理解广度和深度，并优化其阅读体验；从国家和社会层面来说，则可以进一步推动高新科技的创新和应用，助力社会和经济的发展，在国内发挥引导正向舆论的作用，在国际上则可以为我国对外传播话语体系的建设贡献力量。

第三节　智能媒体时代的数据新闻创新

随着大数据、云计算、人工智能、拓展现实（extended reality）、深度学习（deep learning）等颠覆性技术的出现和迭代，社会的各个领域进入加速发展的智能化转型进程，整个社会迎来了智能时代，媒体领域也不例外。事实上，由于新闻媒体行业从诞生初始就具有信息传播的主要功能，因此，新技术的深刻演变对于传媒行业而言，影响尤为重大和深远，对该领域提出的挑战更具迫切性，也为其带来了不可多得的重要的发展机遇。英国科幻作家和发明家亚瑟·查理斯·克拉克（Arthur Charles Clarke）曾断言，没有一种传播技术会消失，但随着技术视野的扩大，它们变得越来越不重要。在新技术的驱动下，新闻媒体行业已然经过了一轮轮的变革进程：从传统媒体到网络媒体，是在互联网技术崛起和成熟下的媒体转型；从网络媒体到智能媒体，是飞速发展的智能技术引领的传媒变革。每个时代特有的媒体技术都不仅对该时代的生产关系和生产模式进行了重塑，而且在创造着属于该时代的媒体文化，进行着更深层次的媒体构建和社会变革。①

智能媒体时代不是对于未来的设想，也并非尚未发生的科幻故事；我们就身处其中，智能化并非一种选择，而是时代发展的必然。我们需要厘清智能媒体时代中的"变"与"不变"，守正创新，合理利用智能化创新技术，为数据新闻领域赋能，抓住时代机遇，提升自身的竞争力。

一、智能媒体技术的可供性

党的十八大以来，以习近平同志为核心的党中央总揽改革发展全局，综合分析国内外大势，把科技创新作为提高社会生产力和综合国力的战略支撑，摆在国家发展全局的核心位置，形成从思想、到战略再到行动的完整体系，对我国科技事业发展具有重大而深远的意义。生成式人工智能技术的快速发展及广泛应用，引发席卷全球的人工智能热潮，新闻媒体也再一次迎来变革发展的机遇。习近平总书记曾指出："从全球范围看，媒

---

① 刘海明，何林.智能媒介技术的文化偏向及批判[J].西南政法大学学报，2021，23（4）：69-77.

体智能化进入快速发展阶段。我们要增强紧迫感和使命感，推动关键核心技术自主创新不断实现突破，探索将人工智能运用在新闻采集、生产、分发、接收、反馈中，用主流价值导向驾驭'算法'，全面提高舆论引导能力。"大数据分析、云计算、人工智能、深度学习、拓展现实等智能时代的技术产品的技术接入和应用创新对整个信息传播过程进行了深度重塑，使得新闻传媒领域朝着更加智能化、个性化和多元化的方向发展。接下来，我们重点介绍大数据分析技术、云计算和人工智能。

（一）大数据分析技术

在"大数据"这个概念的定义中，有两个核心内涵不容忽视：数据信息多，以及数据处理速度快。[①]大数据中的"大"正体现为其涵盖的海量信息，这些数据种类繁多、来源广泛，覆盖了政府公开数据库、社交媒体内容、平台交易信息、互联网搜索记录、企业运营数据、移动设备位置等数据源。庞大的数据量为媒体领域提供了前所未有的信息资源库，使其能够从多元化的角度捕捉数据的新闻价值，以更全面的方式解析和呈现社会事件。大数据的另一个重要特征是其对数据的快速处理速度。依托先进的数据分析技术和算法，我们可以对来自不同领域、具备不同属性的海量数据进行处理，迅速提取出有价值的信息。对于数据新闻领域而言，这意味着信息的时效性得到了保障，数据新闻从业者的工作效率得到了极大的提升。与此同时，其高速处理大量数据的能力还能帮助数据新闻从业者迅速分析事件背后的逻辑脉络，洞察更深层次的因果关系，并利用大数据可视化技术制作出质量更高的作品。

在大数据涵盖的多种数据信息领域中，用户行为数据（user behavior data）和用户生成内容（user generated content）对数据新闻的产品创造和优化而言，是不可或缺的关键性资源。用户行为数据是用户在平台上的活动记录，包括但不限于访问频率、停留时间、搜索和浏览记录，以及点赞、分享等行为路径。这类数据可以反映用户的内容阅读偏好和媒体消费习惯，有助于数据新闻生产机构针对不同用户群体和个人创造定制内容，优化阅读体验，增加用户黏性。用户生成内容则指的是用户自发创作并发布在网络上的内容，涵盖了社交媒体平台的图文帖子、视频和评分等，可以真实反映用户的多样性观点，为媒体进行舆情监测，洞察用户现有需求和其未来趋势，进一步规划战略布局提供了巨大的可能性。

在大数据领域，相关的可视化技术也被广泛地应用到了数据新闻制作中。高质量的数据新闻作品正是借助了 Tableau、Power BI、D3.js、Infogram 等大数据可视化工具，做到了兼具实用性和美观性，在直观展示信息的同时，又具有深刻的内涵。可以说，大数据技术已经介入了数据新闻从生产到传播，再到舆情分析和内容优化的每个环节之中，并且随着相关技术迭代，其技术可供性将进一步加强，这将为数据新闻领域提供更广阔的可能性，为媒体行业注入更多的创新活力。

---

① 宋宇.大数据时代新闻业态研究[M].长春：吉林大学出版社，2019.

（二）云计算

云计算（cloud computing）是通过互联网向用户提供储存在远程服务器上的计算资源和数据的技术。传统计算通常需要先对硬件和基础设备进行大规模投资，才能够进行复杂的计算任务，这意味着企业或者机构要拥有一定的预算资金、相应的硬件存放空间、管理维护团队。而云计算的出现和普及，为在数据处理和储存方面有需求的机构以及个人提供了极大的便利。云计算的本质是将计算资源转化成一种可伸缩的数字化服务，用户可以按需购买、按量计费，这一方面降低了企业或个人获取高效计算资源的门槛，另一方面，这也有助于企业或个人控制成本。

云计算具有灵活性、共享性和安全性等特点。其中，灵活性体现为两点：一是用户可以按照自身需求增加或减少计算资源；二是用户对计算资源以及数据的访问具有灵活性，只要有互联网，用户就可以实现访问和操作，摆脱了物理空间的限制。其共享性体现为多个用户可以通过不同终端接入计算资源，实现信息共享和协同工作。云计算服务提供商通常会提供数据备份、加密、恢复以及各种网络安全防护措施，确保了数据的安全性，也大幅减少了因意外情况而发生业务中断的可能性。

云计算在数据新闻的生产和传播过程中实现了技术接入。媒体机构可以利用云存储服务对新闻资料和用户数据等信息进行安全的存储和管理，且不需要担忧存储空间受限。从数据处理的角度来看，通过在云计算平台上运行大数据分析工具，媒体机构可以对海量的数据进行快速高效的处理，既可以助力数据新闻从业者完成复杂的数据处理任务和即时数据分析工作，从而高效完成数据新闻生产任务，又能够对用户数据进行分析处理，以创造个性化的新闻内容，优化用户体验，提升用户黏性。云计算的共享性确保了数据新闻团队的成员可以高效、灵活地进行协作办公，尤其是在进行远程新闻报道和突发事件的报道时，云计算可以提供关键性的技术支持。

总而言之，云计算为大数据、人工智能、深度学习等技术和工具提供了强大、灵活、高效的运行环境，是推动媒体领域进行智能化转型、深化传媒改革创新的基础支撑。

（三）人工智能

作为计算机科学的一个分支，人工智能是指能对人类的意识和思维进行模拟、延伸和拓展的科学领域，通过结合不同的技术，可以执行与人类智能相关联的任务，例如识别、推理、学习、规划和解决问题等。人工智能像人类一样，可以通过学习改善其性能，具有自适性和自动决策能力，并且能够执行一些超越人类能力范围的任务，例如对大数据的处理和分析。人工智能并非近些年来才兴起的科学领域，其理论的诞生和发展可以追溯到20世纪50年代，在经历了几个发展阶段之后，步入21世纪的人工智能加速发展，进一步走向成熟，应用领域大幅拓宽，影响力也日渐深远。可以说，人工智能已成为社会各领域优化生产结构、提高生产力的关键性因素，更是成为国家层面的核心竞争力。

自2015年起，我国就对人工智能技术的发展给予了高度重视。2015年的《中国制造2025》、2016年的《"互联网+"人工智能三年行动实施方案》、2017年的《新一代人工智能发展规划》等文件，体现出了我国的人工智能政策从初步探索阶段转型至密集部署阶段。如何高效利用人工智能为我国各领域进行赋能，全面建设智能社会，创建世界领先的人工智能科技创新体系，成为新时代我国面临的重要课题。

近些年来，人工智能技术在多个领域都引领了颠覆性的创新革命，传媒行业也不能排除在外。媒体领域从传统形态走入数字时代，如今又在人工智能的深刻冲击下，进入智能化转型阶段。人工智能技术对传媒业的影响不仅是在内容生产和传播各个环节中的相关技术接入，而且是更为全面的、深刻的、革命性的媒体生态重塑。国内外多家主流新闻媒体机构都已将人工智能技术应用在新闻内容的采编、分发和用户反馈等多个环节，并且成立了与人工智能技术相关的专门部门，致力于落实人工智能在多方面的创新实践，更好地适应持续发展和变革的智媒时代。以美联社为例，2014年，美联社宣布将采用WordSmith程序进行公司财报类新闻的写作。WordSmith能够自动生成相关财经报道内容，在一定程度上实现了新闻内容的自动化生产，极大地优化了特定类型新闻内容的生产效率。在2018年举行的第五届世界互联网大会上，新华社与搜狗公司联合推出了全球首个人工智能主播"新小浩"（见图8-6），其栩栩如生的形象和严谨认真的仿真播报，使其一经亮相，便收获了国内外广泛的关注度，被称为充满科技感和未来感的智能信息产品。2019年，人工智能女主播"新小萌"（见图8-7）正式上岗，与"新小浩"共同参与2019年全国"两会"的新闻播报。

图8-6　全球首个人工智能主播"新小浩"

图8-7　人工智能女主播"新小萌"

未来的人工智能技术还将持续进行迭代，其在传媒领域的应用场景和创新前景是宽广和充满想象力的。我国对人工智能发展的规划十分全面和深入。2019年1月，中共中央政治局就全媒体时代和媒体融合发展举行第十二次集体学习。中共中央总书记习近平在主持学习时强调，推动媒体融合发展、建设全媒体成为我们面临的一项紧迫课题，要探索将人工智能运用在新闻采集、生产、分发、接收、反馈中，全面提高舆论引导能力。我国在人工智能的研发、应用和治理方面的积极态度和战略性布局，为智能媒体技术提供了发展方向和原动力，为数据新闻的技术创新创造了无限的可能性。

二、智能媒体技术与数据新闻内容创新

智能媒体技术在数据新闻生产的整个过程中发挥着越来越重要的作用，为数据新闻内容的创新开辟了众多可能性。接下来，我们结合数据新闻生产的几个关键性环节，来探讨如何通过智能媒体技术接入来实现数据新闻内容创新。

（一）收集和整合新闻线索

智能媒体技术能够帮助数据新闻从业者从海量的数据中捕捉到有新闻价值的信息，并进行提取和整合，快速生成新闻故事的初步框架，极大地提升了数据新闻从业者在信息采集这一环节的工作效率。人工智能、机器学习和大数据分析等智能媒体技术可以从不同类型的数据源中进行信息提取，能够实现从社交媒体帖子、网民评论、网络文章等非结构化文本中识别、抽取和整合新闻线索。

例如，路透社开发了路透新闻追踪器（Reuters News Tracer），通过认知计算和机器学习等智能技术，在推特每日约7亿个帖子中提取部分内容进行分析，识别和抽取出具有新闻价值的信息。除此以外，路透新闻追踪器还可以对其在社交媒体上提取的信息进行真伪验证，通过专门研发的算法，路透新闻追踪器可以做到像人类新闻记者一样思考，对相关推文的发布账号、推文是否包含链接等情况进行分析，以决定采集到的信息是否真实可信，是否值得被报道。再如，人民网推出的人民在线舆情监测平台也实现了利用智能技术进行网络舆论监测和新闻线索挖掘。作为我国最早开发互联网舆情监测平台的专业机构之一，人民网舆情数据中心在大数据挖掘和信息智能处理等技术的辅助下，能够全天不中断地对网络上各类信息的主要载体进行监测、采集和趋势预测，为数据新闻工作者进行热点事件梳理、掌握全网舆论走势提供了有力的智能化支持。

（二）新闻写作与编辑

随着人工智能等前沿技术的不断深入发展，智能媒体技术在新闻内容生成和编辑中的应用也日渐成熟。在这一领域，语音转换技术、自动新闻内容生成技术、智能编辑技术等都在海内外媒体机构中得到了广泛的应用。其中，尤为瞩目的当属通过结合大数据分析、云计算、自然语言处理、机器学习等技术手段实现的机器人写作。在这一领域，国外的主流媒体更早地实现了技术开发和实践应用。

例如，在2016年的里约奥运会上，《华盛顿邮报》首次将新闻机器人Heliograf投入使用，进行智能化的新闻故事写作。Heliograf对赛事得分和奖牌数量进行实时跟进，对原始数据中的模式进行识别和定位，并将其和写作模板中的相关短语进行匹配，随后添加信息，完善叙事，生成相关新闻报道并进行跨平台发布，而这一切都可以在极短的时间内完成。在推出Heliograf的第一年，《华盛顿邮报》就利用该新闻机器人生成了850篇

文章，并且凭借其在2016年利用人机协作完成的美国大选新闻报道，获得了"巧妙使用机器人奖"（Excellence in Use of Bots）的表彰。《纽约时报》（The New York Times）数据科学团队研发的编辑机器人能对关键信息进行自动识别和归纳，辅助记者高效完成资料查找和事实核查等工作。《福布斯》（Forbes）采用的名为Bertie的AI智能助手、彭博社使用的智能化系统Cyborg、美联社与Automated Insights（自动洞察公司）合作采用的写稿机器人等，都是媒体行业对人工智能技术在内容采编领域进行的创新性实践。目前，利用新闻机器人进行自动化写作集中在体育赛事、财经新闻、天气预报、自然灾害和政治选举等领域，而随着智能技术的持续发展，新闻机器人的应用范围将会进一步拓宽，从而实现数据新闻智能化内容生产的深化革新。

（三）新闻事实核查

新闻事实核查（fact checking）是指对新闻报道内容的真实性进行验证。传统意义上的事实核查包括来源核实、交叉验证、档案查阅等步骤，需要耗费较多的人力和财力，通常耗时较长。而在大数据时代，信息的来源多样，其中很大一部分信息来自用户生成内容，制作一则数据新闻报道可能涉及的数据体量非常庞大，因此，传统的人工事实核查方式已不再适用。以人工智能、大数据分析、自然语言处理、机器学习、图像和视频分析等为核心技术的智能化事实核查技术可以快速、高效地处理大规模数据，被广泛地用于识别不实信息和虚假新闻。早在2012年，《华盛顿邮报》便开发了Truth Teller（真相讲述者）软件，利用自然语言识别技术对官方人员的讲话文本进行真实性验证。[1]近年来，虚假新闻层出不穷，帮助记者识别虚假信息的智能事实核查工具应运而生，其中就包括文本真实性核查工具、图像真实性鉴别工具、视频真实性验证工具、检测社交账户真伪的工具，以及追踪网络谣言传播路径的工具。在这些智能事实核查工具中，有的由科研机构研发，有些是科技公司主导进行开发的，还有一些则是由新闻机构和其他机构的科研团队合作开发的。通过将不同类型的智能事实核查工具结合使用，数据新闻从业者能够高效地提高新闻内容的准确性和可信度，进一步保证用户体验，营造良好的信息传播环境。

三、智能媒体技术与数据新闻形式创新

智能媒体技术对信息传播的改变是深刻且多层面的。智能媒体技术为数据新闻的内容提供了多种创新可能性，在数据新闻的呈现形式上也引发了智能化的变革。随着智能媒体技术的飞速发展，新闻信息的传播载体也得以拓展。一方面，传播载体所支持的互动性和个性化程度有所提升，另一方面，传播载体与人类感官之间的关系更加密切，并

---

[1] 王琼，童杰，徐园.中国数据新闻发展报告（2020～2021）[M].北京：社会科学文献出版社，2022.

且呈现出了视觉、听觉、触觉等多感官整合的趋势。[①]在这样的技术环境下，数据新闻产品的呈现形态也日渐多元化和创新化，为用户提供沉浸式、个性化、高度互动性的数据新闻阅读体验。

（一）智能技术驱动的动态数据可视化

有学者对历年来国内外获奖的数据新闻作品的特征进行了分析，发现图表仍是数据新闻作品可视化呈现的主要方式，而其中多数作品都使用了多种类型、动静结合的图表，来对具有不同数据特征的信息进行恰当、有效的呈现。动态数据可视化可以将数据的变化性用视觉方式表现出来。与静态数据可视化相比，动态数据可视化具有以下优势：一是视觉效果较好，更容易吸引用户的关注；二是可以动态展示数据的变化趋势和逻辑关联，有助于用户领悟作品蕴含的深刻信息；三是其具备一定程度的交互性，允许用户通过自行探索，来获得相对个性化的体验；四是具有实时性，能够实现实时数据更新，以满足用户了解事件最新动态的需求。

在动态数据可视化的实现方面，通常，数据新闻从业者需要掌握一些数据可视化工具，这些工具往往结合了大数据分析、机器学习、前端图形技术、实时数据处理等不同的前沿技术，使得复杂的数据能够以清晰和动态的方式被呈现给用户。在很多主流媒体机构，智能化动态数据呈现已经成为数据新闻从业者内容生产工作的常态。人民日报社于2020年研发的AI编辑部便具备智能数据导图功能，能自动将Excel格式的数据表格生成准确、生动、专业的动态数据导图。[②]随着动态数据可视化工具的更新和迭代，数据新闻在形式创新上也将有进一步的突破性进展，数据新闻从业者也能够以日渐便捷的操作来实现复杂数据的动态可视化。

（二）虚拟现实与增强现实的技术接入

2021年10月，海外社交网络领域巨头脸书（Facebook）宣布更名为元宇宙（Meta），这一年被称为Meta元年。该公司的这一举动在全球范围内引起了广泛关注，不仅因其彰显了Meta公司在虚拟现实、增强现实等前沿技术领域的战略构想，而且是因为它掀起了全世界对元宇宙时代的讨论热潮和无限想象。就其广泛定义来看，元宇宙是一个集成人工智能、虚拟现实、增强现实、3D互动技术等新型技术的虚拟空间，是我们生活的真实世界的映射和延伸。从某种意义上来说，元宇宙时代是一个真正实现"万物为媒"的时代，将对信息传播的方式和载体进行颠覆性的创新式改造。

目前，该理念仍处于初步探索阶段，但与之相关的智能化技术和工具的快速发展和应用，已经对媒体领域产生了关键性作用，为媒体从业者提供了无限的创新机会。无论

[①] 王佳航.智能传播环境下的新闻生产——基于连接的视角[M].北京：中国广播影视出版社，2020.
[②] 从三大央媒实践看主流媒体智能化发展趋势[EB/OL].[2023-05-17]. http://yjy.people.com.cn/BIG5/n1/2023/0517/c244560-32688609.html.

是静态图文，还是动态数据呈现方式，都难以媲美依靠虚拟现实和增强现实技术创造出的沉浸感极强、交互性极高的作品。虚拟现实技术可以允许用户置身于数据新闻作品所呈现的叙事场景中，从不同的感官维度亲身体验数据背后的故事；而增强现实技术则能够通过在用户的现实世界中投射图像、视频、文字等数字信息，对用户的现实体验感进行数字化叠加和增强，实现数据和现实的无缝互联。

近些年来，虚拟现实和增强现实技术发展迅猛，在一些领域得到了广泛的应用，但其用户体验还远未达到设想中的水平，相关设备成本也较为昂贵，普及率较低，因此，虚拟现实和增强现实技术并未在媒体行业的智能化创新进程中扮演主要角色。有些媒体已经率先尝试在新闻作品的表现形式上接入虚拟现实和增强现实技术，为媒体行业在沉浸式数据新闻领域的探索之路上留下了重要的印记。《华尔街日报》（*The Wall Street Journal*）制作的虚拟现实数据新闻《纳斯达克是否再次处于泡沫中？》（*Is the Nasdaq in Another Bubble?*）就利用了虚拟现实技术，使用户跟随着作品设计的线路沉浸式体验了美国几十年的经济历史（见图8-8）。

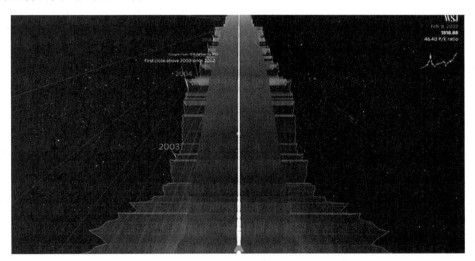

图8-8 《纳斯达克是否再次处于泡沫中？》节选

（三）定制化和交互性的视频和音频报道

很多媒体机构的数据新闻栏目在视频类的数据新闻制作方面都拥有丰富的经验，而音频也常常作为视觉化信息呈现的补充，出现在大量的数据新闻作品之中。例如，新华网数据新闻栏目的视频类可视化作品，就是将视觉和听觉两种信息传播方式进行结合，为用户塑造更立体全面的观看体验。除此以外，澎湃新闻"美数课"栏目的视频类作品、壹读出品的壹读视频、网易数读的视频数据新闻等，都是我国在这一实践领域的佼佼者。然而，从某种意义上来说，这种类型的数据新闻只是扁平化内容的进阶和延伸，其内容的定制化，以及与用户的交互性都较为匮乏。[1]

---

[1] 谢帅光，朱爱敏. 大数据时代新华网数据新闻的可视化路径探析[J]. 视听，2022（6）：143-145.

未来的媒体生态是以用户体验为中心的生态环境，因此，利用智能化技术生产为用户量身制作的、高交互性的视频和音频报道，也是数据新闻呈现形式创新的重要发展方向。媒体可以通过结合机器学习算法，对用户的阅读/观看/收听历史和搜索记录等数据进行分析，利用人工智能、自然语言处理等前沿技术，为用户推送个性化的视频和音频内容，甚至为其自动生成个人专属的新闻内容。在提高视频交互性上，可以允许用户与视频中呈现的元素进行互动性操作，让用户来决定故事的进程和信息的进一步呈现；在语音交互层面，则需要结合语音识别技术和自然语言处理技术，让用户通过语音指令的方式与新闻内容进行互动。通过对以上技术的整合，媒体机构能对数据新闻形式进行创新，可以加强用户对新闻内容的感知度和体验感，使用户在视听交融的互动式叙事中领略数据的意义。

四、智能媒体技术与数据新闻运营创新

新闻媒体机构的运营指的是媒体机构管理的日常工作和发展规划中涉及的相关活动，其中包括生产流程管理、盈利模式、商业策略、技术开发等多个层面。在智能媒体技术的支持下，媒体机构可以对现有生产流程进行优化，还能够开拓新的业务模式和运营机制。接下来，我们将从若干方面对智能媒体环境下的数据新闻运营的创新性进行讨论。

（一）优化生产流程，驱动理念变革

传媒产业的智能化进程涉及新闻内容和新闻呈现形式的变革，更是对整个媒体生产流程的重新塑造，是将智能化技术在新闻生产的全部环节和所有维度进行接入，从而实现整个新闻媒体生态系统的智能化再造。

2019年12月，新华社首个智能化编辑部正式建成并投入使用，开启了一场新闻生产与传播的智慧革命。本着"人机协作，以人为本"的理念，智能化编辑部将人工智能技术的应用全线贯彻到内容生产和分发流程中，提高了内容生产和审核的自动化、内容分发的多渠道化和精准化、产品形态的多样化水平。新华社智能化编辑部建设中的另一个重要革新点是对新型岗位的设置，设立了新闻算法师和智能数据师等工作岗位，加强了对智能媒体人才的开发培训。中央广播电视总台也是我国主流媒体智能化转型的先行者，其旗下的央视网、央广网和国际在线共同成立的人工智能编辑部实现了从信息采集、生产、传播到用户反馈的全流程智能升级，对新闻生产流程进行了全面升级。

新华社智能化编辑部和中央广播电视总台的人工智能编辑部在内容生产流程上的智能化创新不仅仅局限于智能技术在各环节的接入，更是媒体组织结构和传播理念的深度变革。一方面，新华社智能化编辑部对人机关系的理念阐述展示了智媒时代下，媒体机构的重新定位：媒体机构是信息的传播者、智媒技术的应用者，同时更是媒体智能创新进程的主导者，是"人机协作"的主体。另一方面，新华社和中央广播电视总台在其智

能化改造中皆强调了用户的重要性，实现了对象化精准推送，提高了产品内容的交互性，重视用户反馈机制，增强用户的体验度和对媒体品牌的认同度。

新华社的智能化编辑部和中央广播电视总台的人工智能编辑部是我国主流媒体在全面利用前沿智能技术、同步变革机构组织形态上做出的大胆创新和有力实践，对于我国乃至全球的媒体产业智能化创新都有着极为重要的意义。

（二）深度融入智媒技术，实现盈利模式创新

智能技术对媒体产业的赋能不仅在于生产流程的优化和效率的提高上，而且为媒体机构提供了商业模式的创新切入点。通过整合大数据分析、人工智能、自然语言处理等前沿技术，媒体机构可以识别用户的阅读偏好和习惯，构建详细的用户画像，了解其网络行为模式，定位其地理位置，从而针对不同的用户群体实现更精准的广告投放，提高广告的点击率和转化率。除此以外，媒体可以通过分析用户的相关特征，细化用户画像，对其消费行为和支付意愿进行进一步分析定位，对定制化的高质量内容进行收费，实行Freemium[①]的商业模式：其中，Free（免费）的是基础的信息服务，Premium（高级功能）对应的部分则是为用户量身打造的高质量新闻内容。通过这种方式，媒体机构在增加盈利渠道的同时，也能够在一定程度上提高产品的市场渗透率，提升用户对品牌的认同度，从而实现盈利模式的良性循环。

在智能媒体技术的深度融合下，媒体机构可提供的增值服务是多元化的，其目标客户并非仅限于读者和用户，而是可以拓展到广告商以及其他特定专业领域的客户。国外的彭博社、路透社、经济学人智库以及国内的新华社、人民网、财新传媒等多家媒体都已在专业调研报告和预测咨询服务等增值产品的开发上进行了探索与实践，实现了信息变现、数据创收。其中，一个具有代表性的例子是人民网舆情数据中心，其前身是成立于2008年人民日报社网络中心舆情监测室（2010年后为人民网舆情监测室，2017年更为现名）。经过十几载的持续创新和不断发展，人民网舆情数据中心实现了技术层面的智能化和业务形态的多元化。随着智能技术的深度发展和应用，其商业价值和品牌影响力也将进一步得以提升。

（三）发展多元合作模式，推进智能媒体资源整合

在全球化、数字化、科技发展迅猛的当今社会，合作已经不是一种可有可无的选择，而是一种必然的趋势。如今的市场环境日益复杂，行业与行业间的边界愈发模糊，合作共享已经成为媒体机构提升竞争力、实现可持续创新发展的重要策略。在智能媒体大环境下，媒体机构与外部机构建立合作关系的必要性愈发重要，原因有以下几点。

---

① Freemium指的是用免费服务吸引用户，然后通过增值服务，将部分免费用户转化为收费用户，从而实现变现。

第一，智能媒体环境的形成和未来发展是由各类前沿的信息技术驱动的，而这些技术正是媒体机构进行智能化转型的关键性因素，因此，媒体机构通过与技术机构进行合作，可以更快速、更高效地接入智能技术，从而实现内容生产和信息传播流程的创新发展，对媒体的组织结构进行全面优化。技术迭代和市场变化的速度非常迅速，媒体可以通过与技术机构合作的方式及时有效地发现和解决问题，更好地面对挑战。

第二，在当下的大环境中，数据，尤其是专业数据，已经成为重要的资源，而媒体机构和外部企业可以通过建立数据共享、资源置换的合作关系，丰富各自的信息来源，从而提升整体运营效率。

第三，在当前的市场环境中，几乎所有机构都面临较大的竞争压力，媒体机构有必要和外部机构建立合作伙伴关系，拓宽内容的传播渠道和分发平台，以扩大用户基础、提升媒体的品牌度、增强其传播力。媒体机构与外部机构的合作通常涉及技术层面、数据和内容层面，以及商业营销层面。对于媒体机构进行智能化转型来说，和外部机构在技术层面进行合作有着尤为重要的意义。一方面，通过技术研发层面的合作，媒体机构可以避免自主研发带来的一系列成本问题，利用外部支持解决自身技术力量薄弱的问题；另一方面，外部机构，如科技企业和科研机构，掌握着大多数核心智能技术，却缺乏适用于新闻传播场景的实际应用，媒体机构可以和它们建立联盟关系，将最新的智能技术应用于新闻实践，从而促进智能技术的更新和迭代，构建健康的智媒生态圈。国内外媒体机构和企业进行合作、共享双赢局面的案例不胜枚举：新华社与阿里巴巴集团合作研发了我国第一个智能化媒体生产平台"媒体大脑"；路透社和IBM公司自2015年起就在智能技术领域进行合作，共同推出了多个智能化工具和产品；美联社的机器人写稿平台WordSmith也是该机构和Automated Insights公司通过合作进行开发的。媒体产业通过合作研发或引进前沿的智能化解决方案，是对市场资源的深度整合，是智能媒体时代下媒体机构运营策略的大趋势之一。

在智能媒体技术日益发展的当下，新闻媒体产业正经历着前所未有的变革。对于数据新闻领域而言，这些变化不仅体现在新闻内容采编过程中，而且涉及新闻的表现形式和媒体的运营模式。从技术层面来看，大数据分析、云计算、人工智能等技术的广泛应用，使数据新闻创新发展的可能性变得丰富，提高了信息处理的准确度和效率，同时也能够极大地改善用户体验，使用户可以通过数据新闻更好地理解复杂的社会现象，真正化"信息"为"知识"。智能媒体技术的发展为数据新闻乃至整个传媒行业都带来了前所未有的机遇和挑战，促使媒体机构和从业者在内容生产、形式呈现和运营模式上不断深化革新，以适应智能化时代的发展趋势。

本章小结

本章探讨了数据新闻当下面临的挑战、数据新闻的创新需求与价值，并分析了智能媒介技术如何推动数据新闻的内容、形式和运营创新。在本章内容中，从用户体验、变现难题以及数据新闻从业者的数据素养这三个方面介绍了数据新闻所面临的现实挑战，并强调了技术进步带来的新机遇。接着，从技术应用、生产机制、叙事方式、分发平台和人才培养等方面探讨了数据新闻的创新需求，并进一步介绍了数据新闻创新的价值，如促进新闻业社会责任感和服务意识，推动科技创新与应用，以及增强媒体产业的国际竞争力等。最后，探讨了智能媒介技术如大数据、云计算、人工智能在数据新闻内容、形式和运营创新中的作用，强调了智媒时代数据新闻创新的多维度价值和实践。

本章旨在让读者对数据新闻所面临的问题有清晰的认识，并意识到在数据新闻领域进行创新实践的重要性，从而能够在智媒时代背景下更好地适应和引领数据新闻的发展趋势。

习题

1. 数据新闻变现难的主要原因不包括下面哪一项？
A. 数据新闻从业者的数据素养不足
B. 市场对数据新闻的需求过小
C. 用户对付费内容的接受度低
D. 广告市场的竞争加剧

2. 在提升数据新闻从业者的数据素养方面，以下哪个策略是不推荐的？
A. 加强对数据的敏感性和直觉的培养
B. 学习使用高级数据分析和可视化工具
C. 依赖传统的新闻采编方式，忽视数据技能的提升
D. 进行跨学科学习，学习包括统计学、计算机科学等领域的知识

3. 利用智能媒体技术，可以对数据新闻进行的创新中不包括以下哪一项？
A. 加强内容的交互性，提高用户的参与度
B. 实现虚拟现实与增强现实技术接入
C. 运用智能事实核查工具，保障信息的真实性和客观性
D. 完全依赖智能媒体技术，实现全自动化的内容生成，不进行任何人工干预

4. 数据新闻领域的内容免费模式和付费商业模式各自的优缺点是什么？

5. 你认为当前数据新闻面临的最大挑战是什么？应如何通过智能媒体技术来应对这些挑战？

6. 查阅国内外数据新闻奖项的获奖作品并进行分析，从中挖掘数据新闻的最新趋势和创新点（从选题角度、叙事结构、前沿技术应用、用户体验等方面展开分析）。

7. 以澎湃新闻为案例，对其数据新闻板块的商业模式进行分析，可从以下几个方面展开：澎湃新闻在数据新闻领域的商业模式，包括其收入来源（如广告和订阅等）和成本结构（如数据采集、内容制作、技术支持等）；分析澎湃新闻目标用户的特征和需求，并探讨该媒体是如何定位其在数据新闻领域的市场和目标用户群的；结合本章内容，对当下的技术发展背景进行评估，指出澎湃新闻在数据新闻业务发展上面临的主要挑战和机遇。

阅读拓展

[1] 毛良斌, 汤子帅, 周昊曦. 数据新闻的盈利模式[J]. 新闻与写作, 2015 (11): 29-33.

[2] 吴小坤, 全凌辉. 数据新闻现实困境、突破路径与发展态势——基于国内7家数据新闻栏目负责人的访谈[J]. 中国出版, 2019 (20): 22-28.

[3] 陈积银, 杨廉. 中国数据新闻发展的现状、困境及对策[J]. 新闻记者, 2016 (11): 64-70.

[4] 陆丹, 张楚茵. 数据新闻创新发展的趋势分析——以2012-2018年全球数据新闻奖作品为例[J]. 青年记者, 2019 (36): 80-81.

[5] 彭兰. 移动化、智能化技术趋势下新闻生产的再定义[J]. 新闻记者, 2016 (1): 26-33.

后记

随着数据新闻的兴起，其在新闻传播领域的重要性愈发凸显。数据新闻不仅拓展了新闻报道的深度和广度，而且在揭示社会现象、引导公众舆论方面展现出了巨大潜力与独特价值。正因如此，我们深感对数据新闻理论与实践进行深入学习和探索的必要性。

在编写这本《数据新闻：理论与实务》教材的过程中，我们致力于全面而系统地探讨数据新闻的各个层面。从数据新闻的起源与发展，到数据采集、处理、分析和可视化，再到智能媒体时代关于数据新闻未来的探讨，本教材试图为读者勾勒出一个清晰、全面的数据新闻知识体系。希望本教材能够成为新闻传播专业学生、从业者以及对数据新闻感兴趣的读者的有益参考，也希望本教材能够激发更多人对数据新闻的兴趣和热情，共同推动数据新闻的发展。

本教材的编写工作得到了多位学者的支持。贵州民族大学研究生胡荣、唐家杰分别参与第一章、第二章内容的撰写工作。华中师范大学新闻传播学院教师、师资博士后方飞负责第三章、第四章的内容撰写和修改工作，华中师范大学新闻传播学院杨盈盈、郑喆佳、徐愉舒、王佳琪同学在本教材初稿的写作中提供了协助。巢湖学院教师史新燕负责第五章，教师邵晓负责第六章和第七章。浙江越秀外国语学院教师郝小斐负责第八章。贵州民族大学教师陈丹丹负责本教材相关数字资源的整理工作。贵州工商职业学院教师袁娜负责全部内容的统稿。在此，对各位作者的辛苦付出致以诚意的谢意！

最后，由于编写过程中的种种限制，本教材中难免存在不足之处。我们真诚地期待与更多的同行、专家和读者进行深入的交流与合作，共同探索数据新闻的无穷魅力，并不断完善和丰富本教材的内容。

编者
2024 年 6 月

数据新闻作品索引

序号	作品	页码
1	《科罗拉多河危机》	9
2	《家务补偿：看见"隐形的劳动"》	9
3	《网购年货新趋势 从大数据里看中国年》	13
4	《"活力"金秋看"十一"》	28
5	《2019 年 你对"600 亿的大项目"贡献了多少?》	30
6	《隐藏的碳排放大户，很多人都猜错了》	31
7	《世界环境日丨假如名画有续集，会是什么样?》	35
8	《东京奥运会前，我们让所有奥运冠军一起 PK 了一把》	52
9	《指尖上的报告》	53
10	《一颗药丸的不平凡之路》	53
11	《沙尘暴频袭下，中国的天空保卫战输了吗?》	54
12	《移民去远方》	55
13	《1978 年到 2023 年政府工作报告关键词盘点》	55
14	《数说中国孩子 30 年体质变化，不只是跑不动 1000 米》	56
15	《学生信息泄露不只在人大，网上最低 1 元就能买到 200 条》	64
16	《40 年前后的交通出行数据，哪个让你感触最深?》	65
17	《五环以外》	65
18	《雾霾季来袭 28 市能否完成 2017 年减霾目标?》	67

序号	作品	页码
19	《数字十年》	71
20	《淄博背后——人间烟火气下漫长的季节》	78
21	《卷名人、卷局长、卷服务……各地文旅局这么卷,有用吗?》	79
22	《何以为家:1700万海外文物的漫漫长夜》	79
23	《他乡客:遗失在外的中华五千年》	79
24	《寻回失落的宝藏:你在他乡还好吗》	79
25	《新传学子求职路:"入海"之后,奔向何方?》	79
26	《"新闻传播是天坑"? 769640条招聘数据告诉你是否真的如此》	79,119
27	《维基百科伊拉克战争日志:每一次死亡地图》	81,207
28	《已致百人遇难,5组数据看甘肃积石山地震何以至此?》	81
29	《困顿之战丨地图回顾俄乌冲突一周年演变》	82
30	《俄乌冲突两周年:一图读懂战局变化》	82
31	《新职人的高考填志愿指南,别再重踩过来人的坑了》	84
32	《高一本线1分就上了北大,高考志愿是个什么逻辑?》	84
33	《高考之后选专业,就像一场赌博》	84
34	《一万条泣诉:困在烂尾楼里的他们究竟何以为家?》	86
35	《独居青年:孤独更深处,热烈且自由的灵魂》	86,96,124
36	《飘浮人生:数说护工的生存图鉴》	86
37	《数字时代的银发弃民》	86
38	《跨越数字鸿沟:银龄老者的数字困境》	86
39	《1.4亿块屏幕背后:老年人互联网使用与成瘾问题》	86
40	《中年人的最后一条退路堵死了》	86
41	《学医为了救人,但谁来救救医学生》	86
42	《909万老年人在打工,日本是中国的未来吗》	86
43	《2023年毕业季:名校生更卷,普本生捡漏》	86
44	《毕业五年,存多少钱才不算失败》	86
45	《需要工作的不止年轻人,还有他们的爸妈》	86
46	《从生不起到不生了,这届韩国年轻人想开了》	86

序号	作品	页码
47	《体检单上的脂肪肝,远比我们想象得更危险》	86
48	《不孕的中国人越来越多,试管是真正的解药吗》	86
49	《"冲马桶按断手指肌腱",脆皮大学生到底有多脆?》	89
50	《电子榨菜哪家强,嬛嬛在哪哪最香》	89
51	《冲锋衣,怎么成了"男人最好的医美"》	90
52	《3块钱的饮料,正在集体消失》	90
53	《智慧家庭生活的新模式,被我们找到了》	90
54	《中高收入人群最爱的新能源汽车,不是特斯拉》	90
55	《下班后的城市青年,在户外抵抗虚无》	90
56	《1.34亿中国单身青年,把婚姻送进坟墓》	92
57	《中国亏损最严重的行业,生意爆棚但年年亏钱》	92
58	《黄金地段、24小时营业,这门生意亏到令人心疼》	92
59	《一张图,带你读懂政府工作报告!》	93
60	《年轻人开始逃离考研,哪才是真的岸?》	94
61	《这份76年的武大樱花数据,记录了地球在变暖》	94
62	《超强台风又要来了?74年来哪些地方最受伤?》	94
63	《复盘中国70多年高温暴雨,你的城市排第几?》	94
64	《两天内骤降20℃有多反常?72年气温数据告诉你》	94
65	《"寿"后服务:去世后我的社交账号何去何从?》	96
66	《城市角落的"零魂"》	96
67	《舌尖上的"恶魔"》	97
68	《外卖骑手:我"接单",谁来为我"买单"?》	97,110
69	《数说南沙——湾区新高地,扬帆正当时》	97,110,113
70	《失落的文明:数据起底国内文物盗失现状》	99
71	《巅峰不傲,低谷不颓——数据解析中国女排》	99
72	《看见:被困在"妇科羞耻"里的她们》	100
73	《心理疾病趋向低龄化——警惕"少年维特之烦恼"》	100
74	《雏鸟离巢:未成年人离家出走现状》	101

序号	作品	页码
75	《又见朱鹮舞神洲：数说涅槃重生那些年》	102，118
76	《从1984到2021，他们才是真正的中国顶流》	103
77	《数说基础教育集团化丨我们离"教育公平"还有多远》	103
78	《解构藏文》	103，118
79	《视力障碍：翻越"看不见"的藩篱》	103，113，121
80	《看见丨131起老人被性侵案背后的歧视与偏见》	109
81	《916篇性侵儿童判决书的背后：隐秘的角落，谁来保护孩子们？》	110
82	《名校毕业后 我想成为一名选调生》	116，121
83	《快递送来的"处方药"，靠谱吗？》	120，188
84	《中考"分流"后，1500万中职学生就没有未来吗？》	122
85	《Livehouse中的希望、爱与生存》	124
86	《"寿"后服务：去世后我的社交账号何去何从？》	126
87	《爱莫能助：无碍出行路漫漫》	127
88	《2795个帖子背后，网络失眠小组里"夜旅人"的挣扎与互助》	128
89	《记录14天内使用的所有塑料后，我们发现了什么？》	130
90	《在生命列车的终点站，该如何完成一场爱与尊严的道别？》	132
91	《"眼镜大国"养成记》	143
92	《守护世遗瑰宝 贡献中国力量》	143
93	《美国加速种族多元化：人口普查数据显示白人占比首次跌破六成》	144
94	《全球车企市值大洗牌：五新能源车企一年间跻身前20强》	146
95	《测测你是哪种减碳星人》	148
96	《我们去了相亲角6次，收集了这874份征婚启事》	149
97	《生活在难民营》	150
98	"700字说70年"系列报道	152
99	《一个关键数据变化，揭示中国碳中和新趋势》	152
100	《世界人口日丨印度人口超中国？万条数据看全球生育率前世今生》	153

序号	作品	页码
101	《Z世代就业观大揭秘：他们更看重什么？》	170
102	《喜迎二十大，奋进新征程》	170
103	《张桂梅和华坪女高的背后，有这样心酸的数据》	171
104	《家庭暴力 从来不是"家务事"》	172
105	《人口志丨是什么因素导致出生人口数量速降》	172
106	《QS最佳留学城市：你最向往的城市不一定是最佳留学地》	173
107	《暗流：恐怖网络的诞生》	176
108	《宝贝回家：7万条数据解读儿童拐卖与遗弃》	177
109	《健康中国 无烟立法进行时》	178
110	《浦东产业地图丨30年企业数翻了近两百倍，产业发生了哪些变化？》	178
111	《我们有多缺水？》	179
112	《动画丨地图解析"安倍晋三中枪事件"》	179
113	《高精度复刻丨VR全景看新时代之美》	180
114	《百年奥运再见巴黎，澎湃与您携手踏上奥运之旅》	181
115	《老百姓手里的钱去哪了？存款增速创40年来新低》	181
116	《"你就是懒！"成年人在儿童精神科确诊多动症，背后是半生被误解的痛》	182
117	《音曲繁美——1890—2010，世界流行音乐回响》	183
118	《两会词云图丨22个问答向世界传递中国发展声音》	184
119	《图解丨南方暴雨成灾，这一切是如何发生的？》	190
120	《Young Women in China Are Empowering Themselves in Frontier Roles》	190
121	《3亿农民工何去何从：平均工资4432元，均龄41.7岁》	203
122	《从24%到56%：民办幼儿园数据简史》	203

序号	作品	页码
123	《数说马拉松"破2":他跑这42公里的速度,可能比你骑车快》	203
124	《全球武装冲突丨32年,超300万人丧生》	203
125	《520特别调查,年轻人真的不想谈恋爱了吗?》	203
126	《全球反恐20年丨600条数据追踪恐怖组织关系网》	208
127	《一个家庭65年的变迁》	208
128	《The Numbers of a Decade: A Journey through China's Modernization》	209,249
129	《Workers' Compensation Benefits: How Much Is a Limb Worth?》	210
130	《医生收入调查》	232
131	《Mapping Iran's Unrest: How Mahsa Amini's Death Led to Nationwide Protests》	243
132	《"媒体大脑"想陪你聊聊"两高"这五年》	247
133	《5组数据看甘肃积石山地震,为何致上百人遇难?》	247
134	《Is the Nasdaq in Another Bubble?》	257

与本书配套的二维码资源使用说明

本书部分课程及与纸质教材配套数字资源以二维码链接的形式呈现。利用手机微信扫码成功后提示微信登录,授权后进入注册页面,填写注册信息。按照提示输入手机号码,点击获取手机验证码,稍等片刻,会收到4位数的验证码短信,在提示位置输入验证码成功,再设置密码,选择相应专业,点击"立即注册",注册成功。(若手机已经注册,则在"注册"页面底部选择"已有账号,立即登录",进入"账号绑定"页面,直接输入手机号和密码登录。)接着提示输入学习码,须刮开教材封底防伪涂层,输入13位学习码(正版图书拥有的一次性使用学习码),输入正确后提示绑定成功,即可查看二维码数字资源。手机第一次登录查看资源成功以后,再次使用二维码资源时,在微信端扫码即可登录进入查看。